本专著系 2019 年度浙江省哲学社会科学规划后期资助课题"绿色发展下的水资源责任审计：制度框架和评价体系"（19HQZZ19）和宁波市与中国社科院战略合作研究课题"地方政府环境责任研究"（NZKT2O1713）的最终成果。

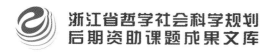

浙江省哲学社会科学规划
后期资助课题成果文库

绿色发展下的水资源责任审计

俞雅乖　著

中国社会科学出版社

图书在版编目 (CIP) 数据

绿色发展下的水资源责任审计 / 俞雅乖著 . —北京：中国社会科学出版社，2022.3
（浙江省哲学社会科学规划后期资助课题成果文库）
ISBN 978-7-5227-0168-4

Ⅰ.①绿…　Ⅱ.①俞…　Ⅲ.①水资源—经济责任审计—研究—中国　Ⅳ.①F239.47

中国版本图书馆 CIP 数据核字（2022）第 073011 号

出 版 人	赵剑英
责任编辑	宫京蕾
责任校对	秦　婵
责任印制	李寡寡

出　　　版	中国社会科学出版社
社　　　址	北京鼓楼西大街甲 158 号
邮　　　编	100720
网　　　址	http：//www.csspw.cn
发 行 部	010-84083685
门 市 部	010-84029450
经　　　销	新华书店及其他书店

印刷装订	北京君升印刷有限公司
版　　　次	2022 年 3 月第 1 版
印　　　次	2022 年 3 月第 1 次印刷

开　　　本	710×1000　1/16
印　　　张	18.25
插　　　页	2
字　　　数	306 千字
定　　　价	98.00 元

前　　言

　　本专著系 2019 年度浙江省哲学社会科学规划后期资助课题"绿色发展下的水资源责任审计：制度框架和评价体系"（19HQZZ19）和宁波市与中国社科院战略合作研究课题"地方政府环境责任研究"（NZKT2O1713）的最终成果。

　　本专著遵循了如下的逻辑框架：第一，水资源责任审计的研究，首先应该进行水资源责任审计的制度框架构建。水资源责任审计制度框架的构建，引领和指导着水资源责任审计和水资源责任评价，并直接影响了水资源审计评价后的激励机制设计和问责制度安排。第二，水资源责任审计制度框架的构建，根本在于基于产权理论进行水资源外部性问题的分析。水资源外部性问题的分析，明确了水资源责任审计的审计主体、审计客体和审计目标等要素界定，从而建构了水资源责任审计的制度框架。第三，水资源责任审计评价的具体实施，重点应是水资源的责任审计和责任评价。根据水资源资产负债表开展的水资源责任审计，实现了水资源责任审计工作；构建评价指标体系开展的水资源责任评价，完成了水资源责任评价确定；最终完成了从"报表审计"和"评价审计"两条路径，探索了水资源责任审计实施方案。第四，水资源责任审计评价的研究，最终目的在于审计评价结果的运用，即水资源责任审计的激励机制设计和问责制度安排。基于契约理论进行水资源责任审计评价后的激励机制设计；并根据群众满意度进行水资源责任审计评价后的问责制度安排；最终实现了从激励机制和问责制度两个方面，设计了水资源责任审计评价制度。

　　本专著各章节的具体内容介绍如下：

　　第一部分，共 2 章，包括"第一章 引言"和"第二章 研究现状"。本部分主要介绍本专著的研究意义、研究框架和研究现状等，为水资源责任审计研究的具体开展奠定了研究基础。

第一章 本章的研究内容包括水资源责任审计的研究背景和研究意义、研究重点和创新点、研究方法和研究思路。研究目的在于确定研究目标，明确研究重点，厘清研究思路；为本专著架构了整体研究框架。

第二章 本章的研究内容包括水资源、水资源管理、自然资源资产审计、水资源审计及水资源报表编制等的国内外研究现状述评。研究目的在于确定水资源责任审计的国内外研究基础；为本专著确定了研究重点和研究视角。

第二部分，共2章，包括"第三章 水资源的产权分析"和"第四章 水资源责任审计的制度构建"。本部分主要基于水资源的产权分析构建了水资源审计的制度框架；为探索水资源责任审计的实施方案提供制度基础。

第三章 本章的研究内容包括基于产权理论分析水资源外部性的表现和成因，从市场和政府两个角度分析水资源外部性的治理机制，运用边际方法分析了水资源外部性治理效果。研究目的在于通过水资源外部性的产权分析，明确水资源责任审计的主体、对象及作用；为水资源责任审计制度构建提供产权分析的理论基础。

第四章 本章的研究内容包括结合产权理论明确了水资源责任审计的目标和客体，基于利益研究相关者理论探析了水资源责任审计的主体，从而明确了水资源责任审计的审计方法以及审计报告。研究目的在于这些要素构成完成水资源责任审计的制度构建；为水资源责任审计的具体实施提供实施框架。

第三部分，共4章，包括"第五章 水资源的会计核算"、"第六章 水资源的资产负债表编制"、"第七章 水资源资产负债表编制的应用"和"第八章 水资源资产负债表基础的水资源责任审计"。本部分主要在水资源会计核算的基础上进行了水资源资产负债表编制，并实施了报表基础上的水资源责任审计；为水资源责任审计的激励问责进行具体的审计基础。

第五章 本章的研究内容包括了从基本假设、主要原则、核算方法等方面构建了水资源会计核算的理论框架，进行了水资源资产、负债和净资产的确认，水资源资产的实物量计量和价值量计量，以及水资源资产账户的记录。研究目的在于通过构建水资源会计核算理论框架，实现水资源会计的具体核算；为水资源资产负债表编制提供核算基础。

第六章本章的研究内容包括了水资源资产负债表（实物量）的编制、

水资源资产负债表（价值量）的编制、水资源资产负债表（实物量和价值量）的编制、水资源资产负债表（质量）的编制，以及水资源资产负债表（简表）的编制。研究目的在于编制水资源资产负债表，构建水资源资产负债表报表体系；为水资源资产负债表编制的案例应用提供框架基础。

第七章 水资源资产负债表编制的应用。本章的研究内容包括水资源资产负债表在具体区域的应用（如全国和宁波），以及水资源资产负债表结合具体方法（模糊数学法）在案例城市的应用。研究目的在于通过水资源资产负债表结合具体地区和具体方法的应用，验证水资源资产负债表的操作性；为资产负债表基础上的水资源责任审计具体实施提供审计基础。

第八章 本章的研究内容包括资源负债表基础的水资源责任审计具体方法和程序步骤，以及水资源责任审计的结论得出和报告出具。研究目的在于根据水资源资产负债表进行水资源责任审计的具体实施，为水资源责任审计的激励问责提供审计基础。

第四部分，共4章，包括"第九章 基于层次分析法的水资源责任评价"、"第十章 基于层次分析法的水资源绩效评价"、"第十一章 基于超效率DEA的水资源效率评价"和"第十二章 指标体系基础的水资源责任评价"。本部分主要结合具体方法进行水资源的责任评价、绩效评价和效率评价，并在指标体系基础上进行水资源责任评价指标体系的构建，并实施了指标体系基础上的水资源责任评价；为水资源责任审计的激励问责提供具体的评价基础。

第九章 本章的研究内容包括水资源责任审计评价指标的选取，指标权重的分配，以及评价标准的确定，完成水资源责任审计评价体系的构建。研究目的在于通过构建水资源责任审计评价体系实现水资源责任审计的责任评价，为构建水资源责任评价体系提供责任评价基础。

第十章 本章的研究内容包括水资源绩效审计评价指标的选取，指标权重的分配，以及评价标准的确定，完成水资源绩效审计评价体系的构建。研究目的在于通过构建水资源绩效审计评价体系实现水资源责任审计的绩效评价，为构建水资源责任评价体系提供绩效评价基础。

第十一章 本章的研究内容包括水资源效率审计评价指标的选取，指标权重的分配，以及评价标准的确定，完成水资源效率审计评价体系的构建。研究目的在于通过构建水资源效率审计评价体系实现水资源责任审计的效率评价，为构建水资源责任评价体系提供效率评价基础。

第十二章　本章的研究内容包括基于 PSR 框架选取水资源责任审计的评价指标，在指标选取基础上确定评价指标的权重分配，构建明确的水资源责任审计评价指标体系，并确定指标体系基础的水资源责任评价的具体方法和程序步骤，以及结论得出和报告出具。研究目的在于根据评价指标体系进行水资源责任评价的具体实施，为水资源责任审计的激励问责提供评价基础。

第五部分，共2章，包括"第十三章 水资源责任审计的激励机制"和第十四章 水资源责任审计的问责制度"。本部分主要基于契约理论进行水资源责任审计评价后的激励机制设计，并根据群众满意度进行水资源责任审计评价后的问责制度安排；从而在水资源责任审计评价的基础上完成审计评价后的激励和问责。

第十三章　本章的研究内容包括基于契约理论设计水资源责任审计评价后的激励机制。研究目的通过设计水资源责任审计的激励机制，引导领导干部树立绿色发展理念；为设计水资源责任审计评价的激励问责制度完成激励机制设计，从而促进领导干部加强生态文明建设。

第十四章　本章的研究内容包括基于群众满意度安排水资源责任审计评价后的问责制度。研究目的通过设计水资源责任审计的问责制度，引导领导干部更新正确的政绩观；为设计水资源责任审计评价的激励问责实现制度安排，从而促进领导干部践行绿色发展理念。

本专著的特色主要包括以下几个方面：

（1）基于产权理论和水资源外部性辨析，构建了"水资源责任审计的制度框架"。基于产权理论分析水资源外部性的表现和成因，从市场和政府两个角度分析水资源外部性的治理机制，运用边际方法分析了水资源外部性治理效果。运用产权理论分析了水资源责任审计的外部性问题，借此明确水资源责任审计的审计目标和审计客体；运用利益相关者理论分析水资源责任审计的审计主体。最后，本专著基于审计主体、审计客体、审计目标等要素，构建了水资源责任审计的制度框架。

（2）基于水资源资产负债表的编制，设计了"资产负债表基础的水资源责任审计"。水资源责任审计的具体实施，重点应该是水资源的责任审计。在水资源会计核算的基础上进行了水资源资产负债表编制，并实施了报表基础上的水资源责任审计。最后，本专著结合水资源资产负债表的编制，设计了资产负债表基础的水资源责任审计实施方案。

（3）基于水资源责任审计评价指标体系，设计了"指标体系基础的水资源责任评价"。水资源责任评价的具体实施，重点应该是水资源的责任评价。本研究结合具体不同的方法进行水资源的责任评价、绩效评价和效率评价，并在指标体系基础上进行水资源责任评价指标体系的构建，并实施了指标体系基础上的水资源责任评价。最后，本专著结合水资源评价指标体系的构建，设计了指标体系基础的水资源责任评价实施方案。

（4）基于激励机制和问责制度两个方面，设计了"水资源责任审计的评价制度"。本专著既强调了传统意义上的问责制度安排，更突出了水资源责任审计评价的激励机制设计，以有效调动水资源责任审计评价的主动性和积极性。对水资源责任审计评价实施后的激励机制设计和问责制度安排，运用制度分析法进行具体研究。包括基于契约理论进行水资源责任审计评价后的激励机制设计；根据群众满意度进行水资源责任审计评价后的问责制度安排。最后，本专著结合激励机制和问责制度，设计了水资源责任审计的评价制度。

本专著的第一章、第二章及第五章共三章由宁波大学商学院 2021 级会计学硕士研究生沈盼熠撰写完成，第三章和第四章共两章由宁波大学商学院 2021 级会计学硕士研究生李瑜婷撰写完成，其他章节由俞雅乖撰写完成，同时已毕业的蔡慧琴同学对本专著亦有贡献。

俞雅乖

2022 年 3 月 8 日

目　　录

第一篇　水资源责任审计的概论

第二篇　水资源责任审计的制度框架

第三篇　资产负债表基础的水资源责任审计

第四篇　指标体系基础的水资源责任评价

第五篇　水资源责任审计评价的激励与问责

第一篇
水资源责任审计的概论

第一章

引　言

第一节　研究意义和发展方向

一　水资源责任审计的意义

（一）水资源责任审计的现实意义

组织开展领导干部水资源资产离任审计具有重要的现实意义：我国的水资源总量大，但人均占有量只有 2200 立方米，仅为世界人均占有量的 27%，年均缺水为 500 多亿立方米，此外，水资源污染情况严重，利用方式相对粗放更加剧了我国水资源短缺的问题。因此，开展领导干部水资源资产离任审计有利于建立健全水资源管理制度，加强对水资源的综合管理。

组织开展领导干部水资源资产离任审计具有深刻的长远意义：一方面通过编制水资源资产负债表记录水资源资产实物量、自然水源总水量、水资源质量、水资源污染等情况，有利于形成生态文明建设倒逼机制，改善领导干部政绩唯 GDP 论的现状，实现资源的可持续发展；另一方面，将领导干部的政绩考核与水资源资产保护利用情况挂钩，有利于考量领导干部任职期间对水资源资产的开发及生态环境保护责任落实情况。

2015 年 9 月，国务院发布《生态文明体制改革总体方案》，将在内蒙古呼伦贝尔市、浙江湖州市、湖南娄底市、贵州赤水市、陕西延安市四地推行自然资源资产负债表编制试点和领导干部自然资源资产离任审计试点。2016 年，北京市出台《关于深入推进领导干部自然资源资产离任审计试点工作的意见》，明确于 2016 年至 2017 年全面开展深化试点工作，2018 年建立经常性的领导干部自然资源资产离任审计制度。至今，已有内蒙古、浙江、湖南、贵州、陕西、山东、湖北、北京、四川等十多个省市开展领导干部自然资源资产离任审计试点。

全国领导干部自然资源资产离任审计试点开展如火如荼，其中，湖州率先提出自然资源资产负债表，并提出水环境质量及变动表等创新评价表格；山东胶州市则提出《胶州市领导干部自然资源资产离任审计评价指标体系》，明确评价指标；在领导干部水资源离任审计上，以湖北鄂州为例，湖北鄂州采用一个领导小组、三个督办专班、一支社会力量"131"工作机制，市委主要领导亲自领衔改革的做法全力抓领导干部自然资源资产离任审计，同时市审计部门同步参与负债表编制，对领导干部自然资源的合法性、逻辑性、完整性、关联性和价值量进行审查。在水资源方面，湖北鄂州联合水利部水资源研究所解决河湖生态耗水量试填问题，借助湖北省水资源公报等相关统计数据解决灌溉水回归量填报问题。同时提出自然资源保护修复工程清单、设立 50 万元损害自然资源违法行为奖励基金、制定举报奖励资金管理办法来确保领导干部水资源离任审计。

（二）水资源责任审计对领导干部的作用

第一，从管理层角度入手对水资源运用进行管理。近些年我国经济发展迅猛，GDP 总量已成为全球第二，然而在这一过程中很大程度上是通过牺牲环境资源为代价的。我们国家也认识到了这一点，在中共中央十七届三中全会上提出了"既要金山银山，又要绿水青山"的理念。而对领导干部进行水资源责任审计具有的一项重大意义，就是可以从管理角度尽可能地减少对水资源的污染与浪费。国家审计在对领导干部的政绩考核中加入了对自然资源的审计要求，势必会引起管理层对其的高度重视，担负起对自然资源保护的责任。

第二，充分发挥市场机制推进水资源的资源化管理。考虑到现阶段我国仍然处于社会主义初级阶段，社会制度和经济体制在很大程度上仍存在一些不足，而过去又多采用行政管制的手段管理自然资源和保护生态环境，对市场本身的作用有所忽视。因此，在水资源的管理体制上或多或少存在一些缺陷。如果要创建生态文明的制度体系，实现水资源的可持续发展，就必须充分发挥市场的力量，进而能够更加有效地对水资源的配置做出合理化的推动。用会计上的货币计量方式来对水资源进行资源化管理，显得更加直观有效。

第三，推动领导干部树立科学的政绩观和发展观。近些年来中国的发展离不开各地领导干部所做出的杰出贡献。但是在这一过程中，很多都是以牺牲环境资源为主要代价的，GDP 的增长在以往是领导干部的重要政绩考核指标，这给生态环境破坏埋下了伏笔，例如有些干部往往因追求政绩而牺牲自然环境。开展这项审计的目的是为了促进领导干部更好地履行自然资源资产管理责任和生态环境保护责任[1]，推动建立健全领导干部政绩考核体系，推动领导干部树立科学的政绩观和发展观。经济发展固然重要，但随着我国越来越重视环境的保护，我们也应该认识到，经济的发展不能以牺牲环境为代价。只有注重环境的友好发展，才能更好地推进整个生态文明建设。

二　水资源责任审计存在的问题

（一）领导干部水资源资产离任审计的局限性

领导干部水资源资产离任审计是一种事后审计，这必然也包括事后审计的局限性。一般来说，是在领导离任时，或者领导离任后进行领导干部的水资源资产离任审计，这就对于审计的内容具有时差性。而在任职期间领导干部发生一些错误或者舞弊行为如果不能及时发现的话，那就不能在有效的时间内采取措施并加以制止，这样有可能加大损失，不能使水资源资产得到有效的保值增值和发展。由于领导干部水资源资产离任审计是事后审计，工作的透明度就受到了限制，从而不便于水资源管理部门及相关的群众及时了解情况，不利于及时改善工作、加强部门管理。因为领导干部的离任审计是在人事部门确定领导干部升职或调任之后才进行的，所以其实组织离任审计的部门并没有全面了解此部门水资源资产经营业绩和经济责任。其依据的不充分性，又使得审计结果不能做到客观、公正、准确的要求。最后如若审计过程中发现重大问题，再改变决定，将会给领导干部的原部门、现部门、人事部以及审计部门都带来被动的影响。

（二）缺乏统一的水资源核算体系

在中国因为水资源较多，使得与水相关的部门也异常得多，不同的部门有不同的核算制度。因此领导干部水资源资产离任审计的核算方法和内容都有相应的区别，各经济统计部门之间因为相对独立而造成的不同的数

---

① Australian Bureau of Statistics. 2015. 4610. 0 – Water Account, Australia, 2013 – 14［EB/OL］. http：//www.abs.gov.au/.

据编制标准，对水资源资产的审计过程增加了难度。目前，我国并没有采用与国际上相一致的水资源责任审计统计标准，也没有形成带有与我国实际相匹配的有特色的水资源核算体系。不同的涉水部门如供水、排水、污水处理部门因为都有上下级的联系，因此如果没有到位的领导干部离任审计制度，对领导干部的离任审计以及上下级和各部门之间的信息交流、工作开展等都将造成一定的负面影响，甚至可能打击水资源各部门工作人员的工作积极性。

（三）审计人员的专业能力不足

目前，我国的审计人员对领导干部水资源的离任审计方面的专业能力并没有培训和实践的过程，只注重与实务会计等的审计。由于领导干部水资源资产离任审计在我国学术研究领域并未建立太完善的体系，审计人员对此的了解程度不足，所以会导致对某些领导干部水资源资产的离任审计产生误判。而领导干部水资源离任审计的体系复杂程度也是导致审计人员的专业能力跟不上的重要原因，审计人员仅通过个人的学习无法得到第一手的资料，而由于这种离任审计的特殊性，审计人员目前没有好的提高此种审计的专业能力的有效途径。

（四）离任审计客体不明确

由于没有建立相应的有效统一的领导干部水资源资产离任审计的法律法规，在各地开展领导干部水资源资产离任审计时，对审计客体（水资源资产）有不同的界定。不同的地方划定的水资源资产不同，审计参照的水资源资产不同就会导致审计程序的紊乱。而审计人员确定的审计客体一般都是由上级组织离任审计的部门确定的，审计的内容处于一个被动的局面，审计的效果也就大大减弱。而审计人员大多数是对水资源资产的现有公允价值进行审计或者对领导干部在任职期间工作的合法合理性进行检验，并没有考虑未来其他的影响，如领导干部所在部门整体的获利能力的发展。通俗点说，审计人员对现时的水资源资产的经营成果的重视远远大过其未来获利能力。领导干部的水资源资产的离任审计客体的注重点太过于集中，而这种行为将导致下一任领导干部对水资源资产的管理经营也和上一任部门的领导如出一辙，无法对水资源资产的部门进行良好的整改。

（五）审计问责制度难以贯彻

当前领导干部水资源资产离任审计并没有相应的国家立法，在全国各地都有不同的规章制度，没有完全的统一，而且也没有相应的法律效力。

这样的话会使得这种离任审计制度不能在地方上落实，也容易让审计人员和被审计领导干部抓到空子。审计人员和被审计领导干部可以轻易达成联系，或者做一些制度上没有规定的技术处理，做出有利于两者的审计结果。而对此相应的审计问责制度也因为制度的空缺不能很好地贯彻。这两个问题甚至会使此种资产相应的离任审计的透明度进一步缺失，审计问责制度的难以贯彻将进一步加剧前者现象。

三　水资源责任审计的难点

（一）相关法律法规的健全性

尽管我国已有不少与水资源资产管理相关的法律法规，但与水资源责任审计相关的法律法规迟迟没有出现。水资源责任审计的审计范围、评价指标、责任追究等都没有明确规定，均是通过当地组织部门自主设计、推行，不仅导致审计人员审核、审计推广有难度，而且使水资源责任审计威慑力下降，审计结果大打折扣。

（二）审计数据信息的可提取

水资源流动性较大，在一定时间起伏不定，容易受到季节、天气等的影响。水质达标率、污染物排放的核定更需要专业评定才能确定。然而审计署很难配备所有相关先进设备，审计技术手段欠缺，审计人员又很难身兼数职，同时具备水文监测、水质检测、水资源增值计量评定等能力，设备、技术、人员等多方面缺陷导致审计力量过弱，光靠审计署进行水资源责任审计举步维艰。虽然相关数据可以从供水、排水、污水处理等职能部门提取，但各部门相互独立，数据采集量大，指标标准不一，数据程序复杂，很难获得较为全面、系统、真实的数据信息。

（三）审计数据质量的真实性

领导干部水资源离任审计是对领导干部离任前整个任职期间内的经济责任履行情况进行审计，时间跨度较大，再加上水资源较强的流动性，审计人员在短时间内审计离任领导干部任职期间的水资源很难保证离任审计质量。又由于离任审计与传统的财务审计区别大，审计人员缺乏对水资源深入了解，往往停留在表面数据，忽略长远发展和未来获利的能力，而水资源，尤其是水质具有时滞性，通常是数年后才显现出污染问题或发展成效。同时现今的领导干部水资源离任审计往往演变成部门内部的责任审计，缺少独立性，容易流于形式。凭着"先离后审"的审计原则，审计人员往往抱着领导干部升职离任不能得罪或退休离任给"开绿灯"的心态，使离任审计成为例行公事，草草了事。即使问责，也难以追究到位。审计质量难以保证，离任审计效力也就大大减弱了。

（四）水资源资产负债表的编制

如果水资源区域、周围环境、水质、生物等因素不同，水资源经济社会价值也不同。因此水资源离任审计的总量和质量很难进行货币化计量。各地水资源的现状、用途、用量、环保政策不一，最后评定的标准也应不同。总之，水资源资产负债表结构、科目、附注、标准等问题都亟待解决，同时资产负债表数据来源也需要考虑。但是目前编制水资源资产负债表仍在起步阶段，需各试点不断探索，总结经验。

四　水资源责任审计的发展方向

（一）加强理论研究，开展审计试点

开展审计工作之前需要强大的理论支持，因此在实际操作前，各地负责离任审计的机关部门要与自然资源资产监管部门进行深入的沟通协调，达成共识，并在此基础上收集相关资料，了解和调研当地水资源资产分布和管理情况，做到对当地的资源环境情况了如指掌。另外，也可积极引导高校学生进行这方面的科研调查。各地应组织高校中的相关科研机构，发动学生对领导干部自然资源的离任审计做一些科研调查项目工作，吸收好的思想理念，建立完整的自然资源资产离任审计的相关理论体系。对相关指标、评价体系及审计方法进行研讨，在实行领导干部自然资源资产离任审计制度之前做好相关的基础工作和理论支持。同时，需要理论结合实际，在完善理论研究的基础上，可以对某些城市开展审计试点。各个地方的自然资源情况都不尽相同，因此我们需要找几个典型的地方，通过实地调查了解自然资源资产权属、分布、结构、效果、管理、利用等情况，在此基础上分门别类专门研究制定这项审计工作的实施草案。而各个典型的地方所做的试点，可以通过数据库的形式，将所有的数据分析合并，以便后来做审计的时候有所依据。另外，国家或地方也可专门为这项审计工作成立专家小组，以便咨询。

（二）建立和完善水资源产权制度

成功运用自然资源审计的首要前提是建立明确的产权制度，明确监管职责。因此，在推进自然资源审计的过程中，要在基于对水资源调查和评价制度下，建立起水资源资产的明确核算体系，同时，需要确认水资源的管理或者外包机构，进行翔实记录，明确个人责任。只有在责任明确的前提下，才有可能对领导干部离任审计做进一步责任追究，使该项审计不成为一句空话。另外，如果水资源资产的有偿使用和市场交易制度已经初步建成，则需要对水资源的市场交易制度进行进一步完善。例如，相关政府部门有必要对水资源资产进行行政监管，在监管过程中及时发现问题，解决问题。在水资源资产的日常运行活动中，也要经常对其进行考核，从而对当地的水资源状况起到监督的作用。

（三）建立统一的水资源审计指标

在把水资源的审计加入领导干部政绩考核的标准时，我们不得不考虑到不是所有的领导干部都是比较看重政绩评估的。因此建立水资源责任审计的最低红线显得非常重要，对领导干部，尤其是小地方的领导干部，提出对水资源保护的最低要求，可以减少因为一些领导干部不重视政绩而产生的审计失效的可能性[1]。另外，建立统一的水资源审计指标对正确评价领导干部的政绩具有重要的意义。根据一些学者的调研结果了解到，我国的涉水部门较多，对水资源的处理部门，例如：供水、排水、污水处理等部门和相关数据统计部门相独立，而现有的一些水资源统计指标是由当地部门自由编制组织的，其在分类标准、计算口径上存在着较大的差异，缺乏客观性和一致性。由于水资源问题往往是国际问题，一国的水资源污染往往会影响到其他国家，因此在水资源核算体系上与国际趋同也十分有必要。遗憾的是，我国水资源核算的标准也尚未和国际接轨，并没有形成完善的水资源核算管理系统。这些硬性制度标准如果无法统一，水资源的审计就无从谈起，毕竟审计工作都是建立在确定一致的基准上的。因此，我国应该加强各部门之间的协调，制定统一的、规范的、与国际标准接轨的水资源核算指标，修订现行水资源统计调查表。在审计方法上也需要建立统一的可行的审计方法。相关人员能否顺利建立起一个统一集中的数据库平台，为水资源核算体系提供一个明确的标准，成了水资源责任审计的前提和基础。

---

① Bogumil Ulanicki, Zoran Kapelan and Joby Boxall, Energy Auditing as a Tool for Outlining Major Inefficiencies：Results from a Real Water Supply System, Procedia Engineering Volume 119, 2015, Pages 1098-1108.

第二节　研究内容

一　研究内容

本专著的研究内容为"水资源责任审计"；共十四章。包括：第一部分，水资源责任审计的概论（共 2 章，第一、二章）——第二部分，水资源责任审计的制度框架（共 2 章，第三、四章）——第三部分，资产负债表基础的水资源责任审计（共 4 章，第五、六、七、八章）——第四部分，指标体系基础的水资源责任评价（共 4 章，第九、十、十一、十二章）——第五部分，水资源责任审计评价的激励与问责（共 2 章，第十三、十四章）。

第一部分，水资源责任审计的概论。共 2 章，包括"第一章 引言"和"第二章 水资源责任审计的研究现状"。本部分主要介绍本专著的研究意义、研究框架和研究现状等，为水资源责任审计研究的具体开展奠定了研究基础。

第一章 引言。本章的研究内容包括水资源责任审计的研究背景和研究意义、研究重点和创新点、研究方法和研究思路。研究目的在于确定研究目标，明确研究重点，厘清研究思路，为本专著架构了整体研究框架。

第二章 水资源责任审计的研究现状。本章的研究内容包括水资源、水资源管理、自然资源资产审计、水资源审计及水资源报表编制等的研究现状述评。研究目的在于确定水资源责任审计的国内外研究基础，为本专著确定了研究重点和研究视角。

第二部分，水资源责任审计的制度框架。共 2 章，包括"第三章 水资源的产权分析及其外部性治理"和"第四章 水资源责任审计的理论框架"。本部分主要基于水资源的产权分析构建了水资源审计的理论框架，为探索水资源责任审计的实施方案提供理论基础。

第三章 水资源的产权分析及其外部性治理。本章的研究内容包括基于产权理论分析水资源外部性的表现和成因，从市场和政府两个角度分析水资源外部性的治理机制，运用边际方法分析了水资源外部性治理效果。研究目的在于通过水资源外部性的产权分析，明确水资源责任审计的主体、对象及作用，为水资源责任审计制度构建提供产权分析的理论基础。

第四章 水资源责任审计的理论框架。本章的研究内容包括结合产权理论明确了水资源责任审计的目标和客体，基于利益相关者理论探析了水资源责任审计的主体，从而明确了水资源责任审计的审计方法以及审计报告。研究目的在于完成构建水资源审计制度的构建，为水资源责任审计的具体实施提供实施框架。

第三部分，资产负债表基础的水资源责任审计，共4章，包括"第五章 水资源的会计核算""第六章 水资源的资产负债表编制""第七章 水资源资产负债表编制的应用"和"第八章 资产负债表基础的水资源责任审计"。本部分主要在水资源会计核算的基础上进行了水资源资产负债表编制，并实施了报表基础上的水资源责任审计，为水资源责任审计的激励问责提供具体的审计基础。

第五章 水资源的会计核算。本章的研究内容包括了从基本假设、主要原则、核算方法等方面构建了水资源会计核算的理论框架，进行了水资源资产、负债和净资产的确认，水资源资产的实物量计量和价值量计量，以及水资源资产账户的记录。研究目的在于通过构建水资源会计核算理论框架，实现水资源会计的具体核算，为水资源资产负债表编制提供核算基础。

第六章 水资源的资产负债表编制。本章的研究内容包括了水资源资产负债表（实物量）的编制、水资源资产负债表（价值量）的编制、水资源资产负债表（实物量和价值量）的编制、水资源资产负债表（质量）的编制，以及水资源资产负债表（简表）的编制。研究目的在于编制水资源资产负债表，构建水资源资产负债表报表体系，为水资源资产负债表编制的案例应用提供框架基础。

第七章 水资源资产负债表编制的应用。本章的研究内容包括水资源资产负债表在具体区域的应用（如全国和宁波），以及水资源资产负债表结合具体方法（模糊数学法）在案例城市的应用。研究目的在于通过水资源资产负债表结合具体地区和具体方法的应用，验证水资源资产负债表的操作性，为资产负债表基础上的水资源责任审计具体实施提供审计基础。

第八章 资产负债表基础的水资源责任审计。本章的研究内容包括资源负债表基础的水资源责任审计具体方法和程序步骤，以及水资源责任审计的结论得出和报告出具。研究目的在于根据水资源资产负债表进行水资源责任审计的具体实施，为水资源责任审计的激励问责提供审计基础。

第四部分，指标体系基础的水资源责任评价。共 4 章，包括"第九章 基于层次分析法的水资源责任评价""第十章 基于层次分析法的水资源绩效评价""第十一章 基于超效率 DEA 的水资源效率评价"和"第十二章 指标体系基础的水资源责任评价"。本部分主要结合具体方法进行水资源的责任评价、绩效评价和效率评价，并在指标体系基础上进行水资源责任评价指标体系的构建，并实施了指标体系基础上的水资源责任评价，为水资源责任审计的激励问责提供具体的评价基础。

第九章 基于层次分析法的水资源责任评价。本章的研究内容包括水资源责任审计评价指标的选取，指标权重的分配，以及评价标准的确定，完成水资源责任审计评价体系的构建。研究目的在于通过构建水资源责任审计评价体系实现水资源责任审计的责任评价，为构建水资源责任评价体系提供责任评价基础。

第十章 基于层次分析法的水资源绩效评价。本章的研究内容包括水资源绩效审计评价指标的选取，指标权重的分配，以及评价标准的确定，完成水资源绩效审计评价体系的构建。研究目的在于通过构建水资源绩效审计评价体系实现水资源责任审计的绩效评价，为构建水资源责任评价体系提供绩效评价基础。

第十一章 基于超效率 DEA 的水资源效率评价。本章的研究内容包括水资源效率审计评价指标的选取，指标权重的分配，以及评价标准的确定，完成水资源效率审计评价体系的构建。研究目的在于通过构建水资源效率审计评价体系实现水资源责任审计的效率评价，为构建水资源责任评价体系提供效率评价基础。

第十二章 指标体系基础的水资源责任评价。本章的研究内容包括基于 PSR 框架选取水资源责任审计的评价指标，根据层次分析法进行评价指标的权重分配，构建明确的水资源责任审计评价指标体系，并确定指标体系基础的水资源责任评价的具体方法和程序步骤，以及结论得出和报告出具。研究目的在于根据评价指标体系进行水资源责任评价的具体实施，为水资源责任审计的激励问责提供评价基础。

第五部分，水资源责任审计评价的激励与问责。共 2 章，包括"第十三章 水资源责任审计评价的激励机制"和"第十四章 水资源责任审计评价的问责制度"。本部分主要基于契约理论进行水资源责任审计评价后的激励机制设计，并根据群众满意度进行水资源责任审计评价的问责制度安排，从而在水资源责任审计评价的基础上完成审计评价后的激励和问责。

第十三章 水资源责任审计评价的激励机制。本章的研究内容包括基于契约理论设计水资源责任审计评价后的激励机制。研究目的通过设计水资源责任审计的激励机制，引导领导干部树立绿色发展理念，为完善水资源责任审计评价的激励问责制度完成激励机制设计，从而促进领导干部加强生态文明建设。

第十四章 水资源责任审计评价的问责制度。本章的研究内容包括基于群众满意度安排水资源责任审计评价后的问责制度。研究目的通过设计水资源责任审计的问责制度，引导领导干部更新正确的政绩观，为设计水资源责任审计评价的激励问责制度实现问责制度安排，从而促进领导干部践行绿色发展理念。

二 主要观点

（一）本专著研究设计上的主要观点

第一，水资源责任审计研究的开展，有助于从水资源责任审计出发，落实《开展领导干部自然资源资产离任审计试点方案》，总结具体类别自然资源资产离任审计的试点经验，实现自然资源资产离任审计的全面推进。

第二，水资源责任审计研究的开展，有助于从水资源责任审计出发，执行十八届三中全会提出的"探索编制自然资源资产负债表，对领导干部实行自然资源资产离任审计"，建立"生态环境损害责任终身追究制"，基于自然资源资产负债表，进行具体的领导干部自然资源资产离任审计，推进绿色发展理念，推进生态文明建设。

第三，水资源责任审计研究的开展，有助于从水资源保护出发，执行十八届三中全会提出的"建立生态环境损害责任终身追究制"，体现十八大报告提出的"生态文明建设"和十八届三中全会提出的"加快生态文明制度建设"，以及十八届五中全会提出的"绿色发展"，通过设计具体的激励机制和问责制度，落实节约资源和保护环境的基本国策。

（二）本专著研究内容上的主要观点

第一，水资源责任审计的研究，首先应该进行水资源责任审计的制度框架构建。水资源责任审计制度框架的构建，引领和指导着水资源责任审计和水资源责任评价，并直接影响了水资源审计评价后的激励机制设计和问责制度安排。

第二，水资源责任审计制度框架的构建，根本在于基于产权理论进行水资源外部性问题的分析。水资源外部性问题的分析，明确了水资源责任审计的审计主体、审计客体和审计目标等要素界定，从而建构了水资源责任审计的制度框架。

第三，水资源责任审计评价的具体实施，重点应是水资源的责任审计和责任评价。根据水资源资产负债表开展的水资源责任审计，实现了水资源责任审计工作；通过构建评价指标体系开展的水资源责任评价，完成了水资源责任评价确定；最终完成了从"报表审计"和"评价审计"两条路径出发，探索出水资源责任审计实施方案。

第四，水资源责任审计评价的研究，最终目的在于审计评价结果的运用，即水资源责任审计的激励机制设计和问责制度安排。基于契约理论进行水资源责任审计评价后的激励机制设计，并根据群众满意度进行水资源责任审计评价后的问责制度安排，最终实现了从激励机制和问责制度两个方面，设计了水资源责任审计评价制度。

第三节　研究思路和研究方法

一　研究目的和研究思路

（一）研究目的

本专著的研究目的在于：（1）构建相关理论基础的水资源责任审计制度框架；（2）开展报表基础的水资源责任审计；（3）实施指标体系基础的水资源责任评价；（4）设计水资源责任审计和评价基础的行政问责，包括"从实的激励机制"和"从严的问责制度"。

（二）研究思路

本专著的研究思路如下：水资源责任审计的制度框架（理论分析—概念界定—框架构建）——报表基础的水资源责任审计——指标体系基础的水资源责任评价——审计和评价基础的水资源责任激励机制与问责制度。

技术路线如图 1-1 所示。

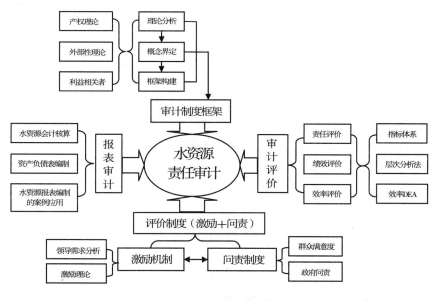

图 1-1 技术路线图

二 研究方法

(一)规范分析法

在水资源责任审计的制度框架和报表基础的水资源责任审计这两个部分，较多地运用规范分析法。包括：（1）运用产权理论和利益相关者理论分析了水资源责任审计的审计主体、审计客体、审计目标等要素，建构了水资源责任审计的制度框架；（2）在水资源会计核算的基本假设、主要原则和核算方法等确定的基础上，确定了水资源资产负债表报表的编制体系。

(二)定量研究法

建立在指标体系基础上的水资源责任评价，较多地运用了定量研究法，具体体现在：（1）运用层次分析法设计了水资源责任评价指标体系；（2）运用模糊数学法进行了水资源绩效评价；（3）运用超效率 DEA 实施了水资源效率评价。

(三)案例分析法

整本专著都大量地结合具体案例进行具体研究，如：（1）对确立后的水资源资产负债表报表体系结合案例地区进行具体应用，以试点地区的水资源资产负债表编制为例进行具体分析；（2）对构建后的水资源责任评价体系结合统计数据和案例资料进行案例应用，以开展水资源责任审计的具体实施。

（四）制度分析法

对水资源责任审计评价实施后的激励机制和问责制度，运用制度分析法进行具体设计。包括：（1）基于契约理论明确水资源责任的主体以及主体的具体责任和实施动机；（2）结合激励理论，考虑和设计水资源责任审计评价后的责任制度；（3）根据群众满意度，设计水资源责任审计评价后的激励机制和问责制度；（4）根据领导干部的心理因素和幸福指数等，设计水资源责任审计评价后的激励机制和问责制度；（5）根据组织部门的领导考核要求等，设计水资源责任审计评价后的激励机制和问责制度。

（五）社会调查法

这里的社会调查法，包括了问卷调查、个别访谈和集体座谈等。（1）从三种主体角度进行的调研，第一种主要方式是问卷调查，如群众满意度、领导干部幸福指数和组织部门的考核要求等，具体包括问卷设计、问卷回收、数据整理和汇总分析等环节；（2）从三种主体出发进行的行政问责制度设计，除了问卷调查，还需要结合个别访谈和集体座谈等方式，以调查对水资源责任的落实程度、落实结果和相关审计评价等，考虑进行水资源责任审计评价的责任界定和评价问责。

第二章

水资源责任审计的研究现状

第一节　自然资源资产离任审计的研究现状

一　自然资源资产离任审计的国外研究现状

（一）自然资源资产

自然资源是指天然存在、有使用价值、可提高人类当前和未来福利的自然环境要素的总和，也包括作为生态系统和聚居环境的环境资源，如空气、水体、湿地等。自然资源资产是指具有稀缺性、有用性（包括经济效益、社会效益、生态效益）及产权明确的自然资源。在概念上，自然资源是在一定的时间和技术条件下，能够产生经济价值、提高人类当前和未来福利的自然环境因素的总称。自然资源资产属于自然资源，但并非所有的自然资源都可以资产化。考虑到资源的时空差异性，只有同时具有稀缺性、有用性和明确的所有权性三个条件的自然资源才能称为自然资源资产。

（二）自然资源资产离任审计

美国、英国和德国都有比较成熟和完善的环境法律法规或技术标准，由政府审计机关依据这些法律法规对水资源、矿产、森林等自然资源进行审计。国外还有一些研究将自然资源审计包含在环境审计的内容当中，如世界审计组织所指的"环境审计"除了包括环境污染治理等环保方面的内容之外，还包含了自然资源开发管理和自然资源可持续利用方面的内容。

（三）自然资源资产离任审计的审计主体

各国实施环境审计的主体部门有，美国、加拿大和澳大利亚采取议会制，审计主体分别是 GAO 和 EPA，国家审计公署和 CEAA，国家审计署和社会审计。日本、德国和荷兰采取独立型,审计主体分别是日本会计检察院和社会中介以及企业,独立型和德国联邦审计院以及经济审计协会,荷兰审计院和环境监察局以及中介机构。

(四) 自然资源资产离任审计的审计对象

2000 年,美国联邦政府会计准则咨询理事会提出了八类自然资源资产,之后发布了相应的具体准则来规范这八类自然资源资产的确认、计量和披露等会计问题。英国首相戴维·卡梅隆在 2011 年要求英国统计局开始准备统计涵盖英国人的生活质量、环境的数据,并正式提出自然环境白皮书承诺,至此英国开始了对自然资源会计的研究热潮。加拿大将自然资源资产分为三类:自然资源存量、土地和生态系统,然后自然资源存量下又分为能量资源、矿产资源和木材资源,土地即经济活动所必需的空间必需品,生态系统下的具体分类是材料和能量的应用和废物生产。荷兰最早提出了碳排放核算,污染物排放量可以把数据分离开来,以了解对国内的跨国界或全球性的环境影响。

(五) 自然资源资产离任审计的审计目标

国际审计署环境审计目标主要为环境问题防御、环境问题治理、资源节约以及防治自然灾害。环境问题的防御既有环境保护法律法规、战略计划的制订,又涵盖了对各类污染(如水污染、化学品污染)的监控,争取从事物源头采取措施降低环境问题发生的可能性。环境问题治理包括审计污染治理的技术、管理的改进,污染治理的资金筹措,试图在治理取得成效的同时,恢复原有的生态环境。资源保护主要涉及各类资源(包括可再生能源、核能源、油气资源等)开发的效率与效果,提升各资源开发的监督与管理,以达到资源有效开发并得到节约和保护。防治自然灾害主要方向在于应对气候变化的适应性举措,防洪工程和风暴数据收集。

(六) 自然资源资产离任审计的审计方法

在审计中可以实施同步审计、联合审计、协作审计。同步审计是指两个或更多国家的最高审计机关几乎同时进行审计,各审计机关分别组织审计小组,分别向其立法机关或政府报告,报告的内容只涉及与本国有关的审计发现和审计结论。联合审计是指由来自两个或更多的最高审计机关成员组成的审计小组开展的审计,审计结果以联合报告形式在所有参与国公布。协作审计是由同步审计与联合审计两种方式结合而成的,在合作方式上更加灵活。

（七）自然资源资产离任审计的评价指标

自然资源资产审计指标体系的研究，国外许多学家都对该理论、方法发表过著作和学术论文，如 Stefan Hajkowicz（2006）基于利益相关者并结合多属性效用理论（MAUT）构建了多属性环境指标体系，该指标构建的过程可应用于众多的环境问题，同时当环境资源在多个货币和非货币计量单位提供众多服务时可为其提供一个统一的衡量性能。HE Gui-zhen、LU Yong-long、MA Hua、WANG Xiao-long（2007）对政府环境审计中的水资源进行了多指标的评价，其所构建的指标体系可用来满足水资源保护计划评估的需要，同时也可用来评估国家环境保护方案的性能和为环境审计人员提供了技术支持。

（八）自然资源资产离任审计的工作程序

以美国对水资源责任审计为例，审计工作开展主要包括准备阶段、实施阶段和评价阶段 3 个阶段：准备阶段主要是建立工作表、权责审计时段、确定计量单位等；实施阶段主要是确定供水量、确定计量用水量、确定未计量用水量、计算损失水量和审计结果分析等；评价阶段主要是建立工作表格、评价潜在问题、更新审计结果、更新规划等。审计方法主要有直接估算法、运用统计模型法和构建对比组法等。

（九）自然资源资产离任审计的国外研究现状小结

20 世纪 70 年代开始，国外政府就已经开展了对自然资源审计的研究。当时，美国、加拿大等国家都开展了不同形式的自然资源审计，通过此举来帮助国家节约自然资源的消耗。国外在这方面经过了几十年的发展和完善，在许多方面都值得我们借鉴，美国、英国和德国都有比较成熟和完善的环境法律法规或技术标准，由政府审计机关依据这些法律法规对水资源、矿产、森林等自然资源进行审计。

目前国外还有一些研究将自然资源审计包含在环境审计的内容当中，如世界审计组织所指的"环境审计"除了包括环境污染治理等环保方面的内容之外，还包含了自然资源开发管理和自然资源可持续利用方面的内容。此外，国外的学术研究内容也比较广泛，涉及自然资源审计的目标、方法和内容等各个方面。

二　自然资源资产离任审计的国内研究现状

（一）自然资源资产

张友棠等（2014）将自然资源资产定义为国家所拥有或控制的各种

具有使用价值的自然资源。张宏亮等（2015）定义自然资源资产为正在和即将进行经济开发利用的、具有环境与社会功能的和与这些自然资源相联系的自然资源。湖北省审计厅课题组（2014）则认为自然资源资产是指在现有认知程度和科学技术条件下，能为所有者带来经济效益并用货币在核算体系中加以计量、确认的自然资源。陈波、卜蹯琦（2014）研究认为自然资源资产离任审计是资源环境审计和水资源责任审计之间的交集，与此同时又是水资源责任审计下的一个子集。

（二）自然资源资产离任审计

自然资源资产离任审计的定义，目前尚无一致的定论，主要认为是为了维护国家自然资源安全，建立系统完整的生态文明制度体系加强自然资源资产管理，推进构建科学的决策机制和管理机制而施行的对领导干部在整个任职期内所管辖区域的自然资源资产使用及开发保护的审查、鉴证和总体评价活动。

（三）自然资源资产离任审计的审计主体

自然资源资产离任审计的主体是指从事该项审计工作的执行者，即国家审计机关。自然资源的所有权属于国家，只有国家才能决定自然资源的使用方向与规划。同时，由于自然资源的市场价格失灵的缺陷，单靠市场的"无形之手"无法实现有效监督。因此，作为综合经济监督部门的国家审计机关，成为自然资源资产离任审计的主体。

（四）自然资源资产离任审计的审计对象

对于自然资源资产离任审计的对象，安徽省审计厅课题组（2014）认为应该是各个地方党政机关领导干部。彭巨水（2014）认为审计对象的界定十分重要，审计对象是指地方各级政府负责人还是政府相关部门负责人，需要进一步确定。由于按照我国当前的行政体制，领导干部的范围不确定，导致相关责任无法追究。陈献东（2014）认为自然资源资产离任审计的对象范围可包括矿产资源、土地资源、水资源、森林资源、海洋资源等五个方面。张宏亮等（2015）认为审计的范围为地方党政主要领导干部任职期间的相关资源环境状况及资源环境保护政策的履行情况。

（五）自然资源资产离任审计的审计目标

黄溶冰、赵谦（2015）指出领导干部自然资源资产离任审计目标包括合规性、效率性、经济性和效果性，即对自然资源开发使用过程中，是否违反国家政策法规、是否注重投入产出效率、是否存在损失浪费、是否能实现预期目标等进行审计评价。张宏亮等（2015）则认为自然资源资产离任审计的终极目标是以科学发展为主题、以加快转变经济发展方式为主线，根据有关法律法规，对党政领导干部在其任职期间的有关资源环境保护政策的履行情况进行审计并进行评价。蔡春、毕铭悦（2014）认为自然资源资产离任审计的目标是为了促进自然资源资产保护责任的全面有效履行。陈献东（2014）认为审计的根本目标是通过揭示领导干部在自然资源资产使用、管理和监管方面存在的突出问题，从体制、机制和制度层面分析原因，提出建议，促进领导干部树立正确的政绩观，推动科学发展，维护人民群众的根本利益，维护国家资源安全。

（六）自然资源资产离任审计的审计方法

①设立审计评价指标。自然资源资产离任审计通过构建一系列指标进行审计。湖北省审计厅课题组（2014）认为，应按照审计重点确定考核指标，建立领导干部自然资源资产离任审计考核评价指标体系。②自然资源资产负债表。即采用审计自然资源资产负债表方法开展相应审计工作。谢志华（2014）认为，自然资源资产负债表是此审计的依据，因而应先构建审计的微观基础，即通过编制补充报告建立企业层面资源报告体系。然后，构建宏观基础，即根据企业自然资源资产负债表和统计数据等，编制宏观自然资源资产负债表。蔡春、毕铭悦（2014）称，在现实尚未编制出价值量型、实物量型自然资源资产负债表之时，可以先编制能够反映自然资源资产变动的重大事项和存量变化情况的自然资源资产变动状况表，对此表审计，简单易行，但最终应当审计价值量型自然资源资产负债表。林忠华（2014）提出，审计自然资源资产负债表应该检查自然资源资产负债的存量及其变动情况，在国内外没有成熟的编制自然资源资产负债表的方法下，应该挑选重点的自然资源资产开展真实性、合法性审计试点。

（七）自然资源资产离任审计的审计指标

张宏亮等（2015）研究认为自然资源资产离任审计是一个全新的概念，尚没有成熟的指标，根据理论界和实务界相关人士的意见，审计指标的评价原则为：自然资源与环境相结合；数据可取得；关乎人身健康、回应社会关切；区分主指标与副指标。陈波（2015）认为构建合理的自然资源资产绩效评价指标体系应满足若干基本的质量特征，主要包括指标的数量不宜过多、指标明确具体、评价指标应具有针对性和实用性这三个方面，并按照自然资源的类型概括了若干代表性绩效评价指标并形成体系。湖北省审计厅课题组（2014）认为应按照审计重点和审计内容确定考核指标，在评价时还应考虑指标数值、计量标准及来源、评价标准参考值及参考值来源，并加以说明。

（八）自然资源资产离任审计的工作程序

审计程序主要包括计划阶段、实施阶段、报告阶段。张宏亮等（2015）提出了审计具体指标及运用的程序，分别为明确各指标的计算方式、进行指标分值计算、指标权重设计、地方领导干部分值计算、绩效评定五个步骤。许萍、何畅（2015）指出审计报告的内容包括厘清领导干部与对应自然资源资产的基本情况，本次离任审计的具体情况，根据各类数据情况提出审计结论，根据审计结论提出解决措施等。可以根据审计报告结果对领导干部进行奖惩，也可以作为下一年继续编制自然资源资产负债表的基础，还可以根据审计结果更加全面地了解自然资源状况。

（九）自然资源资产离任审计的国内研究现状小结

目前，我国对自然资源审计的理论基础研究相对较少，时间也不长，但还是取得了一定的研究成果。一些学者在研究了土地资源、矿产资源、水资源的审计目标、方法之后，从自然资产的角度提出了相关的审计内容。张宏亮（2006）认为自然资源审计是对被审计单位的环境资产管理以及有关经济活动的真实、合法和效益性进行的监督、评价等工作。宋宝中（2010）认为矿产资源专项资金审计要以该专项资金收缴为主线，严把项目申报审批、征收管理和使用三个环节的审计思路。孙本广（2011）提出土地出让金审计要延伸审计征收占用土地资源是否遵守了审批制度，是否执行土地利用总体规划、年度计划。

我国目前对自然资源资产审计指标体系的研究还处于探索阶段，在理论框架的构建、指标的设置、权数的规定等方面都没有达成一致的共识，至今主要也只是着眼于研究单个自然资源资产审计指标体系的构建。李向明（2006）对旅游资源资产评估及其指标体系的构建就做出了研究，主要从目标层、准则层、指标层三个层次来构建旅游资源资产的指标体系。李鹏、杨海军、李志坚、李兆东（2013）提出了对草业生态审计指标体系构建研究，他们将草业生态审计指标体系划分为四个层次：目标层、准则层、要素层、指标层，每个指标体系层面都在某种程度上独立反映了草产业活动某方面的发展情况，所有这些综合构成了草业生态审计研究指标体系。

在自然资源绩效审计指标体系方面我国也有一定研究和涉及。徐泓、曲婧（2012）在自然资源绩效审计的目标、内容和评价指标体系初探中提到从自然资源政策、资金、开发保护、使用自然资源、收益分配等五个方面构建了自然资源绩效审计的评价指标体系，以期实现对自然资源管理状况的总体评价，为自然资源绩效审计评价的实务操作提供一定的理论参考。

三　自然资源资产离任审计的研究现状述评

目前专家学者对此问题研究较多，主要从不同视角给自然资源资产离任审计下定义，但尚未形成一致定论。我国相关专家学者研究了自然资源资产离任审计的审计目标、审计范围、审计对象、审计方法等，从专家学者所持的观点看，基本上对每个理论问题都有两种或两种以上的观点。从专家学者研究的广度看，对有些理论问题研究较多，对另外一些理论问题研究很少。从专家学者研究的深度看，对有些理论问题研究较深入，对有些理论问题研究较粗浅。大体上说，专家学者不同程度上研究了自然资源资产离任审计涉及的多个方面的理论问题，取得了较为丰富的理论研究成果。应用研究在自然资源资产离任审计实践方面不够成熟，因客观存在着相关法规制度不完善，自然资源资产信息复杂、分散，审计方法不足等问题，此审计工作实际在艰难推进。专家学者对自然资源资产离任审计工作开展可能出现的不同问题，持有不尽相同的观点，对自然资源资产离任审计开展实证研究者甚少。总之，国内对自然资源资产离任审计的理论研究较为丰富，但研究整体上处于初级阶段，对自然资源资产离任审计应用研究的多个方面都不够成熟，实证研究成果较少。

自然资源资产领导干部离任审计理论体系涵盖审计定义、审计主体、审计目标、审计对象、审计范围、审计依据、审计方法、审计程序等。目前，研究者对自然资源资产领导干部离任审计的理论基础研究极少，随着研究深化，借鉴其他理论，审计理论基础将进一步明确。自然资源资产领导干部离任审计应用研究日益成熟。目前，研究者已经初步探索了自然资源资产核算体系，设置了一些指标，又探讨了自然资源资产负债表的编制，并且将其付诸实践，然后不断对其修改完善，这将为自然资源资产领导干部离任审计应用打下坚实基础。经过理论工作者、实际工作者不断深入研究自然资源资产领导干部离任审计的自然资源资产核算体系、自然资源资产负债表的编制、审计方法、审计准则等问题，将使自然资源资产离任审计应用理论日趋成熟。实证研究逐渐增多，实证研究方法被国际上公认是一种科学的研究方法。开展实证研究需要运用较多的可以收集的数据，这些数据来自于政府环保、水利、农业、国土、林业等部门的公报、统计资料、在线检测系统，以及审计调查结果等。随着自然资源数据库共享机制的确立、信息公开化程度的提高，研究者进行实证研究将会拥有更多便利条件，对自然资源资产领导干部离任审计实施实证研究将会增多。

第二节 水资源的研究现状

一 水资源的国外研究现状

20 世纪 70 年代，很多国家开始思考如何进行水资源的研究，如何使研究的结果得到实施，以及让人类共同参与节水和保护水资源的行动。1971 年，Madhoo 提出水资源的价值为假定一个时间和一个地点，某一单位想去购买单位体积水所愿意和能够支付的最大值。或者其他单位取走用水时，在固定的时刻和区域，水资源所有者单位所能接受的单位体积水的最小值。1972 年，杨格和格雷认为水的价值肯定小于或等于最经济水源的边际成本，边际成本是每增加一单位产量总成本的增加量，边际价值是每增加一单位产量总价值的增加量。前者是利用经济学的原理来计算价值，后来，有学者利用数学的公式来计算水资源的价值。1974 年，秘鲁用余差法计算灌溉用水的水资源价值，余差法规定每公顷土地中的净收入分为两部分——水资源收入和土地收入，即先算出来每公顷灌溉农田卖出去的净收入，再减去土地的净收入，就是水资源的价值。这种方法简单易行，并可以广泛运用，学者以此计算出了三个流域的水资源的价值。1978 年，西格雷夫和欧绸亚利用数学的线性规划（Linear Programming，简称 LP）计算出了灌溉用水的水资源价值，它是在约束一种条件下，研究目标函数的最优解的过程，数学模型如下：先列出约束的条件及目标函数，再是画出约束条件所表示的可行域，最后就是在可行域内求目标函数的最优解及最优值。一般都是求最大值或者是最小值，决策变量、约束条件、目标函数是线性规划的三要素。

20 世纪 80 年代后期，水资源危机加剧，许多学者考虑用经济杠杆来调节水资源的供需矛盾。印度的污水主要来自城镇，但是污水处理系统处理的污水的数量和每日所排放的污水差距巨大，无法调节。所以，有的学者觉得如果提升水的价格，居民会节约用水，相对来说污水也就减少了，这是经济杠杆。但是上述也只是在固定水源的情况下进行的研究。1984年，Fakhraei 研究了在随机供应水源的情况下，价格稳定性和水量配给的关系。他选择了六种水的供应量，在每一种供应量下，变换不同的水价，找出了最适宜的水价和最适宜的供应水量。由此，可以为水价的调节提供一个新的思路，并且不需要较多参数，只要掌握供应量和用水量即可。1986年，Mercer 研究水价和政府部门盈利的关系。1987年，Moncur 研究了城市用水定价和用水量之间的关系，调查方法为：对若干家庭户的用水情况进行观察，估算需水量与价格、收入、家庭人口、雨量和限制用水之间的对应关系，结果表明，若边际价格上升不到 40%，就可以减少 10 吨的用水量。说明在一定限度内，提高水价是可以减少用水量的。1987年，《挪威自然资源核算》中包括了水资源核算，建立了实物平衡表账户。1987—1988 年，美国世界资源研究所提出了核算表及纳入国民经济账户、修正 GNP 的初步方法。

20 世纪 90 年代，美国的环保取得了好的成绩，公众的环保意识增强，学者越来越倾向于用经济杠杆来进行理论研究。1991 年，美国人 Hanse 借鉴了国家已经进行的评估结果，创新性地研究了美国众多河流的旅游价值，但它只是从一个侧面反映了水资源的价值，并没有囊括水资源的全部价值。在美国德克萨斯州格兰德河下游河谷中，进行了一次水市场与水权转让，由此开始探索建立水权市场。在水市场里，可以出售、买卖自己拥有所有权的水，促进了水资源的优化配置（从富水区转到缺水区、低效率区转到高效率区），提高了水的利用效益和效率。Biswas 认为，解决 21 世纪水资源危机的其中一个出路是对水资源进行标价并将成本收回。1992 年，Michael 研究了美国南方和西部区域的水价格的弹性，其结果出乎意料，提高了价格，用水量反而增加，反之对公民进行节水教育可以减少居民用水。1995 年，Askley 研究了居民最大的和非最大用水量，结果表明，需求最大价格弹性是非最大的价格弹性的两倍。1996 年，Warford 提出了用边际机会成本方法对自然资源价格进行确定。在 1997 年的环境与发展大会中提出在所有国家建立环境与经济一体化的核算体系，研究计算自然资源价值的方法和环境的贡献。

进入 21 世纪以来，水资源经济价值的研究为集中研究领域，经济学对于水资源定价具有重要性的影响。水资源的经济价值有利于决策，可以使水资源有更好的发展、保护和配置，也使得水资源可以基于其稀缺性而得到利用。2001 年，美国 Schuck 研究表明地表水价格的变化会导致地下水的用量增加，饮用水价格的变化会影响自来水的用量，水质也会影响水的使用量，等等。2003 年，以色列的学者 Ilya Ioslovich 假设每一个消费者对所用的水都有一个相应的函数，利用这个函数来扩展 CHZ 模型，使得水资源在城市、农业和其他二次使用者进行分配，表明价格工具可以对水资源进行合理配置。2004 年，美国学者 Frank 对某一流域的农业土地进行了农业用水的价值研究，结果表明水资源是经济性的，可以使水资源在基于其稀缺的原理上在保护和配置上有更好的选择。2008 年，法国学者 Mogno 提出政府关于污水的处理政策可以影响法国的水的经济以及废水的经济，这些成本是需要加入到消费水的使用者支付的价款中的。

二　水资源的国内研究现状

我国对水资源核算研究开始较晚，当时经济发展较慢，环境污染没有这么严重，自 1988 年才开始研究水资源的价值和数量关系。一开始研究的是环境会计。

1991 年，李金昌、胡昌暖分别出版了《资源核算论》《资源价格研究》。李金昌认为，水资源的价值由两部分组成：即人类没有参与的天然价值（可以通过地租理论确定）和人类投入劳动的价值（根据生产成本确定），在财富论、效用论和地租论的理论基础上，确定了水资源价值论，若某一资源对人类有用，它就是有价值的，而大小则要看这个资源的稀缺程度以及被开发利用的难度。胡昌暖以地租理论为论点，认为资源的价格就是地租的资金化，认为我国的水资源的价格也就是水资源费，水资源费即对城市中取水的单位征收的费用，是水行政主管部门授予申请取水人的水资源的使用权，这项费用，按照取之于水和用之于水的原则，纳入地方财政，作为开发利用水资源和水管理的专项资金，水资源费的价格计算方法有两种：成本计算法和倒推法。倒推法是用确定的水资源产品价格减去本地区各种水源人工水个别生产价格。1992 年，姜文来提出将水资源核算计入国民经济核算体系，以前的体系只是涉及经济这一方面，没有考虑到水资源的影响。后来出版了《水资源价值论》，创建了一系列水资源价值理论，跳出了以往以水论水的狭窄圈子，将水资源置于环境、经济、社会的大背景下进行研究，提出了水资源既有正面价值（即供给人类活动），也有负面价值（即污染水环境导致破坏生态环境），而且两者也是可以互相影响的。在《资源资产论》中，首次提出将水资源资产化，并进行了专题论述。姜文来对水资源价值的研究贡献很大，而且是置于整个社会大环境下，对以后研究这一方面提供了坚实的理论基础，但是他只是研究价值这一方面，没有涉及整体理论。1993 年，水利部开始记录京津唐区域的地下水和地表水的数量，并没有涉及价值，采用了不同的方法在不同时间和区域内进行水资源数量的研究。那时只是对水资源数目的供应和需求有了核算，没有考虑到水资源的质量的变动。只有既有质量又有数量的研究才是全面的。1993 年，温善章在《关于黄河治理开发重大战略的思考》中，指出现定黄河规划中存在的问题，提出了开发利用黄河的思路，对于三门峡水库，认为完全废弃不是最佳选择，反对三门峡高坝大库蓄水拦沙，应该低坝小库滞洪排沙。1994 年，黄贤金提出自然资源二元价值论，认为自然资源物质无价值，自然资源资本具有虚幻的社会价值，在这个基础上，提出了自然资源稀缺价格理论，认为影子价格法用来评估水资源的价格是最合适的方法。1994 年，中国环境与发展国际合作委员会资源核算与价格政策工作组，利用边际机会成本理论研究水资源定价模型。他们选择两个典型地区，即北京作为长期缺水区代表，上海作为丰水区代表，分别进行了水资源价格测算并提出了水资源价格政策，但成果只是阶段性的。1997 年，国家自然科学基金批准了两个项目："持续发展条件下的水价理论和实践研究"，"均衡代际转移条件下水资源耦合价值模型研究"。水资源价值研究文献不多，特别是较成熟的实证研究成果更是少见，这说明，关于水资源价值研究在世界范围内尚属薄弱环节，尚未引起足够的重视。而应用研究测算出的水资源价格没有反映出水资源价值，操作性也较弱。1999 年，沈菊琴教授在《水资源资产评估探析》一文中，提出进行价值评估应考虑本身的特点来研究它的价值，提出了四种评估标准。她在《水资源会计若干问题探讨》一文中，在国内外没有专门的文献来研究水资源会计时，率先进行了研究，仅从理论上对水资源会计研究的必要性、会计理论架构、资产价值计量等作了初步探讨，并没有从实践上进行研究；在水资源资产价值计量方面，对价值计量的概念及目的进行了分析，提出了水资源资产计量的成本法、市场比较法、收益现值法、等效替代法等方法，并分析了各自的适用性。在《水利资源性资产经营管理的考核与评价探讨》中，提出尽管国家已经出台了暂行条例来规范水资源会计，但是并没有真正把水利资产纳入资产的管理范畴，在此基础上，沈菊琴教授提出了对水利资产进行经营管理必须要有不同的指标，包括对经营状况、政策性亏损、水资源资产数量和质量进行考核和评价的指标，还指出了考核与评价的具体组织实施步骤。在《浅谈水权市场与水资源资产》一文中，讲述了水权市场中的水资源资产的定义、范围和类型。

2002 年，在《影子价格法在水资源价值理论测算中的应用》中，袁汝华、朱九龙等学者以影子价格法，结合黄河的实际情况，将黄河分为 4 个河段，建立和求解线性规划模型，得到各河段各用水部门的水资源影子价格，使得流域水资源得到优化配置，这即为水资源的理论价值。2007 年，苗芸在《水环境会计的理论框架研究》一文中，阐述了水环境会计是否是必要的以及是否有条件可以实施，并构建了水环境会计理论框架，并提出如何保障水环境会计实施。苗芸为水资源会计理论架构构建了理论基础。2008 年，葛吉琦在《水权的确认和转让》一文中，提出了水权确认的原则和获得取水许可的单位和个人水权可以进行转让，丰富了国内的水权理论。

但是上述文献研究都是仅仅限于会计理论架构的一个或多个环节，并没有综合起来研究。

2015 年，朱友干在《论我国水资源资产负债表编制的路径》一文中，从水资源的权益属性、水资产价值的确定以及政府治理水环境相关会计信息角度探讨我国水资源资产负债表编制的路径，促进政府有关部门珍惜水资源、优化水资源环境。2015 年，杨艳昭接受记者访问时称，在探索编制水资源资产负债表的过程中，不同省市和地区通常都是对其行政区划内的自然资源进行计量和统计，而不是根据自然资源分布的整体性进行划分。这些问题有可能导致不同行政区域间对利益的追逐和责任的推诿，也可能造成同一自然资源的重复核算或者核算标准不统一等问题。2015 年，孟勤国接受记者访问时称，目前体制的问题在于，水资源的产权管理和行政管理机关是混同的，这样容易造成行政机关侵犯权利人利益，或行政机关放任管理两个极端，应将两者分设。水资源权属登记目前仍是分部门进行，但是应该像不动产登记那样实行统一登记。统一登记的好处之一是能够定纷止争，比如水资源权利边界清晰了，就可以很好地解决私自用水的问题，可以促进物尽其用。2015 年，统计局称，权责发生制政府综合报表和水资源资产负债表不是一个概念，前者主要通过会计确认核算，后者主要通过统计加总而来。现在计量单位的口径不是很清楚，但肯定不可能用资金来衡量，应该用面积等实物单位来衡量。矿产还可以换算成钱，但是森林用公顷，水用立方米等，没法用钱衡量。由于水资源本身的复杂性和不可全面计量性，导致水资源资产负债表很难像企业资产负债表形成一个严格的会计平衡关系。

三　水资源的研究现状述评

国内外的研究几乎涉及了任何方面，但是都只是单一的几个因素和因素之间的对应关系，没有形成统一的结构框架来宏观调控国家的水资源，更没有基于相应的理论框架分析具体地区的水资源的整体状况。本研究就是在以前的水资源研究基础上，建立了水资源资产负债表的结构框架，以湖州市为例，从水资产的确定、价值计量到会计分录、报表的编制，反映湖州市水资源资产量、消耗量、损害程度、结余量等各种项目，考核湖州市的经济对资源和生态环境的破坏程度或修复程度。

党的十八届三中全会审议通过了《中共中央关于全面深化改革若干重大问题的决定》（以下简称《决定》），《决定》提出，探索编制自然资源资产负债表，对领导干部实行自然资源资产离任审计，建立生态环境损害责任终身追究制。目前，对自然资源资产审计体系的研究主要集中在绩效审计这一个方面，本研究主要是在此前提下对水资源资产管理及考核制度的有关研究作文献综述。

第三节　水资源管理的研究现状

一　水资源管理的国外研究现状

EPA（2010）分析美国用于保护地下饮用水源的污染预防和管理计划的井口保护计划；提供饮用水的基本信息的水源评估系统，该评估确定可能影响水质量的污染源，以及它们可能导致问题的可能性。另外，联邦水污染控制法案，后来修订并重新命名为"清洁水法"（CWA），授权为

"美国水域"制订各种保护计划。CWA与"国家环境政策法"（NEPA）一起，还授权每个联邦机构评估任何拟议的联邦行动对美国水域的环境影响。

Stephen M. Meyer 提出目前美国许多州政府希望取消对环境监管的约束，以释放新的经济增长空间。研究表明，环境管制不能期望在国家一级产生可衡量的经济效益，对国家经济的整体影响不会显著。

SIWI（2011）以俄罗斯加里宁格勒州为例，介绍了水资源管理部门的专有法律和监管框架，且下设机构对其各自的管理部门负责而不向地方行政部门负责，构建地表水体结构的质量和水生生态系统的功能的生态状态。

二　水资源管理的国内研究现状

陈思源（2010）基于现代生态伦理学的相关理论，将价值基点、实施路径、具体原则、优先序共同组成了水资源伦理利用的原则体系。他认为城市水资源的管理制度涉及三个主要制度：水分配制度、用水制度、代价补偿制度。

胡德胜、王涛（2013）提出在水资源管理方面我国实行流域管理与行政区域管理相结合的管理体制：国务院水行政部门负责全国水资源的统一管理和监督工作；县级以上地方水行政部门按照规定的权限，负责本行政区域内水资源的统一管理和监督工作。

郑晓曦、高霞（2013）通过从现阶段我国资源资产管理的现状不足入手：自然资源资产价值被长期忽视、所有权经营权行政权混淆、法律制度不完善、资源利用效率低下等，分析总结出加快资源资产管理改革的紧迫性，并提出了一些切实可行的解决途径和建议：实现自然资源资产科学定价、明晰产权，保障所有者权益、鼓励科技创新，提高资源利用率。

陈建明、周校培、袁汝华、朱凯晔（2016）认为，健全自然资源资产管理体制应从三个方面统筹设计：（1）以明晰产权为核心，健全自然资源资产产权制度；（2）以分类管理为核心，健全自然资源资产管理机制；（3）以用途管制为核心，健全自然资源资产监督管理体制。

胡德胜、王涛（2013）对比美、澳管理责任的考核制度，形式上均包含了事前审查、事中公开和事后评价。相比之下，我国只是根据水资源管理工作目标的落实结果进行考核评估。

　　唐洋、潘惠中（2016）以英国、美国和印度为例，调查研究各国都主要由国家最高审计机关进行对水环境的审计，且主要审计任务在于对关于水环境方针政策是否合适、环境管理的有关情况以及相关资金使用的合规性、经济性、高效性进行评价，同时结合会计师事务所等社会审计组织。

　　姚圣、张国营（2013）从政治关联和利益交换的角度，认为环境业绩评价体系是能约束居民、政府和企业三者利益均衡的机制。该体系的指标体系涵盖了生态权益、环境质量、环境治理三个子系统，并在此基础上进一步细化，以求其结果能更准确地反映地方的环境业绩水平。并探讨了地方政府环境业绩模糊综合评价模型，研究了该模型自上而下的行政体系的具体应用。

　　盛代林、陆菊春（2007）在分析含经营状况评价、数量评价和质量评价的水资源资产经营绩效指标的基础上，提出基于熵理论的水资源资产经营管理绩效模型，并以深圳市水资源资产为例进行实证研究。

　　黄溶冰（2016）基于 PSR 模型，构建了自然资源资产离任审计的理论结构。从对状态改善情况审计、响应落实情况审计以及压力削减情况审计三个方面，设计了相应评价指标体系，具体如污废水回用量、地表水利用率和节水工程投资，等等。

三　水资源管理的研究现状述评

　　国外，尤其美国、加拿大水资源管理体制较完善，根据本国政体对联邦层面和州级别做分类别的管理计划，结合本国地理特点对水资源和影响水生的因素也做了详细的分类。总体来看，国外相关水资源资产管理制度，更多的是针对企业用水的规范和处罚，在此方面，尤其是用水许可取得制度特别完善，但是对水资源资产领导干部的审计体系设计不多。

　　关于对水资源资产离任审计的体系构建模型，目前有孙玥璠、胡洋、武艳萍（2016）基于熵权法融入领导干部自然资源资产离任审计的分析，提出在已构建评价指标体系的前提下，建立矩阵的应用流程；黄溶冰（2016）基于 PSR 模型的基础，分析自然资源资产离任审计的目标、对象、内容、方法和模式。

　　从上述文献可以看出，国外的研究起步较早，研究范围广，在不同的方向上取得了丰富的研究成果。但是因为制度的建设和执行充分结合了本国的政治经济和社会因素，所以不适合我们照搬，只能是数理统计方法上以及理论上的借鉴。而国内的研究虽然起步晚，缺少自有的体系，但在研究国外制度设计和调查本国水资源实际状况上有了很大的进步和发展。

另外，完善的公众参与机制可以有效地防止隐瞒和谎报的现象发生。但是对比国外考核制度，我国基本上是政府自定审计目标，自评审计情况，自定审计结果，缺乏将公众和利益相关者参与进来的理念，决策时也并不积极促进公民参与。

第四节　水资源会计处理的研究现状

一　水资源会计处理的国外研究现状

国外对于水资源会计的研究主要集中在水资源会计的核算方面，也就是水资源价值评估，这对于水资源会计处理有着很大的意义。

有关水资源等自然资源是否具有价值，理论界有不同的解释，主要存在西方的效用价值论、马克思的劳动价值论、生态价值论、哲学价值论、工程价值论等。

20世纪80年代以来，世界上有20多个国家或政府机构开展了自然资源核算理论、方法与实施方案的研究。挪威中央统计局（1987）发布的《挪威自然资源核算》中包括了水资源核算，建立了实物平衡表账户。美国世界资源研究所（1988）同挪威、菲律宾等国专家完成了菲律宾和印度尼西亚的自然资源核算，提出了其核算表式及纳入国民经济账户的初步方法。同时许多国际组织和一些区域组织如联合国教科文组织（UNESCO）、联合国环境规划署（UNEP）、世界银行、欧洲经济共同体等都开展了资源核算的理论和试点研究。在国外，比较盛行的水资源核算系统有卫星核算系统、挪威核算系统、法国核算系统。

（一）卫星核算系统

所谓的卫星核算，亦称辅助核算，它是自然资源核算的一种方法，它将SNA（国民账户体系）扩展到经济和自然环境领域之中，密切了经济活动与环境之间的关系，其基本方法是将自然资源核算放在国际、国内的环境及国际、国内经济大环境之中进行。它认为，经济活动可以通过废物的排放和使用与环境资产发生关系，因此这里重要的概念是自然资源的消耗和重复利用。

（二）挪威资源核算系统

挪威自 1974 年就开始了自然资源核算的研究工作，是最早进行自然资源核算的国家。1987 年，他们向国会提交了《挪威自然资源核算》的研究报告，核算内容包括森林、土地、水、石油和天然气等自然资源，建立了实物量核算账户。他们倾向于用实物量的形式处理生产系统中的资源，将物质能量守恒原理应用于由于资源的使用而造成环境污染的经济过程之中。其基本理论依据是，自然界提供的物质资源应用于生产过程，经过生产和消费以后，最终又回到自然界。

（三）法国的资产核算系统

法国资产核算系统提出了时间序列效应思想，其主要体现在一系列表中。核算需要相当长的时间，水资源核算与土地核算密切相关，它需要用几年的时间来估算和验证贮存量等变化；该核算系统有机地把握了相应于各层次核算细节。如在质量核算分级中，以 17 种主要影响水的污染物水中浓度为基础。从目前来看，它具有代表性，而且还能进一步推广到资源核算和环境污染的整个领域。该核算系统认为水的价格体系是多余的。它认为，用实物量表示的大量数据在水管理中得到广泛应用，这样，价格的纽带作用失去了存在的价值。该核算系统在国内水资源核算中是成功的。

此外，在水资源上和我国有相同困境的澳大利亚从 2004 年开始大力研究水资源会计核算，在十亿美元的一揽子水资源改革方案中，建立统一的水会计标准是其中重要的环节，引领国际上开发制定水会计系统的前沿。

2012 年，由澳大利亚气象局的独立咨询委员会——水会计准则委员会制定并发布的《澳大利亚水会计准则第 1 号——通用水会计报告的编制及列报》被公认为世界上第一个综合性的水会计标准，继水会计准则颁布后又出台了《澳大利亚水会计准则第 2 号——通用水会计报告的鉴证业务》，进一步完善水会计核算，保证水会计报告质量，并对审计人员提出新的要求。作为澳大利亚第一个水会计标准，它规定了通用水会计报告的组成和编报的最低要求，同时还规定了不同的报告类型来指导不同类型的水报告主体编报相应的水会计报告，其中总则和基本要求从理论上阐述了水资源会计核算的主体、方法。澳大利亚的实践对我国水资源会计的研究和发展有借鉴意义。

二   水资源会计处理的国内研究现状

水资源会计的课题研究，是在 2003 年 10 月北京举行的《中国会计理论与实务前沿》研讨会上，沈菊琴教授率先提出来的。沈菊琴（2005）在《水资源会计若干问题探讨》一文中，从自然资源会计研究的现状出发，针对水资源在国民经济发展中的作用，对在中国开展水资源会计理论与应用研究的必要性进行了分析，构建了水资源会计的理论框架，包括目标、对象、基本假设、要素及原则等进行了探讨，明确了水资源资产的概念，并对其与水资源的关系进行了分析。在水资源资产价值计量方面，对其价值计量的概念及目的进行分析，提出了水资源资产计量的成本法、市场比较法、收益现值法、等效替代法等，并分析了它们的适用性。

随后，张雪芳（2006）和沈菊琴教授在《水资源会计基本理论与核算问题探讨》一文中，从水资源会计的概念、目标、假设和原则等方面对水资源会计理论框架进行了分析，同时对水资源会计要素的确认、账户的设置、账务处理进行了探讨，并对水资源会计信息披露作了简要分析。

之后一直没有学者系统地研究水资源会计，直到 2010 年澳大利亚发布了水会计准则，我国学者才开始研究这一份准则，以及对我国水资源会计发展的启示。

陈波（2015）通过对澳大利亚近年来创新并大力推广的水核算系统的研究，探讨了它对我国的启示。作为全球第一个"水会计"准则，其特点是以体积为计量属性，以权责发生制为基础，用复式记账法，编制三张水会计报表：水资产负债表，水损益表和水流量表，来描述、记录和披露重要地区水资源的增减变化，并实施水审计来保证水会计报告的质量。澳大利亚水会计准则的颁布实施，实现了将财务会计的理论和制度用于自然资源管理和披露的先例。作者对澳大利亚水会计准则的产生和构成，以及主要内容和理论依据进行研究，分析了我国现有水资源核算和财务会计核算存在的不足，论证了我国借鉴澳大利亚水会计准则的成功经验，研究和构建我国水会计准则的必要。

由于水资源会计不同于其他资源会计，可再生性、可循环使用等特点使研究起来更加复杂。沈菊琴（2015）提出水资源会计有助于解决逐步加剧的水资源危机，有助于实现水资源可持续利用。在分析推行水资源会计的必要性和可行性的基础上，探讨水资源会计要素的确认和记录以及相关的账户设置等问题。

三　水资源会计处理的研究现状述评

近年来，国内外越来越多的学者进行水资源会计的研究，也有越来越多的研究成果呈现在人们面前，所有的这些都标志着政府对水资源会计的日益重视并有不断深入开展的趋势。毕竟目前国内外有关自然资源会计的研究才刚刚起步，有关文章、论著都比较少，主要集中于森林资源会计的研究，其次涉及矿产资源、海洋资源、国土资源及环境资源等方面，国内只出现了几篇专门研究水资源会计的文献。就中国目前对自然资源的会计核算来看，这些核算只是停留在一些简单的介绍性论述，实务中只是将其当作一项递延资产，在一定时间内进行摊销，或者将其当作是环境会计进行处理，很少有深入的理论研究和可操作性的实务探讨，既没有建立起一个完整的资源会计理论体系，也没有一套具有可操作性的资源会计实务。

开展水资源会计核算是一个新鲜事物，面临着一系列的理论、方法和实践难题。近年来，澳大利亚在水资源会计核算方面开展了大量的研究和实践，积累了丰富的经验，可为我国水资源会计核算、水资源资产负债表的编制提供积极的借鉴和启示意义。

第五节　水资源资产负债表编制的研究现状

一　水资源资产负债表编制的国外研究现状

国际上，资产负债表早已广泛应用于金融分析、财务管理、经济运行情况分析等方面。在可持续发展的大背景下，从 20 世纪 70 年代起，许多国家开始研究将自然资源纳入国民统计账户，开展环境会计的研究，包括自然资源的资产负债表的编制。美国环保署、美国财务会计准则委员会、加拿大特许会计师协会等进行了环境费用、环境负债等方面的研究（Robert Repetto，1992，2007；JohnM. Mulvey，1995；Paul A. Ashcroft，2012）；澳大利亚统计局于 1992 年发布了第一个环境主体的报告，其中有包含水、能源和其他自然资源的国家资产负债表，2014 年发布了环境会计报告的进展、前景和研究重点（Albert van Dijk，2014）；加拿大、英国等也发布了环境核算报告，将自然资源作为经济资产纳入资产负债表中，并指出自然资源作为经济资产必须满足所有权明确和通过使用能够得到收益的条件（Michael John Jones，2010；李兴山，2010）；日本公认会计师协会于 1999 年开展了环境会计系统的研究，并在 2000 年发布了正式的环境会计指南，规范了环境保护成本、环境效益的确认、计量与披露。上述国家进行的有关环境核算或环境会计账户均是基于综合环境经济核算体系理念提出，均利用了资产负债表的基本理论和表式。在 SNA2008 资产负债表中，非金融非生产资产的分类进一步得到细化，自然资源单独作为一项，包括土地、矿物与能源储备、非培育性生物资源、水资源与其他。这也说明自然资源与环境在资产负债表中的地位受到重视。

2012 年，由澳大利亚气象局的独立咨询委员会——水会计准则委员会制定并发布的《澳大利亚水会计准则第 1 号——通用水会计报告的编制及列报》被公认为世界上第一个综合性的水会计标准，准则的"通用水会计报告的结构和内容"部分阐述了水资源资产负债表、资产负债变动表、流量表的作用以及框架：水资产负债表提供帮助使用者理解报告主体水资产和水负债的性质和数量的信息；水资产和水负债变动表提供帮助使用者获取报告主体报告期内水的数量和性质变动的信息；水流量表帮助用户理解水流量的性质和数量，提供报告期内引起的水流交易和事项的信息。

二　水资源资产负债表编制的国内研究现状

在我国，系统研究西方环境会计体系起源于著名会计学家葛家澍在1992 年发表的《90 年代西方会计理论的一个新思潮——绿色会计理论》（葛家澍，1992）。进入 21 世纪后，相关专家学者在总结环境会计的国际经验的基础上，开始思考我国的会计学发展，逐步意识到我国进行环境会计核算的重要性和必要性（肖序，2002；张劲松，2006）。近几年开展了环境核算体系的研究，这为编制反映环境资产变动状况的资产负债表提供了基础（杨世忠，2010）。

在此期间，以牛文元为首的中国科学院可持续发展研究组，在《2000年中国可持续发展战略报告》中，首次比较系统地提出了制定区域可持续发展能力资产负债表的基本原理和方法，试图用资产负债表来评价经济增长的质量。此后出现了水资源承载能力、水土资源等的资产负债分析，用以评判资源的可持续利用能力（周同藩，2012）。通过对国内外资产负债表的发展与实践应用分析可知，随着资源与环境逐渐被纳入国民统计账户，在可持续发展的理念下，资产负债表从在金融、财务、会计等领域的广泛应用逐步发展到用于分析资源环境资产的变动情况、资源的可持续利用能力以及区域的发展质量等方面的统计核算中。

随后党的十八届三中全会《决定》提出：探索编制自然资源资产负债表，对领导干部实行自然资源资产离任审计，建立生态环境损害责任终身追究制。之后中国又有大批学者投身于自然资源资产负债表的研究。

甘泓（2014）在《对水资源资产负债表的初步认识》中在对水资源环境经济核算项目研究及相关工作的基础上，阐述了水资源资产负债表的研究背景和所具有的现实意义，分析了水资源资产负债表编制的统计体系基础，梳理了开展此项工作需要进行的前期准备，并提出了开展水资源资产负债表编制工作需要及时解决的基础性和关键性问题。焦若静（2015）在《编制适合我国情况的水资源平衡表方法初探》一文中，通过分析西方国家水资源平衡表的内容及其与国家资产负债表的关系，提出编制适合我国情况的水资源平衡表方法。编制水资源平衡表应主要从核算对象、计量方式的选择以及如何纳入自然资源资产负债表，乃至于国家资产负债表这三个方面来考虑。此外，还提出应结合我国水资源管理机构的格局和已有的水资源管理制度，分析我国编制水资源平衡表的可行性，以及我国各水行政管理单位为加快水核算所需做的工作。朱友干（2015）在《论我国水资源资产负债表编制的路径》中阐述了水资源的权益属性、水资源的会计处理，并举例说明如何进行水资产价值核算，为水资源资产负债表的编制提供了数据支持，这一切为政府自然资源资产负债表的核算提供水资源状况相关的信息，增强了管理者的水资源保护意识。

三　水资源资产负债表编制的研究现状述评

以上研究内容尽管涉及自然资源存量，但基本都是将自然资源作为国家或地区资产的一部分，放到国家资产负债表之中，形成包含自然资源的资产负债表，却并不涉及负债项，这是自然资源资产负债表首先需要攻克的一个难题。从目前的研究成果看，水资源资产负债表的编制在实践中还存在一些困难，主要体现在资源存量和流量的确认、水资源的估价与确认、关于水资源基础数据没有办法获得等。这些研究都不是一朝一夕就能成功，需要经过反复的试验，结合中国特色的可持续发展理论，借鉴澳大利亚研究水会计准则的成功经验，加强水资源会计理论和方法研究，适时开展水资源会计核算试点工作，制定水资源会计准则和会计制度，开创水资源会计研究的新局面。

水资源会计是近年来提出的一个新兴会计方向，与森林资源会计、矿产资源会计、海洋资源会计、国土资源会计及环境资源会计一样，都属于资源会计中的自然资源会计范畴。就中国目前会计理论界和实务界对自然资源的会计核算来看，仅仅停留在一些简单的介绍性论述，很少有深入的理论研究和可操作性的实务探讨，既没有建立起一个完整的资源会计理论体系，也没有一套具有可操作性的资源会计实务，这样是无法解决严峻的水危机问题。

我国政府正积极应对严峻的水危机，《水法》《水土保持法》等法律法规为我们节水、治水提供了基本的行为指针，但是水信息的缺乏影响了水权交易、水价制定、水资源分配等决策的制定。因此，我国可借鉴澳大利亚以用户需求为基础的水会计的相关经验，结合我国实际情况，加快推进我国水权交易市场的建设，尽快制定水会计准则，探索适合我国的水会计核算体系，统一标准提供水信息，以提高水信息质量，加强决策能力。

根据以上学者所研究的内容与成果，结合国内开展的宏观环境核算的实际情况，我认为要对水资源会计进行系统核算，并编制水资源会计资产负债表，需要从以下四个方面展开深入研究：一是建立水资源账户，制定水会计准则，建立水资源会计核算的理论框架，深化理论研究，这一点可以参考澳大利亚水会计准则；二是对水系、区域或国内的水资源存量与价值进行核算，并与水污染、水环境状况结合，反映水资源的质量状况，这一点可以参考挪威、德国等利用卫星核算系统核算自然资源；三是进行水资源定价的研究与探讨，这是水资源实物量核算向价值量转化的核心；四是如何引导水资源会计核算和资产负债表编制相对应。

推行水资源会计在我国不仅具有必要性，而且具有广阔的发展前景，目前在我国进行水资源会计研究的条件也已基本具备，在借鉴前人相关研究成果的基础上加以改造与创新，才能建立起具有中国特色的在可持续发展理论支撑下的水资源会计理论体系，从而逐步建立起各行各业的水资源会计核算体系。

第六节 水资源责任评价及问责的研究现状

一 水资源责任评价的研究现状

（一）水资源责任评价的国外研究现状

国外在20世纪70年代已经开始有了针对政府的自然资源审计，大多数是与环境相关的自然资源审计，如美国的水污染控制项目审计。

70年代以来，许多研究把自然资源纳入国民统计账户进行核算，同时对编制自然资源资产负债表的方法进行探索研究。美国环保署和加拿大特许会计师协会等都开始了环境资产和环境负债的研究工作（Herbohn K.，2005；Burritt R. L. Saka，2006；Paul A. Ashcroft，2012）[1][2]；澳大利亚于1992年发布了以自然环境为主体的报告，水、能源等多种自然资源要素都包含在内，2014年公布了环境会计报告的重点和研究进展（Albert van Dijk，2014）；加拿大、英国也在之后将自然资源引入国家资产负债表中，并明确了将自然资源视为经济资产所必备的条件（Michael John，2010；李兴山、赵理文，2010）[3]。

另外参考美国联邦政府自然资源资产核算的相关资料[4]我们可以发现，自然资源资产离任审计可以不仅仅局限于自然资源资产负债表，还可以通过附注、报告等不同形式进行披露和表现。这些都可以根据自然资源资产性质的不同和实际情况需要而灵活选择。

此外，英美等国还有较为健全的法律法规或标准体系作为保障和支持，政府审计部门据此对自然资源实施审计。他们的研究范围也较为广

---

[1] AngelaHecimovic, Nonna Martinov-Bennie, Assurance of Australian natural resource management, APIRA（2010）111.

[2] Australian Bureau of Statistics. 2015. 4610. 0 – Water Account, Australia, 2013 – 14［EB/OL］. http：//www. abs. gov. au/.

[3] Australian Bureau of Statistics. 2013. Australian System of National Accounts, Table 10, National Balance Sheet, Volume/Real and current prices. http：// www. abs. gov. au/.

[4] Australian Bureau of Statistics. 2013. Water Account：Queensland, Experimental Estimates. http：//www. abs. gov. au/.

泛，涵盖自然资源审计的目的、内容、办法。如 Jim T. P. Tait（2000）对水和土地资源审计的关注点、目的及程序进行了研究；Nonna Martinov-Bennie（2010）探讨了未来自然资源审计准则制定重点、难点、审计团队人员组成等。

20 世纪 60 年代末，美国审计署实现了水环境审计，成为了世界上第一个开展水环境审计的国家，并取得了很大的成功，仅用水审计一项，就达到了节水。

ISO14031 环境绩效评估标准（ISO14031 Environment Performance Evaluation Standard）将指标分为了三类：环境状况指标（ECIs）、管理绩效指标（MPIs）和作业绩效指标（OPIs）。环境状态指标（Environmental Condition Indicators）反映对环境造成的影响，如排放废气对大气质量的影响，排放废水对水源质量的影响等，从当地性、区域性、全球性三方面进行分类；管理绩效指标（Management Performance Indicators）反映环境管理的绩效，从符合性、财务绩效、利害相关者、环境管理系统四方面进行分类；作业绩效指标（Operation Performance Indicators），从投入-产出角度分析，包括物料的使用与回收、能源资源的耗用、主副产品产量、污染物排放量指标。

Daniel Tyteca（1996）通过分析现有指标的不足，提出基于数据包分析法建立环境绩效指标，使不同企业对某一环境特征可以进行横向对比分析。

Jimenez（2011）构建了企业环境绩效评价体系，包括规模性指标、效率性指标和效率指数，规模性指标主要反映企业生产中污染排放量，效率性指标衡量的是企业环境管理活动的绩效水平，效率指数表示产品的环保指数。

John Whittington，Julie Coysh，Etc.（2012）提出在对河流健康状况进行审计时，应当关注水质量指数、水纹指数、底栖动物指数、鱼类指数、物理栖息地指数等内容。

地表水和地下水之间的相互关系，使我们能够分析它们作为单个资源满足用水需求（温特等，1998）。地表和地下水库的联合使用的优势是一个潜在能力的措施（穆里略-迪亚兹等，2002），保证供应的几乎 100% 的未来需求以较低的成本。

（二）水资源责任评价的国内研究现状

我国水环境审计的雏形由 21 世纪初的以云南滇池为样板的水环境专

项审计发展而来，此后，又重点开展了对太湖、海河、淮河、辽河这四片流域的水污染状况的专项审计。近十几年中，我国的水环境绩效审计主要以重点工程项目重点水域为审计对象，其审计的重点是项目资金的合规性，缺少对环境效益是否实现政策、是否有效、是否符合经济性等方面的审计，大范围内的水环境审计也还未形成。下面是一些学者进行的关于水资源的研究。

马宏（2011）将水资源责任审计分为四个方面：一是水资源管理体制审计；二是水资源总量控制审计，包括水资源总量审计、水资源分配审计和取水审计；三是水资源利用审计，包括节水政策审计和节水项目审计；四是水资源保护审计，包括水域功能区保护审计、水土保持审计和水利执法审计。

李成艾、孟祥霞、周学军（2011）总结了宁波市审计局的水资源责任审计工作，认为应当从三方面开展水资源责任审计：一是城市供水情况审计，包括水资源供需量分析、水质状况评价、供水比例结构变动分析；二是水资源管理体制审计，包括监管体制、供水企业内部管理、中高层二次供水管理；三是水资源保护情况审计。建议应当提高公众节水和环保意识，健全水资源管理制度，完善水资源管理体制，加强水资源保护力度。

陈献、张瑞美、王贵（2010）将水资源环境审计的具体内容分为合规性审计、经济性审计和生态性审计，并给出了环境审计的评价步骤：将评价指标进行分类，对指标进行评分，最后进行综合评价分析。

二 水资源责任审计问责的研究现状

周曦（2011）指出政府受社会公众委托，承担了解决环境问题的主要责任，其是环境资源公共产权"代理人"。董大胜（2009）指出政府环境审计出现的最根本原因在于政府在环境保护中承担的责任，为了对政府环境受托责任的履行情况作出客观、完整的评价，并促使政府及其部门更好地履行环境受托责任，必须要实施政府环境审计。

湖北省审计厅课题组（2014）将反映生态文明建设水平和环境保护成效的指标纳入地方领导干部政绩考核评价体系，大幅提高生态环境指标考核权重。苏州的区域环境审计实践将环境绩效纳入水资源责任审计范围，环境绩效与水资源责任审计的其他方面一起被记入地方领导干部的档案，作为组织部门考核领导干部政绩的重要参考依据（刘笑霞、李明辉，

2014）。韩梅芳、张琴等人（2015）将环境审计纳入领导干部政绩考核体系，改变之前以 GDP 为评价标准，综合考虑地区的发展，评价的内容不仅包含经济发展，也包含生态建设和环境保护。

黄健荣、梁莹（2004）认为政府问责制就是能对各级政府、政府各部门机构和政府官员的一切工作实施有效监督，能对他们一切有过失的工作和言行实施责任追究的制度。王学军（2005）认为政府问责制是对政府的违法行为及其后果都必须能够追究责任的制度，是现代政府强化和明确责任的一种有效的制度。蔡春、毕铭悦（2014）指出应健全生态环境保护责任追究制度和环境损害赔偿制度。韩梅芳、张琴等人（2015）建立了政府激励约束新机制，通过构建地方政府的目标函数，指出应降低以过度消耗自然资源和环境污染为代价的经济增长的激励效应因子，提高相应的惩罚因子权重。

三　研究现状述评

目前关于水资源责任中的委托—代理关系的理论研究较为成熟，但关于领导干部自然资源资产离任审计评价的激励机制和问责制度的研究较少，研究内容较为笼统地概述了应对审计结果进行激励和约束，但针对具体激励机制和问责制度框架设计的研究较少。因此，我们在借鉴其他学者对水资源责任中的委托—代理关系进行分析的基础上，设计了领导干部自然资源资产离任审计评价的激励机制和问责制度的框架。

第二篇
水资源责任审计的制度框架

第三章

水资源的产权分析及其外部性治理

由环境监测司提供的数据显示，中国一半以上的城市存在地下水污染问题。2014 年地下水质状况较差与极差级的监测点比例已经达到了 61.5%，相比 2011 年整整增长了 6.5%。中国的水质问题直接导致了水资源量的极度匮乏。中国产业信息网披露现全国城市平均一年的缺水量约 60 亿立方米，而每年因缺水造成的损失高达上千亿元。可见水环境问题如果不尽快解决，将会严重威胁到城乡居民的生存质量和社会经济的可持续发展。

目前，中国已多方位向国外借鉴治水经验，其中重要的一项即结合国内水资源现状以及中国特色社会主义市场经济体制建立完善水权交易体制、搭建平台，从而提高水资源的配置效率和改善水环境。然而中国的水权交易市场及制度实行多年，缺水、水污染等问题仍得不到缓解，这说明现在的水权市场还存在某些问题。本研究就是从产权经济学角度，再次深入对水资源进行产权分析，找出该市场不发达的原因和解决方法。

第一节 水资源和水资源管理的现状分析

一 水资源的现状分析

据 2013 年中国环境状况公报，2013 年中国近岸海域水质一般，一、二类海水点位比例为 66.4%，三、四类海水点位比例为 15.0%，劣四类海水点位比例为 18.6%。东海近岸海域水质极差。辽东湾、渤海湾和胶州湾水质差，长江口、杭州湾、闽江口和珠江口水质极差。陆源污染物监测到 423 个日排污水量大于 100 立方米的直排海工业污染源、生活污染源和综合排污口，污水排放总量约为 63.84 亿吨，化学需氧量排放总量为

23.1 万吨。2013 年，全国地表水总体为轻度污染，部分城市河段污染较重；水质为优良、轻度污染、中度污染和重度污染的国控重点湖泊（水库）比例分别为 60.7%、26.2%、1.6% 和 11.5%，富营养、中营养和贫营养的湖泊（水库）比例分别为 27.8%、57.4% 和 14.8%；地下水环境质量的监测点总数为 4778 个，其中国家级监测点 800 个。水质优良的监测点比例仅为 10.4%，其中良好的监测点比例为 26.9%，较好的监测点比例为 3.1%。而较差的监测点比例则高达 43.9%，极差的监测点比例为 15.7%。截至 2013 年底，全国城市污水处理率为 89.21%。由此可见我国的水环境状况并不乐观，在水环境日益恶化的今天，如何有效遏制恶化趋势，改善现有的水环境管理体制，将会是我们未来关注的重点。

二   水资源管理的发展现状

（一）中国近十年的重大污染事件

2005 年吉林石化公司双苯厂一车间发生爆炸，约 100 吨苯类物质（苯、硝基苯等）流入松花江，造成了江水严重污染，全市停水 4 天，沿岸数百万居民的生活受到影响；2006 年湖南省岳阳县城饮用水源地新墙河发生水污染事件，原因是上游 3 家化工厂排放工业污水，致使大量高浓度含砷废水流入新墙河，砷超标 10 倍左右，8 万居民的饮用水安全受到威胁；2007 年太湖、巢湖、滇池暴发蓝藻危机，大批市民家中自来水水质突然发生变化，并伴有难闻的气味，无法正常饮用；2009 年盐城市标新化工厂为减少治污成本，趁大雨天偷排 30 吨化工废水，污染水源地，致使江苏省盐城市大面积断水近 67 小时，20 万市民生活受到影响，占盐城市市区人口的 2/5；2010 年 7 月，福建省紫金矿业集团有限公司紫金山铜矿湿法厂发生铜酸水渗漏，9100 立方米的污水顺着排洪涵洞流入汀江，但紫金矿业却将这起污染事故隐瞒 9 天才进行公告，并因应急处置不力，导致 7 月 16 日再次发生污水渗透；2011 年 8 月，云南曲靖陆良化工实业有限公司将 5223.38 吨重毒化工废料铬渣非法倾倒，导致珠江源头南盘江水质受到严重污染，农村 77 头牲畜死亡，并对周围农村及山区留下长期的生态风险；2013 年 3 月，上海黄浦江松江段水域出现大量漂浮死猪的情况，出现的漂浮死猪来自于黄浦江上游，引发民众对水质的恐慌；2014 年江苏省由于犯罪式排放、倾倒危废行为造成靖江水污染并停止供水，全市近 70 万人的生产、生活因此受影响，并引发了抢水潮。

（二）水资源管理的发展

水环境管理内容十分广泛，既具有一般环境问题的共性，又有其特性，包括了水污染防治、水资源保护、灾害防范等多个方面。水环境管理需从立法、规划、监测、评估、科研等方面着手。几十年以来，我国在水环境管理上还是取得了进步。

从水环境保护立法和政府举措上看，水环境管理相关法律法规渐趋完善，如《中华人民共和国水污染防治法》《中华人民共和国水法》《中华人民共和国水文条例》中就有对水环境管理的相关规定等。各级地方也有对本流域水环境的立法。截止到2015年2月底，已有山西、江苏、浙江、安徽、福建、湖南、新疆等七个省和自治区有专门的水环境保护法规。新疆维吾尔自治区更是早在1997年就颁布了《巴音郭楞蒙古自治州博斯腾湖流域水环境保护及污染防治条例》。2008年国务院环境保护部设立水专项（水体污染控制与治理科技重大专项），旨在为中国水体污染控制与治理提供强有力的科技支撑，并多次开展专项行动进行水污染控制与水环境保护。

从水环境标准和监测评估上看，1983年发布了第一版《地表水环境质量标准》，后又历经多次修订，现在使用的是2002年修订的版本。2011年环境保护部又发布了《地表水环境质量评价办法（试行）》，二者相辅相成，中国水环境标准日趋合理，质量评价工作规范。从科研技术层面看，我国长期重视水环境，尤其是水污染方面的技术支持，水专项是新中国成立以来投资最大的水污染治理科技项目，经费多达三百多亿元。水专项为实现"控源减排""减负修复""综合调控"三个阶段的目标，从创新出发，立足中国水污染控制和治理关键科技问题的解决与突破，选择典型流域开展水污染控制与水环境保护。一系列有助于水环境的举措在辽河、淮河等流域已经取得了初步成果，但我国水环境管理体制上仍存在不少问题。

第二节　水资源的产权分析

一　水资源产权的理论基础

构建水权制度化解水资源矛盾，需要特定的理论体系作为支撑，通过科学理论指导，才能准确反映我国水资源现状和其自身发展规律，达到优化水资源配置实现社会经济的可持续发展。

（一）产权经济学

产权经济理论主要是研究在资本主义制度下产权的界定和交易的经济理论。它的核心就是要研究如何通过界定、变更和安排所有权来降低或者消除市场运行中的交易费用，以改善资源配置的效率。

现代产权经济学认为，在市场经济中，产权用以界定人们在交易活动中如何受益、如何受损，以及他们之间如何进行补偿的问题。现代产权理论强调了所有权、激励与经济行为的内在联系。市场交易的实质是产权的交易，市场制度的核心是明晰产权，在保障自由财产权利的基础上进行公平交易和竞争。产权关系直接涉及人们的行为方式，并通过人们的行为方式影响资源使用和配置、经济绩效以及收入分配，等等。

（二）科斯定理

科斯定理是产权经济学研究的基础。科斯在 1960 年发表的《社会成本问题》一书中提出：通过产权分析可以处理外部效应问题，并使资源配置达到帕累托最优状态。它主要由三组定理组成，一是在交易费用为零的情况下，不管权利如何进行初始配置，当事人之间的谈判都会导致这些财富最大化的安排；二是在交易费用不为零的情况下，不同的权利配置界定会带来不同的资源配置；三是因为交易费用的存在，不同的权利界定和分配，则会带来不同效益的资源配置，所以产权制度的设置是优化资源配置的基础，明确产权则是配置过程中的一个必要条件。

虽然在现实生活中科斯定理所要求的前提条件往往是不存在的，但它提供了一种通过市场机制解决外部性问题的新的思路和方法。在这种理论的影响下，美国和一些国家先后实现了污染物排放权或排放指标的交易，这正是值得我们研究的。

二　水资源产权的界定和交易

（一）水资源产权的界定

根据我国水域特征、用水习惯来合理地界定水权，是高效利用和保护水资源的基础，也是完善水市场的前提。水权一般是指对水资源作为物质财产所衍生出的权利，通常包括所有权、使用权和管理权三大类。

关于所有权，《中华人民共和国水法》第三条规定："水资源属于国家所有，即全民所有。农业集体经济组织所有的水塘、水库中的水，属于集体所有。"该条法规明确了我国水资源所有权的社会共有性，这一点不同于一些西方国家。因为水环境、水生态能够直接影响社会公众的生活质量，所以我们也可以直接将水环境权归属于水资源的所有权。水环境权即为公众享有能够满足正常生活及社会经济良好运行的水资源量，且获得的是清洁、健康的水质的权利。对于水资源的处置管理权，自然是由国家政府代为行使，具体就分配到国家各级水行政主管部门。管理权包括水利局和环保部门对水质、水量的监测和统计权，包括发放取水许可证、排污许可证的审核批准权，也包括对于水资源使用的水价标准制定和收发权，等等。至于水资源使用权，政府是该权利的第一持有方，为了适应不同的使用目的，发放或出售使用权。各级各类用户再根据自身发展和市场需求进行水权转让、承包，从中获取收益。

（二）水资源产权的交易

应社会主义发展需求等主客观原因，我国在改革开放前长期实行计划经济体制。水资源的稀缺性和污染情况在工业发展的初始阶段并未如此突出，也没有得到社会的广泛关注。因此水资源长期的计划配置方式成为社会发展遗留问题，而"计划配置"会被淘汰的主要原因在于水资源的产权主体混乱，显现负外部性，造成水资源的利用效率低下。

随着水资源供需矛盾加剧，我国国民经济发展水平滞涨。放眼世界，很多西方发达国家也曾经历水资源短缺、水污染等问题，中国可以在他们的治水实践经验中取其精华。比如美国在水权制度建设方面值得我们学习，欧盟在积累颇丰的跨界流域管理方面对我国的水资源管理工作起到借鉴意义，当然还包括韩国和俄罗斯等周边国家。有国外学者根据产权理论分析，水权交易市场化能够优化水资源配置，从根本上改善水环境。

2000 年 11 月，东阳、义乌两市政府经过多轮协商签署了用水资源转让协议，义乌市一次性出资 2 亿元，向东阳市买断了每年 5000 万立方米水资源的永久使用权，成为中国水权交易的第一案，对中国水权交易市场的发展有着重要意义。2002 年 8 月《中华人民共和国水法》颁布，对水资源的开发利用、配置使用和水事纠纷处理进行了相关规定。"十三五"期间我国将研究提出关于推进农业水价综合改革的意见，主要就是关注用水总量控制和定额制度及水权流转制度。目前，水权交易市场的建设仍处于初级阶段，水权界定和水权交易制度缺乏法律层面的具体规定，需要不断探索、完善。

第三节　水资源的外部性及其表现

外部性是指在经济活动中，生产者或消费者的活动对其他生产者或消费者带来的非市场性影响。在传统的水资源计划配置体制下，企业单纯追求产值和产量，而无须核算成本和自然资源的消耗。再加上其他能源价格市场和基础部门行业价格体系的扭曲，促成了企业靠消耗大量资源和能源投入来实现高产出，从而导致了水资源迅速退化和水环境严重污染的后果。水污染的外部成本也不可能靠企业内部化来承担。

推行水权交易市场化以后，由于我国水资源产权的界定模糊且缺乏法律支撑，水利、环保部门权责不清导致执法方面的疏漏等原因，使经济社会发展过程中水环境的外部性问题难以根治，使经济发展付出沉重的环境代价。而产生负外部性的主要原因是没有或不能确立产权。

一　水资源的外部性

（一）外部性的庇古税和科斯定理

外部性理论是现代经济学的重要理论之一，现代经济学家对有关外部性问题提出了众多理论。但经济学界对外部性的定义目前尚不明确，一般认为外部性是一个经济主体的活动对另一经济主体产生影响但没有获得报酬或承担责任。外部性分为正外部性（外部经济）和负外部性（外部不经济），"正外部性"指经济活动使得经济活动主体与他方达到了"共赢"；而"负外部性"指的是经济活动主体以损害他人利益达到了自身目标，却未付出相应代价。前者往往是对社会有益的正面效应，如受惠面广泛的教育；而后者则通常对社会有害，比如工厂违规排污。外部性的存在使得社会资源无法得到最优配置。

1890 年，经济学家马歇尔（Alfred Marshall）发表了《经济学原理》，在该著作中，马歇尔首次提出了"外部经济"的概念。自外部性概念提出后，不同经济学家从不同视角对外部性进行了深入探讨。奥尔森基于"集体行动"提出了外部性问题的"不可分割性"；诺斯则基于"搭便车"分析正外部性，提出产权界定不清是外部性产生的原因；博弈论专家分析外部性的"囚徒困境"，揭示了个人理性和集体理性、个人最优与社会最优之间的不一致等。其中的代表性人物是庇古（Arthur Cecil Pigou）和科斯（Ronald H. Coase）。

　　"福利经济学之父"庇古扩充和发展了马歇尔的"外部经济"概念，他的代表作《福利经济学》中创造性地提出了一套外部性治理方案，即通过征收"庇古税"来解决外部性问题。他提出，社会福利最大化仅靠自由竞争无法实现，还须有政府政策支持：即外部经济时，对私人和企业进行补贴以鼓励生产；外部不经济时，则对私人和企业进行征税以限制其生产。通过补贴和征税来平衡边际私人成本和边际社会成本，减小两者的差距，从而最大化社会福利。信息的不对称以及寻租现象，导致理论上完美的庇古税在实际应用中往往很难取得理想的效果。

　　科斯对庇古的理论提出了不同的见解。他不主张政府对经济进行太多干预，他认为外部经济中最重要的一点是产权的界定，只有产权明晰，才可能达到资源最优配置；并且当交易费用为零时，无论产权如何界定，都可以通过自愿的谈判协商来达到资源最优配置这一目的。也就是说，科斯主张解决外部性问题时用交易双方之间自愿的谈判协商来替代庇古税手段。科斯的理论影响重大，在实际应用中也很广泛，但不可否认的是许多公共物品的产权很难界定，谈判协商也因此失去意义，外部性问题依然难以解决。

　　（二）水资源治理的外部性

　　外部性理论揭示和反映了社会经济活动中资源配置效率低下的深层原因。人们总是希望付出尽量少的代价同时获得尽量高的收益，因此往往会不自觉地做出"外部不经济"的经济行为，而不愿意去做"外部经济"的经济行为。依据外部经济理论，"外部不经济"常常导致资源配置不能达到帕累托最优。不少经济学家认为，外部性是水环境问题产生的根本原因。在环境的个人生产或消费中，当边际私人成本小于边际社会成本，两者差额即环境外部成本。环境质量具有非排他性，因为不论是空气质量还是水的质量，都与空气或水体本身密不可分，环境污染就是环境外部性的一种体现。水环境治理中同样存在外部性问题。

　　外部不经济的解决之道之一是"庇古税"。在水环境领域，对于可能造成水污染的具有负外部性的企业或个人，政府应该对其征收额外的水环境税，从而限制其生产。对于具有正外部性的企业如污水处理公司等，政府要给予适当补贴，从而鼓励其生产。"庇古税"的实际应用主要体现在"谁污染，谁付费"原则上，主要体现为环境税及排污收费等。不论是环境税还是排污收费，存在的主要问题有：一是税额或收费额度不易确定，即难以确定税率或费率；二是税或费的征收管理成本较高；三是管理过程中存在的寻租现象。这些问题使得"庇古税"的实际推进难度增加，执行效果有待斟酌。

外部不经济的另一个解决之道即"科斯定理"。科斯定理的核心是产权界定基础上的市场机制，并认为产权明确前提下社会资源会按市场机制实现最佳配置，因为市场主体间的自由谈判和交易即意味着效率。对此，政府干预外部性的关键是明确产权，或者说建立起有效的产权制度。当然，产权制度的明确是包括了完善的市场机制和健全的法律制度这两大基础，而这两大制度正是降低交易成本的前提。因此，中国作为发展中国家，如果要实现外部性治理的科斯定理，同样需要构建市场化的经济体制和健全的法制社会。

二　水资源外部性的表现

（一）水资源管理的"政府失灵"

第一，地方政府片面重视财政增长，轻环境治理。由于 GDP 增长速度被视为地方政府政绩的主要指标，经济增长的环境代价实际上未被纳入决策框架之中，地方政府单纯追求经济效果，不重视环境保护的现象十分普遍。只有当治污行动给地方政府带来利益时，比如因减少污染而降低了社会不稳定因素，关停小企业扩大了地方效益好的企业的原料供给和市场需求，增加了政府领导任期内的地方财税收入等，地方政府才具有控制污染的内部激励。

第二，政企一体，管理权虚位致使管理治理效率低下。为求当地经济发展，很多地方政府吸引企业进驻给出一些"优惠条件"，其中就不乏放宽排污审核等。有的企业则通过贿赂官员等手段来逃避社会责任，获得"特许权"，这就是所谓的寻租行为。另外还有一些项目本身就是政府参股投资兴建的，属于政企单位。自家人管自家人，利益捆绑，相当于水资源的管理权和使用权隶属于同一主体，这往往就会导致管理权虚位。原本的水环境监督行为缺乏公平，执行不到位，起不到应有的作用就会大大降低治水效率。

第三，多龙治水，部门之间条块分割，权责不明。我国至今尚未在不同层次上建立各级统一的水资源管理机构，因此对水资源缺乏统筹规划，存在着"多龙治水"的现象，割断了水资源保护和利用过程内在的统一性和连贯性。水利部门为我国的水行政管理机构，但同时还存在其他较多的涉水部门，如环保、城建、交通和农林业等部门，但其在水环境监管等方面职权范围和所负责任的大小在法规上并没有明确的划分，某些方面多部门职能重叠，某些方面无人监管推诿责任，从而导致在水环境管理过程中，水治理绩效低下。这很大程度上就是因为我国目前的水环境管理体制不清晰，部门之间条块分割，权责不明，配合协调作用较差，从而导致在水资源开发利用和水环境管理上各自为政，这显然违背了流域管理的整体性原则。

第四，项目决策失误及区域政策失调。由于我国的地质环境复杂，人口分布不均，水资源又与其他因素如土地资源、气候变化等都存在相关性，而且水本身具有流动性，所以就导致水权交易很难全方位把控。以著名的东阳—义乌水权交易案为例，其中也存在不同区域之间居民用水的不协调问题。当市场扩大，政府推出或批准的某些项目难免顾此失彼。一方面我们要允许系统性风险的存在，另一方面也要更加全面深入地斟酌每个与民众利益、与水环境相关的项目。

（二）水资源管理的"市场失灵"

第一，产权制度缺陷，水权交易难保障。目前我国有关法律法规对于取水权转让有原则规定，且限定于节约的水资源。对于跨行政区域的水权或者水量交易，法律上还没有通用的规定，更别说是系统的水权交易制度。交易活动缺少规则，交易双方的权利和义务难以权衡反而会增加交易成本，而且在没有规则的市场，很有可能出现"劣币驱逐良币"的现象。

第二，水市场信息不充分，配置难以最优化。想要水权交易市场化就必须搭建大而全的信息平台，然而目前我国只有有限区域的水权交易平台，线上能查到的，发展较好的也只有石羊河流域水权交易中心。作为试点这当然是好的，但是如果要推行全国范围内的水权交易市场化，那是远远不够的。没有充足的信息，交易双方就无法通过对比来选择最优方案。而且有些偏远地区的信息更是滞后，这样不仅可能错失优秀的合作伙伴，更是水资源无法高效配置的损失。

第三，市场垄断阻碍市场化进程。当一块区域的水资源通过分配或收购被一家或几家企业占有水使用权时，水资源的用水权转让价格很可能被操纵而脱离原本的价值。而在水权交易市场中，水权的价格是至关重要的。水权的垄断极有可能对水权交易市场产生不利因素，也难以让水权在交换中体现价值。

第四节　基于产权界定的水资源外部性治理

一　基于产权界定的水资源政府规制和市场机制

（一）基于产权界定的水资源治理机制设计

水环境问题日益严重，水环境治理关系到国计民生，各国都把水环境治理机制设计作为环境政策的重要内容。鉴于水环境的外部性，其治理机制亦包括了庇古环境税的政府规制和科斯排污权交易的市场机制。至于不同国家政府具体选取哪一种治理机制，取决于水环境治理机制的成本，而水环境治理机制的成本又取决于市场完善程度和产权界定难易程度。通常来说，征税方式适合市场机制相对不完善的国家，排污权交易制度更适合市场机制相对完善的国家。同时，对于产权容易界定的水环境治理情境，适合在产权界定基础上采用排污权交易制度；反之，则采取严格控制污染的政府规制手段。

我国水环境的污染现状，说明我国现有的水环境管理制度中政府规制和市场机制都存在着一定程度的不足。因此，绿色发展下我国水环境治理机制的设计适合以产权界定为基础的水环境治理机制，即采用政府规制和市场机制相结合的方式。政府规制和市场机制之间的共同点在于产权界定，区别在于产权界定的归属不同，或者说产权制度不同；其中的环境税等政府规制实际上对水环境的政府公有产权界定，排污权交易等市场机制则是对水环境的企业（私人）私有产权界定。

（二）基于公有产权界定的水资源政府规制

水环境的外部性或者水环境保护中的市场失灵，正是水环境治理运用政府规制的理由。环境治理的科斯定理面临的最大问题是：其零交易成本的假设在现实的环境政策中是不现实的。事实上，由于水环境治理中涉及数量较多的污染者和被污染者，他们之间的交易成本等问题使得水环境治理很难以自愿谈判的方式实现解决。因此，政府对水环境的绿色规制主要体现为水环境标准的设定，以及激励企业控制污染而实施的环境补贴和控制企业环境污染而实施的环境税收等。

水环境的公有产权界定，包括了水环境税和排污配额等。一方面，水环境的政府规制，可在认定水环境从总体上是属于政府的基础上设计环境税，让每个环境污染的责任主体都成为纳税人。关于水环境税，其税率反映政府对水环境的保护程度，税率越高，说明政府对水环境的保护程度越高；其税额则等于边际社会净产量价值与边际私人净产量价值之间的差额。另一方面，政府还可以设置总的排污配额，通过排污配额的设置控制水环境的保护程度；排污配额的大小决定了水环境污染的消减程度。进一步来说，政府还可以保留废除或限制排污许可的权利，这个视水环境的污染程度和保护需求而定。

（三）基于私有产权界定的水资源市场机制

相对水环境的公有产权界定，水环境治理中产权相对清晰的领域，可以实施私有产权界定。水环境治理中的科斯定理支持者，并不否认环境问题是市场失灵的结果，他们恰恰是在环境问题的市场失灵基础上指出水环境问题的产权没有实现完全界定。如果水环境的产权能实现完全界定则能避免水环境的外部性问题，从而避免市场失灵。

目前的水环境领域中产权界定较为成功的是排污权交易制度。排污权交易作为市场机制的具体体现，有利于实现排污权的最佳配置，实现既保护环境又发展经济的"绿色发展"。排污权是指相关排污企业经过有关部门许可能够在一定范围内排放一定数量污染物的权利。排污权交易就是让污染排放的权利像商品一样（例如发放排污许可证）能够在市场上买进卖出。通过市场来调节不同企业之间的排污量，以达到控制污染排放的目的。它的工作机制就是卖方通过出售自己的排污权获得一定报酬，并用这笔报酬来引进或创新技术，从而刺激卖方提高污染处理能力；同时买方付出大笔金钱，也给予了买方一定的压力，从而提高污染处理能力或引进创新技术保护环境以减少排污。当然排污量并不是无限制的，政府需要给出一个合理的规定值，在这个规定值内是可以自由交易的。可以说这种做法是最为经济实用的，政府只需制定标准，不需要付出成本，而污染控制的目标将在企业买卖排污权的过程中逐步实现。

我国的排污权交易制度，从1989年开始的许可证制度，到2007年成立的第一个排污权交易中心，再到2014年出台的《关于进一步推进排污权有偿使用和交易试点工作的指导意见》，经过了不断的制度化、规范化和国际化建设，从而不断加快排污权有偿使用制度的建立进程。

二　基于产权界定的水资源使用权交易和管理体制

(一) 基于财产权的水权交易

水权市场发挥作用的前提条件就包括水使用权作为商品要具有财产权属性。在完全竞争的水权交易市场中，保证水资源最优配置有效的财产权结构应该具有四个条件。

一是明确性，即明确规定水使用权包含的各种细分权利、权利的限制，以及破坏这些权利的处罚规定等构成一个权利体系。

二是排他性，即拥有水权带来的所有效益和费用都直接给予水权的所有者，而且只有通过所有者才可转卖水使用权。

三是可转让性，即所有水使用权可以在双方自愿交换的条件下，从一个所有者转移到另一个所有者，从而吸引到最有效率或价值的用途选择上。当然在这一部分中，还要考虑水使用的合法合规性，以及排污的补偿费用。

四是强制性或可实施性，即水使用权应该保证免于其他人的侵犯和非自愿的攫取，使破坏权利所得到的惩罚大于破坏权利可能得到的最大好处或期望的非法收入。

(二) 基于生态所有权的水资源管理权

现行水资源管理行政体制是根据《水法》第十二条："国家对水资源实行流域管理与行政区域管理相结合的管理体制。"根据水资源的生态所有权，即水环境权的要求，水资源管理的根本目的应在于实现水资源的可持续利用，并且从根本上保护水权交易的可持续发展。但现状是具备水资源管理职能的部门多达十个，部门的扯皮和利益冲突导致水资源的污染和短缺问题加剧，更别提要求对水资源的开发利用做到长远规划、综合开发和高效利用了。因此，我们必须针对"政府失灵"的问题，以水权为核心进行行政体系的改革。

根据法国对于流域水管理的经验，他们选择了遵循自然流域规律设置流域管理机构模式，将全国按水系划分为六大流域，在各流域建立流域委员会和流域水资源管理局。前者是协商和制定方针的机构，是流域水利问题的立法和咨询机构，由各方代表组成，定期召开会议进行决策；后者是技术和水融资机构，是管理执行机构。结合我国国情，资源性缺水和水质性缺水都只是环境问题的一个分支，我们应该考虑建立综合完整的环保体系。我国现行的水资源管理体制割裂了水资源的循环闭合系统，割裂了水资源的公共资源属性和生态属性。参照世界各国通行做法，我们应该将水资源实施统一管理，对地表水、地下水和空中水进行统一管理，对水资源的质和量进行统一管理，对水资源的运行区域进行统一管理。

一方面，我们应该把水管理权交给中央直属的特定的环保审查部门，赋予其自主权和独立性，而不受地方政府的过分干预，尤其是在财权和事权方面独立于地方行政机构，以确保其监督的有效性，充分分离水资源的管理权和使用权；另一方面，我们应该立法推出水权水质断面交接制度。水权不但体现在水资源总量方面，更重要的是要保证水权的质量。要建立跨流域的省、市（县）、乡（镇）、村水质断面交接制度，在流域行政区划界面，水质必须达标，否则造成污染的上游行政区政府财政部门必须向接纳超标水质的下游地区做出赔偿，赔偿计算标准是使该水质达到国家标准所需投入的资金额度，同时对使水质超标的行为要追究当事人刑事责任。

目前我国水权管理主要表现为政府管制，最大特点是水量逐级分配、取水许可和用水环节管理均以行政手段为主，政府管制与市场机制尚未有效结合，市场机制尚未充分发挥优化配置水资源的决定性作用。目前高污染、限制性发展的产业都是通过取水许可制度来取水，要多少取多少。而水资源费非常低，难以补偿其对水污染的治理代价。在确权中，对这样的产业不要做水量分配，应促使其购买市场化的水量使用指标，形成倒逼机制。

第五节　水资源外部性治理的产权分析和边际分析

一　水资源外部性的产权分析

（一）我国水环境管理中的水质监测

在我国，地下水监测点位中，较差至极差水质监测点占57.3%。长江、黄河、珠江、松花江、淮河、海河、辽河、浙闽片河流、西南诸河和西北诸河等十大流域的国控断面中，Ⅰ—Ⅲ类、Ⅳ—Ⅴ类和劣Ⅴ类水质的断面比例分别为68.9%、20.9%和10.2%。珠江流域、西南诸河和西北诸河水质优，长江和浙闽片河流水质良好，黄河、松花江、淮河和辽河为轻度污染，海河为中度污染。在监测的 60 个湖泊（水库）中，富营养化状态的湖泊（水库）占 25.0%，其中，轻度富营养状态和中度富营养状态的湖泊（水库）比例分别为 18.3% 和 6.7%。在 198 个城市 4929 个地下水监测点位中，优良—良好—较好水质的监测点比例为 43.7%，较差—极差水质的监测点比例为 57.3%。2012 年，全国 113 个环境保护重点城市共监测 387 个集中式饮用水源地，其中地表水源地 240 个，地下水源地 147 个。环境保护重点城市年取水总量为 229.6 亿吨，服务人口 1.62 亿人，达标水量 218.9 亿吨，水质达标率为 95.3%，与上年相比，上升 4.7 个百分点。

近岸海域水质总体一般。而渤海湾、长江口、杭州湾和珠江口水质极差。产业洞察网《中国环保行业深度评估》监测显示，Ⅰ、Ⅱ类海水点位比例为 69.4%，Ⅲ、Ⅳ类海水点位比例为 12.0%，劣Ⅳ类海水点位比例为 18.6%。四大海区中，黄海和南海近岸海域水质良好，渤海近岸海域水质一般，东海近岸海域水质极差。9 个重要海湾中，黄河口水质优，北部湾水质良好，胶州湾、辽东湾和闽江口水质差，渤海湾、长江口、杭州湾和珠江口水质极差。2012 年，监测的 425 个日排污水量大于 100 立方米的直排海工业污染源、生活污染源和综合排污口的污水排放总量约为 56 亿吨。各项污染物排放总量约为：化学需氧量 21.8 万吨、石油类 1026.1 吨、氨氮 1.7 万吨、总磷 2920.9 吨、汞 228.5 千克、六价铬 2753.7 千克、铅 4586.9 千克、镉 826.1 千克。

（二）水环境管理的模型

GIB SI 是由加拿大 Mailhot 等人于 1997 年开发的，采用 Windows 95 界面，用于地表水质管理的流域水质管理软件系统。系统包括地理信息系统（GRASSLAND）、数据库管理系统以及一系列数学模型。用户通过 GRASS-LAND 界面运行系统各数学模型，借助 GRASSLAND 操作并可视化数据库管理系统中的属性数据，并利用 GRASSLAND 的图形和空间分析工具对模拟结果进行解释和分析。

系统模拟过程主要包括水文循环、土壤侵蚀、营养物和杀虫剂的输送以及水体水质动态。其中，采用 HYDROTEL 流域水文模型模拟降水、地表溶雪、蒸散发、饱和和不饱和土壤水流以及流域和河川径流等过程；修正通用土壤流失方程式（RU SL E）模拟土壤颗粒的剥离、输送和沉积过程；SWAT 模拟流域土壤水中氮磷循环、氨氮的吸附和解吸、土壤表面溶解态磷的解吸、杀虫剂的吸附解吸降解过程；QUAL2E 模拟水体中氮磷循环、藻类生长、生化需氧量和水体复氧过程。

在系统的开发过程中，Rousseau 等选择了加拿大 Chaudiere River 流域验证系统的性能。Chaudiere River 流域位于魁北克市的南部，人口大约 18 万人；面积 6680 平方千米，其中，63.2% 为森林，17.2% 为农业用地，15.3% 为灌木，3.1% 为城镇，1.2% 为地表水体。结果表明，系统比较好地模拟了各过程，拟合系数为 0.71—0.89。GIBSI 系统中，还制订了各种流域管理方案与模型连接在一起，待确定了流域一系列气象参数后，可比较不同流域管理方案对流域水质的影响，为流域管理部门的决策提供科学依据。

（三）水环境管理模型的类型

依据水环境管理模型的目标函数不同来区分水环境管理模型的类型，是水环境管理模型最基本和最重要的类型划分方法。（1）水量管理模型：只对水源取水工程的布局和水量分配进行优化，适用于人工开发水资源量的院校与天然水资源量的区域。（2）污染源管理模型：根据管理区域的水环境目标，给出各个污染源排放废水的控制量或削减量，适用于水污染比较严重的区域。（3）费用管理模型：在同样实现污染物总量控制的前提下，合理选择各个污染源的治理方案，使总体污水治理费用最低。这类模型要实现的环境目标实质上与（2）相同，两者的区别在于出发点不一样。（4）效益管理模型：在水资源总开发量一定的情况下，实现某一方面的效益最大或综合效益最大。（5）多目标管理模型：目前，不少地区既存在水源不足的问题，同时又要考虑污染源治理费用上最低和达到的效益最大，这样的水环境管理问题，就需要建立水环境的多目标管理模型，以实现多方面的同步优化。

根据水环境系统的特征值划分水环境管理模型的类型，可包括：（1）水量管理模型：仅考虑水量的控制问题。（2）水质管理模型：仅考虑污染源的控制问题。（3）联立管理模型：既考虑水量的控制问题又考虑污染源的控制问题。水环境管理模型是实现水环境科学管理的重要技术支持。而能否正确全面地确定水环境系统的约束条件，对水环境管理模型的应用效果十分重要。在建立水环境管理模型时，应视具体研究区域和具体条件来确定约束条件。只有这样，才能保证水环境管理模型决策结果的客观性和合理性，有效地保护水资源环境。

二　水资源外部性的边际分析

（一）水资源外部性的边际分析模型

外部性是某一经济主体的活动对另一个或另一些行为主体产生的一种未能由市场交易或价格体系反映出来的影响，是对经济活动之外的主体产生的，并且这种影响是处于市场交易或价格体系之外的，故称为外部性。它反映的是经济效果传播到市场机制之外，并改变接受效果的厂商的产出和由其操纵的投入之间的技术关系。本研究用 MSB 表示社会边际效益，MPB 表示私人边际效益，MSC 表示社会边际成本，MPC 表示私人边际成本，MEB 表示边际内部收益。

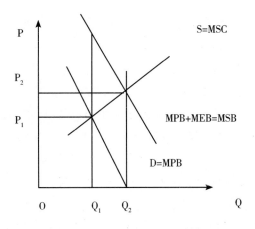

图 3-1　正外部性与边际效益和成本

图 3-1 表明，在存在正的外部性的情况下"社会边际效益超过了私人边际效益"，而决定市场状况的是"私人边际效益"，因此会导致社会消费不足[1]。

由于环境问题的复杂性、艰巨性，因而在解决外部性问题时，应结合使用市场调节和政府规制等方法，以保证在明晰产权等市场机制运作基础上，充分发挥政府环境管理作用，使外部性问题内部化，促进环境的保护与可持续发展。

----

[1]　图 3-1 摘自陈喜红、吴金明《解决环境外部性问题的两种手段》，《财经论坛》2004 年第 8 期。

（二）基于边际分析的水资源市场主体责任延伸机制

世界各国普遍存在着生产者责任延伸制度（Extended Pollucters Responsibility），简称 EPR 制度。即特定产品的制造商或者进口商要在产品生命周期内的各阶段（包括生产过程和生命结束阶段），特别是产品的回收、利用和最后处置阶段，承担环境保护责任，促使产品生命周期内所产生的环境影响的改善。根据我国《固体废物污染环境防治法》第五条规定："产品的生产者、销售者、进口者、使用者对其产生的固体废物依法承担污染防治责任。"生产者责任延伸制度要求生产者不仅对其生产过程中的环境污染承担法律责任，还要求对其生产的整个生命周期内的环境污染和破坏承担法律责任，包括废弃产品的回收、处置责任，以及所造成的污染损害承担赔偿等法律规定的责任。

换句话说，市场主体在生产、销售、售后的各个阶段，都对由于自己的行为导致的水污染负有责任和治理污染的义务。

第六节　水资源外部性治理的市场机制和政府规制

一　水资源外部性治理的市场机制

（一）完善水权交易的制度框架

构建水权交易市场，推动水权交易流转的规范有序，必须具备以下基础性条件：一是有明晰的初始水权，明晰初始水权是开展水权交易的前提；二是有相对规范化的水权交易规则体系，以及较为完善的用途管制制度和水市场监管制度；三是有相应的水权信息共享和水权交易平台；四是有计量、监测等技术支撑手段；五是有水权转让价格的制定标准等。

目前我国水权制度建设进程尚处于建立健全制度和实践探索阶段。有些机制基本还处于空白状态，如水事纠纷；有些地方的水权交易做法不够规范，缺少法律依据。

（二）完善水权市场主体制度

水权交易市场中的主体主要包括水权交易双方、水资源管理机构和水权等。这些主体在水权交易中担任了不同的角色，享有特定权益的同时也需要承担责任。我们需要以条文形式对主体的权责划分。比如在义务方面，水权交易双方需要满足一定的入场资格，有持续经营的能力，获得水权使用批准等；水资源管理机构需要具备监测技术和执行能力；水权要满足对水质、水量的检测标准。在权利方面，水权交易双方交易水使用权的部分或全部的权益都受到法律的保护；水管理部门能够将部分检测任务外包给专业的机构；而水质和水量应生态可持续发展要求有权被保护。

（三）完善水权市场秩序制度

交易秩序制度建设的核心是确立交易规则，使得市场有序竞争。水权市场的程序主要涉及水权交易的定价机制、交易机制、流程设计、交易结果认定和权益保障等。在水权市场的运行过程中，难免会发生侵权和扰乱市场秩序的行为，为确保水权市场的正常运行，水权市场的交易秩序建设必须得到相关法律的支持。对于投机倒把、欺行霸市、哄抬水价、强买强卖等不法行为必须严肃整治，才能保证市场秩序的尊严。无论是跨省水权交易还是省内的水权交易都应建立有序的交易流程，以确保各方利益。

（四）建设水权纠纷仲裁调解机制

我国在水权交易市场运行中，还缺乏各种监督约束及纠纷仲裁调解机制的相关规定。在对我国水权制度进行建设的同时，还必须建立与之相配套的相关规定，用于监督约束及纠纷仲裁调解，以便规范与预防在水权管理、分配、交易等过程中可能出现的违规行为，调解水事纠纷，确保整个水权制度的良好运行，使水资源可以最大限度地得到合理的开发利用，进而保障我国经济建设的健康发展。

（五）完善水权交易的技术措施

水权交易信息发布平台的建设目标是基于水资源管理系统，建立水资源发布的统一平台，将水资源管理动态、水资源调查评价结果、水务改革等成果信息通过网站进行发布，为社会公众和用水企业提供水资源相关的实时信息和其他相关信息，方便社会公众和用水企业了解目前我省的水资源实际情况，增强社会公众的水资源保护意识，从而参与水资源的保护工作。水资源信息发布平台应具有信息维护和发布、信息浏览、信息查询、用户交互等功能。

水权交易信息发布平台需要水资源数据库的支撑，也将用于水权交易所的运营。目前我国已经存在一些水资源数据库和初级的水权交易所。但是相关的水资源数据更新速度缓慢甚至已经好几年没有再次更新，水权交易所也存在信息滞后和交易覆盖面狭窄等缺陷。随着市场发展，我们还应建立庞大的数据库，重组若干个跨区域的水权交易所，以完成水权交易由起步时的价格协商交易到公开挂牌交易的过渡。

水权转换过程涉及一系列的定量计算，比如初始水权的分配、转换水量的确定、转换价值的计算、水资源价格的评估，以及在水资源运输过程中的渗漏、蒸发等计算。如果计量不准，则会对水权资源监控能力不足。取用水计量安装率普遍偏低，水量水质监测设施建设滞后，水权交易和监管缺乏基础支撑。我们应该借助市场的力量，将一些水资源检测任务外包给专业的公司或者高校等，以提高市场整体的运行效率。

（六）水资源价格的形成机制

水权交易应逐步向全成本定价模式过渡，全成本包括资源水价、工程水价和环境水价三部分。这种模式全方位考虑了供水的成本，不仅顾及了水资源的稀缺性，也兼顾了供水企业的成本，同时还将水污染的成本内部化，让造成污染的生产者或消费者自身承担。这是一种相对完整的定价模式，能充分体现生态环境的补偿要求。

国家作为水资源的所有者只能取得水在法律上规定的水资源费，其余水资源的各种形式的收入在水资源使用权的拥有者之间按价格机制分配，按照"谁投资谁管理谁受益"的原则。

（七）水权价格的要素分类

第一，资源水价。资源水价是指水资源费，或者说是指水资源使用权的初始分配价格。资源水价应由三部分组成：一是天然水资源价格，这部分包含了天然水资源的价值以及水资源的所有权的综合体现；二是水资源管理投入的补偿费用；三是供水引起生态损失的补偿和恢复费用。为确定合理的资源水价，应建立科学可行的核算体系，体现出水资源使用的有偿性、补偿性及可持续性。该核算体系应具有合理可靠且可灵活应对各种情况的核算内容：能充分反映出与水资源使用有关的权、责、利以及一系列相关的因素，诸如水资源的占用、治理、调节、取水对原生态环境的综合影响等。

第二，工程水价。工程水价是指水资源从其天然水状态经工程措施加工后的加工成本水价。它直接关系到水利工程建设与管理资金的筹措，也直接关系到水资源开发利用的可持续性，因而应该考虑工程投资的偿还、工程投资的回报利益、工程运营、管理、维护成本及利润等。

第三，环境水价。环境水价一般来说就是指污水处理费，在国外这部分费用一般采用谁污染谁付款的原则予以征收。在考虑这部分费用时应将直接污染和间接污染等各类污染形式均考虑在内，还应考虑排污费、污水处理和水质分析处理费。

二　市场失灵时的政府管理机制

（一）事前预防

首先，政府可通过有关法律、政策及行政规定，来消除或减少外部不经济性，使外部不经济性内在化。政府可针对工厂制定污水、废气排放标准，规定工厂必须有废水、废气处理的设计［施工和机械（装置或场地或车间）］，即通过法律或行政手段，将污水、废气处理纳入生产过程，迫使生产者必须装备污水净化设施和机械设备，从而使生产者私人边际成本增加，生产量减少。

其次，政府可制定最适限制标准减少外部不经济性。最适限制标准是由边际效益曲线和边际成本曲线的交点所决定的。制定最适限制标准时，必须考虑污水处理等为消除或减少外部不经济性的费用因素及因污水净化等外部不经济损失减少因素。

（二）事中监管、干预、调节

首先，政府可以进行统一管理。以英国对泰晤士河的治理为例。到20世纪50年代末，泰晤士河水质严重恶化，美丽的泰晤士河变成了一条死河。英国历届政府推出了许多治理措施，经过约150年的治理，泰晤士河如今已成为欧洲20条最洁净的城市水道之一。自从1850年起，英国在这条河修建城市下水道做治污准备，到1950年建成污水处理厂，至2000年出现大马哈鱼回归。在以后50年共投入治理资金300亿英镑，显现出流域水污染治理的艰辛。英国治理水体污染的经验主要有四条：修建下水道、加强污水处理、严格控制取水以及统一管理。所谓统一管理，是指20世纪后期，英国对水的供给和管理行业实行私有化。伦敦的水供给和污水处理全由泰晤士水务公司统一负责，极大地提高了管理效率①。

其次，政府可通过征收税来解决外部性问题。政府可以通过征税去补偿那些受到外部不经济损害的经济主体。通过征税，使消费者和公民增强环境保护意识，使企业改变生产技术和流程或投入预防性措施减少污染物

---

① 资料来自中国污水处理工程网，《水污染现状及其治理措施》，http：//www.dowater.com/jishu/2013-08-21/165735.html，2013.8.21。

的排放，促使企业发展新的环境技术，从而使得环境外部性通过征收税而内部化。

最后，政府可通过补贴等方式来使正外部性内在化。当存在正的外部性时，要使私人边际效益与社会边际效益相一致，政府可出面以财政资金补贴的方式对利益受损的人给予一定的资金补偿。

（三）事后惩罚、教育

在环境保护方面，政府除了对环境外部性加强管制以外，还应该加强道德教育，使环境保护成为一种社会风尚，让各经济主体自觉规范自己的行为，减少环境外部性行为。政府要提高企业以及公众的环境保护意识，需要大力开展环境宣传和教育活动，充分发挥企业和公民保护环境的主观能动性。

我国新《环境法》以及《水污染环境防治法》《固体废物污染环境防治法》等均对污染环境的行为明文规定了惩罚措施，政府在执法的过程中就要严格按照法律、法规和规章的规定来实施。

对环境外部性内化的研究不仅对环境、生态、社会而且对经济发展具有重大的现实意义。现代经济发展环境外部性的经济分析实践表明，现代经济的健康运行和可持续发展，不仅取决于经济因素的本身，而且取决于与此联系的重要非经济因素，相互适应与相互协调，并出现经济的"外部因素内部化"的发展格局，即影响经济运行与发展的非经济因素转化为它的内在因素，形成了现代经济运行与发展的经济因素和非经济因素（或内在因素和外在因素）的有机结合与高度融合的新趋势。市场与政府两种措施是相互结合、相互补充的，而在政府方面三个环节又是环环相扣的，在明确了水环境确实需要政府的管理之后，就是考虑在管理水环境的过程中应当选择怎样的手段。

第七节　结论与建议

一　结论

水资源问题已成为当前制约我国社会经济可持续发展的瓶颈因素。我国的水资源问题主要体现在三个方面：水资源供需矛盾日益尖锐；水质污染严重，水环境恶化加剧；水旱灾害频发，经济损失巨大。因此，水资源的有效配置尤为重要。而水资源配置的一种重要形式就是建立水市场，以产权改革为突破口，建立合理的水权分配和市场交易经济管理模式，采用市场机制来提高水资源的利用效率。水市场交易规则应该遵循市场经济运行机制。政府通过对交易市场的干预而不是通过行政命令的形式来保证水资源的合理分配和利用，建立由环保监测、价格制度、保障市场运作的法律制度为基础的水管理机制。

但是我国的水权交易尚缺乏权益保障和相关法律支撑。根据水资源的外部性分析，环境问题导源于"政府失灵"和"市场失灵"。因此我们需要规范产权体系和市场秩序，转变政府职能。

一方面建立一套完整的水管理行政体系，提供及时周到的服务；另一方面借助市场力量把环境整治和资源保护作为一个新的经济增长点。在水治理过程中，大力推进环保设施运营的市场化，加强国际合作，探索各种有效的投资方式（如国际通行的 BOT 项目投资方式）和运营模式（如公私合营），甚至借助金融市场（投融资），收购已建立的污水处理厂，积极鼓励建立产权清晰的现代化股份制的污水处理企业。

二　建议

水环境管理的外部性问题，要求政府引导企业去减少外部不经济的行为，将外部效应内部化，让企业自己承担外部不经济为他人带来的后果，对排污企业征收额外税费，同时对少部分正外部性的企业，给予适当奖励和补助。此外，完善排污权交易制度，借助市场的力量对排污进行控制。

对于政府的水资源管理制度设计上，要结合公有产权界定的政府规制和私有产权界定的市场机制。具体包括：水环境管理制度的建立健全，水环境治理绩效的审计评价，排污收费制度的进一步完善，以及公众参与程度的提高。

一是要建立起完善的水环境管理制度。在通过转型升级实现根本的绿色发展基础上，综合运用经济、法律和行政手段，对现有的产业进行环保改造，阻止水环境的进一步恶化，并在此基础上实现水环境优化，实现绿色发展。同时，逐步引入市场机制，明确界定产权，消除外部性的不利影响，权责明确才能让企业明白并承担起自己的责任。

二是要实施水环境治理绩效的审计评价。既要完善法制，又要明确各机构的权限责任，将问责制度应用到水环境管理中来。利用环境绩效审计和水环境治理实践的有机结合对政府的工作进行评价和监督，使政府职能各部门活动和政府公共管理的选择行为达到帕累托最优。

三是要实现排污收费制度的进一步完善。排污收费管理制度在世界各国采用的水污染防治策略中实现成效比较明显，目前欧洲各国较多采用这一措施，当然具体的排污费征收标准和具体办法有所区别。在"污染者付费"原则指导下，我国也采用了污水排放收费制度，但存在着收费过低和征收面较窄等问题，而且收费仅针对超标排放，实现的预期政策效果不明显。建议实行的排污权收费制度包括：（1）只要排污就必须收费；（2）对超标部分和非超标部分进行差别收费；（3）完善向水体排污的收费制度；（4）完善收费标准和方法；（5）规范排污费的使用管理等方面。在排污收费制度基础上，进一步探索和完善排污权交易制度和环境税管理手段。

四是要实现公众参与程度的提高。政府尽量作为一个监管者而不是事事亲力亲为，在一些领域上适当放权既能够节省管理成本又能使企业在竞争中相互进步。可以考虑在水环境治理中引进外资，或是借助民间资本的力量，扩大资金来源，甚至可以资金众筹，"谁污染谁付费"，减轻政府的财政负担；鼓励民间环保组织的发展，给予民间组织更多的权利，在民众中大力宣扬水环境保护思想，充分尊重公众的知情权、监督权和管理权，让每一个公民都能够及时而全面了解水资源实际状况，更加积极主动地参与到水环境保护行动当中来。

第四章

水资源责任审计的理论框架

第一节　水资源责任审计的利益相关者

一　委托代理下水资源责任审计的利益相关者

（一）水资源责任审计的利益相关者界定

水资源责任审计是由政府环境审计延伸而来，主要是针对水环境管理与水资源保护，目的主要是为了保护水环境、遏制水资源恶化与合理开发利用水资源，促进可持续发展。水资源责任审计的主体呈现多样化，与水资源责任审计相关的群体或个体也存在多样性，因此本研究从利益相关者角度来分析水资源责任审计的影响因素。本研究认为利益相关者就是能影响一个企业目标实现的过程与结果的个体或群体。因此，水资源责任审计的利益相关者就是能影响水资源责任审计的目标实现、程序、报告与要素等的个体或群体。

（二）水资源责任审计的内部利益相关者

内部利益相关者一般而言针对企业内部，而且与企业的经济利益直接相关，包括管理人员与非管理人员（员工）。内部利益相关者与环境审计、水资源责任审计有关，是因为企业的环保活动、节水活动有利于提升企业的无形资产，并且企业员工中拥有环境方面专业的认识与保护环境的意识有关。当然，对于一个企业而言，员工的意识并不能成为环境审计开展的主力，因为一个企业做最后决策的是管理层，而且企业想开展相关活动必须有企业的资金支持。

（三）水资源责任审计的外部利益相关者

在一定的条件下，外部利益相关者在一定程度上可以影响企业的行为。比如，企业的任何政策与活动必须符合国家政策法律法规的限制，不允许做出违法行为，否则会受到法律限制，有着被法律惩处的风险，会受到监管机构处罚与被处罚的可能性。若一旦发生这些法律行为，企业的形象就会严重受损，对于一个企业而言，形象是非常重要的，因为一个企业的形象是一个企业的无形资产，一旦被损坏，会影响到企业的客户关系。因此，企业需要环境审计来规避这种法律监管风险，也需要水资源责任审计来规避环境污染问责。

当然之前讲的是监管机构的强制性措施，但是更多的外部利益相关者是以激励为基础对企业进行正相关作用的。比如，监管机构对实行环境保护政策、水资源保护政策、合理利用水资源的企业进行物质或非物质的奖励，这些激励会促使企业去实行水资源责任审计，从而规避可能产生的风险并获得监管机构的奖励，提升企业的实力。

在另外的情况下，企业为了维持或者提高非正式的关系从而累积政治资本，这会被监管机构所影响。企业主动采取环境保护措施会获得政府部门的赏识，从而更容易与政府形成合作关系，并探索更多的非监管方式，从而达到政府所期盼的环境改善，促进可持续发展。这些合作可以促进企业与政府、监管机构之间的信任度，可以促进环境保护的学习能力。对于一个企业来说，与监管机构达成良好的信誉非常重要，比如当企业与政府官员谈判关于即将到来的法规条款时，这时信誉就会给企业带来更大的政治资本。

外部利益相关者除了监管机构之外，更广泛的一个群体便是社会群体，如公众、社团与工会等。这些外部利益相关者可以利用舆论压力来影响企业行为。这些行动包括公众抗议与罢工和呼吁参与。环境保护爱好者可能会举行抗议活动来反抗企业不符合环保政策的行为，从而迫使企业进行环保行为；水资源保护协会也许会通过微博、微信等社交软件来指控排放污水的企业，从而迫使企业进行清洁行为。一个企业的行为必然影响周边的群体，自然也会影响周边的环境，如果一个企业做出了违背环保的行为，会引起周边群体的抗议。社会利益相关者可能会呼吁社会抵制该企业的产品，从而迫使企业进行环保改良。这自然也促使企业进行水资源责任审计。

（四）水资源责任审计的利益相关者关系

审计的三角关系论指的是审计有三方面关系人，也就是审计委托人

（财产所有者）、被审计人（经营管理者）以及审计人（独立的第三方）。在此委托关系中，有两种委托代理关系：（1）委托人与被审计人之间的委托关系指的是委托人将财产交予被审计人经营，被审计人需要定期向委托人汇报企业各类情况，发现问题并在一定程度上给予相应的建议。（2）委托人与审计人之间的监督委托关系，审计人员根据所有者的要求对被审计人员进行审计来确认其受托责任，此时审计人员被委托者赋予了监督责任，也就是受托监督。

　　在信息对称的情况下，委托者可以直接察觉被委托者的行为并给予奖惩，但是因为财产所有权和管理权的分离，使得财产所有者与管理者之间存在着严重的信息不对称。正因为这种信息不对称，所有者需要独立的第三方进行信息的透明化，获得自己所需的信息。这就是第三方审计人出现的必要性。

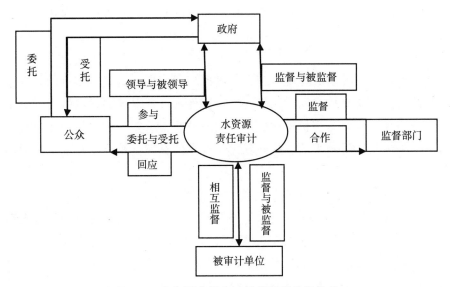

图 4-1　水资源责任审计的外部利益相关者

　　在我国，政府由人民委任产生代为管理国家的机构，服务的对象是人民。政府受托于人民进行环境的管理治理工作，人民委托政府进行环境治理工作，这里就是政府与公众的受托责任观。因为公众与政府活动的信息不对称，使得公众不能完全获得信息，公众的知情权使得公众想要知道政府活动。在这里，公众作为委托者，政府作为被委托者。公众想要知晓政府是否进行正常的环境治理活动，进行的活动是否符合公众的要求，此时就需要水资源责任审计。水资源责任审计受托于公众，对公众的关切进行回应。水资源责任审计的外部关系如图4-1所示。

二　外部利益相关者对水资源责任审计的影响

（一）政府

政府是水资源责任审计中重要的存在。水资源责任审计是以政府为主导进行的环境审计，此时的政府既是水资源责任审计的主体，也是水资源责任审计的客体。政府在整个审计中起着事前、事中、事后的监督与审查作用。

从水资源责任审计的二元论目标分析可以看出，政府与水资源责任审计的另一重要关系。资源环境审计的本质目标是指环境审计要跟随国家经济建设、环境建设的总步伐，国家经济建设、环境建设、资源建设的方针政策是政府制定，因此此时的政府作为水资源责任审计进行的基础；水资源责任审计的具体目标是指水资源责任审计要监督政府水环境资金的使用情况，要评价水环境工作的真实性与效益性、合法性，从该定义中可以看出政府作为重要的客体，也就是被审计对象。水资源责任审计主要是审计监督政府资金的使用情况。也就是说，水资源责任审计要监督政府，同时政府也制约着水资源责任审计。

从外部利益相关者的分类中可以看出，企业为了维持良好的政治资本，必须与政府打下良好关系，给政府提供良好的信誉。此时的政府作为期盼环境改善、合理利用水资源、保护水资源的主体，对企业起到了约束作用。

除此之外，审计机关隶属于政府，受到政府的管理与约束，受到政府资金的限制。因此，政府与水资源责任审计之间并不是平等的关系，而是领导与被领导的关系①。但是，审计有一个重要的特征就是必须保持独立性，独立性指的是形式与本质上的独立，因此审计机关还需要对政府进行审计，若政府的行为过于出格，则审计机关必须指出政府的错误之处。此时的政府与水资源责任审计之间存在着不可避免的矛盾。

（二）被审计单位

在描述任何一种审计类型之时，有一种审计的基本要素是必定存在

---

① 中南财经政法大学：《对中国大陆现行政府审计领导体制有关问题的思考》，第八届海峡两岸会计与管理学术研讨会，2004年6月。

的，那就是审计客体。而任何审计的客体都是被审计单位。政府一般掌握着民生工程，担负着保护环境的重任。随着社会环境的恶化，政府手中掌握的资本就会被用来解决民生问题。政府在保护水资源、致力于水环境治理的过程中，有没有存在违法违纪行为，有没有偷工减料，有没有虚报金额，这些都不得而知。正因为这样，才需要独立的第三方来监督制约它，此时水资源责任审计就随之发展起来。只有通过水资源责任审计，才可以知道政府是否存在不当行为，是否滥用水资源，出具的报告还可以给政府提供解决措施与给民众一个知情权。

正因为这样，被审计单位与审计机关之间是监督与被监督的关系。但是，不管是人还是企业都是利益驱动的，因此这两者必然存在利益上的冲突。被审计单位会想尽办法掩盖存在的问题，从而逃避舆论与法律的管辖；审计单位则会想办法发现其中的问题。这两者之间不可避免的矛盾使得被审计单位更需要明白水资源责任审计其实是为了被审计单位本身着想，只有找出问题所在，才可以对症下药，有效解决问题。

（三）公众

公众是外部利益相关者中重要的一个存在，他们可以利用舆论压力来影响政府行为。环境又与公众息息相关，每个人都生活在环境之中，每时每刻都受着环境的影响，环境质量过差，会诱发许多问题，如身体健康问题、心灵健康问题。尤其是水资源，一旦水资源污染严重，公众的用水情况就会产生问题，饮水问题直接产生。因此，公众更关心环境，抵制破坏水环境的行为。公民有选举权与被选举权，如果政府行为超出公民预想太多，该政府自然不会受到公民的欢迎；公民也有言论自由与游行的权利。因此，如果政府不保护水资源，甚至做出破坏水资源、不治理水污染的行为，或者在决策施行中，出现贪污、滥用资金等行为，自然会使得群众进行舆论行为，比如言论争取权利、游行表达心迹。最重要的一点是，公民的基本权利之一便是监督权，也就是说，对于公民来说，监督政府行为，监督审计行为都是国家赋予的权利。

（四）监督部门

水资源责任审计单靠公民的舆论监督是不够的，在历史上，有法德并重的治理模式。对于一个国家而言，单靠舆论压力治理是不够的，还需要强制性手段。纪检监察机关、公检法等都是监督部门，跟水资源责任审计之间是监督与合作的关系。监督部门监督水资源责任审计，监督整个过程与结果是否存在违法行为，是否违背了法律法规，是否违背了国家政策，一旦发现问题，审计机关都会被法律所惩处。监督部门与水资源责任审计机关又是合作的关系，他们共同努力，一个威慑被审计单位，一个检查被审计单位，一旦发现被审计单位存在问题，可以及时揪出并解决问题。

三　内部利益相关者对水资源责任审计的影响

（一）审计机关

水资源责任审计的机关主要是国家审计机关，也就是政府审计机关，最高审计机关是一个国家拥有最高审计权利的审计机构。政府政策是设计机构的起点，如果一直没有制定政策，那么审计可能无法进行或者变得十分困难。由于最高审计机关不是政策制定机构，他们从政府的政策文件中获得审计标准，如政策说明、法律法规，这些都是国家批准的国际协定或者任何其他正式的政府文件。在审计中，最高审计机关给予那些制定不清楚或不完整的政策以关注，这可以鼓励政府改进问责制度以及提升政策的透明度。最高审计机关的一般授权，几乎可以应用到所有政府部门，包括环保部。现在环境审计工作是一半以上的最高审计机关的常规工作部分。

水资源政策不仅是国家政府部门的责任，也是地区或省级政府的责任，同样也是其他公共和私人实体的责任。这可能会加大水资源措施的支持力度，但同时也使得水资源政策更复杂、更难实现。对于最高审计机关而言，其后果是水资源责任审计的对象可能是多个政府部门，这使得审计更加复杂。环保政策与方案包括广泛的环境问题，因此需要审计报告。在过去的调查中，最常见的审计问题是公共机关或部门的内部环境管理、淡水问题、浪费问题。这些常见问题在世界各地是大致相同的。

审计机关是水资源责任审计的主体，执行审计业务时，应当具备以下资格条件[1]：（1）符合法定的审计职责和权限；（2）有职业胜任能力的审计人员；（3）必需的经费和其他工作条件。从审计机关应当具备的条件中可以看出，审计机关能力的高低、质量控制制度的好坏都会直接影响政府环境审计的质量[2]。

---

[1]　中华人民共和国国家审计署：《中华人民共和国国家审计准则》，2011 年。

[2]　刘国常、田勇：《基于审计质量特征拓展分析的审计质量控制研究》，《中国会计学会2006 年学术年会论文集（上册）》，2006 年。

（二）审计机关人员

审计人员的能力与原则直接影响水资源责任审计的过程与结果，是直接参与者。

审计人员必须具备一定的职业道德准则才可以胜任审计工作：（1）保持其独立性。若审计人员素质低下，不能保持应有的独立性，极易被干涉，则会使得审计结果偏离应得结果；如果审计人员有贪污受贿之心，则会败坏审计风纪，出现以权谋私现象。（2）审计人员应当合理运用审计知识、技能和经验①。若审计人员专业素质不过关，则无法获得正确的审计结果；若审计人员马虎做事，也会使得审计结果偏离正轨。

四　小结

水资源责任审计的影响因素分为外部利益相关者与内部利益相关者两大类。无论是外部利益者还是内部利益者，都对水资源责任审计起到了重要的影响作用，两者缺一不可。

外部利益者主要是政府、被审计单位、监督部门与公众。这四者都是水资源责任审计的外部利益相关者。政府与水资源责任审计之间是领导与被领导、监督与被监督的关系；被审计单位与水资源责任审计之间是相互监督的关系；监督部门与水资源责任审计是监督与合作的关系；公众与水资源责任审计则是受托与委托的关系。不管是政府、被审计单位，还是监督部门、公众，他们与水资源责任审计都是正相关关系。监督体系加强，水资源责任审计的过程与结果受到的监督也会加强，水资源责任审计的准确性就会提高；公众关注度加强，公众知情意愿加大，水资源责任审计准确性与效益性也会提升。政府起到的影响作用最大，应该着重加强政府对水资源责任审计的影响，再加上监督部门的监督影响。

内部利益者主要是审计机构、机关人员、执行力度与方式方法②。这四者都是水资源责任审计的内部利益相关者，都和水资源责任审计有正相关关系。因此，要加强审计机构的体系建设，审计机关人员的素质培养，提升审计机关人员的专业素养与道德素养。

---

① 《中华人民共和国审计署令（第三号）》，《江西审计与财务》2001 年第 10 期。

② 于玉林：《审计体系的再探讨》，《审计与经济研究》2002 年第 4 期。

第二节 水资源责任审计的概念及目标

一 水资源责任审计的重要性

水是人类及一切生物赖以生存的必不可少的极为宝贵的自然资源。水环境则是自然界中相对稳定的、以陆地为边界的天然水域所处空间的环境，主要由地表水环境和地下水环境两部分组成。地表水环境包括河流、湖泊、水库、海洋、冰川等，地下水环境包括泉水、地下水等。水环境是构成环境的基本要素之一，是人类社会赖以生存和发展的重要场所，水环境的可持续承载是保障经济社会可持续发展的基本前提之一，限制人类活动对水资源的开发利用和对环境的影响保持在水环境承载能力以下的水平，方能实现水资源的高效、安全利用和对经济发展的持续支持，保障人类的生态安全。探索科学、合理、可持续开发利用和保护水资源与水环境的有效途径，科学、合理地保护水环境，实现水资源有效、安全地利用，对国民经济的可持续稳定发展具有深远的战略意义，对于现实的生产、生活有着重要的指导作用。[①] 而水环境的日益恶化会限制一个经济社会的发展，甚至威胁到整个人类的生存。自 18 世纪工业革命后，人类对大自然的无限度索取和大规模破坏使得环境问题日益突出，水环境成为受人类干扰和破坏最严重的领域之一。水环境的污染和破坏已成为当今世界主要的环境问题之一，其中中国的水环境问题尤为突出。党的十八大以来，习近平总书记多次就水资源利用发表重要论述，指出我国水安全已呈现出新老问题相互交织的严峻形势，特别是水资源短缺、水生态损害、水环境污染等新问题愈加突出。水已成为我国环境质量提升、经济社会发展的主要制约因素。

二 水资源责任审计的概念

（一）水资源的概念

自然资源指的是在我国境内能够为国家带来经济效益的物质资源。通

---

① Australian Bureau of Statistics. 2013. Australian System of National Accounts，Table 10，National Balance Sheet，Volume/Real and current prices. http：// www. abs. gov. au/.

常来说，我们又把自然资源叫作天然资源，主要指的是历史所遗留下的资源以及自然形成的资源。自然资源包含多种资源类型，我们比较熟悉的有森林资源、水资源、矿物资源，等等。

在所有资源当中，水资源的价值是无与伦比的。它不仅能够给国家带来经济利润，也是维持人类生存非常重要的一种资源。它主要是指能够在一定的时间内利用相关技术产生利益价值的水资源。

（二）水资源审计的概念

资源环境审计包括资源与环境，资源指的是一定地区或一个国家或世界所拥有的各物质要素的总称，包括自然资源与社会资源两大类；环境指的是影响人类生存发展的各类自然因素的总称①。本研究对于水资源的定义则趋向广义范畴，也就是说本研究的水资源不仅包括各种地下水以及浅表水，还包括江河湖泊等一系列只要与水相关的资源。

水资源审计属于环境审计，目前对于水资源责任审计并没有统一的定义，本研究对水资源责任审计定义如下：水资源责任审计是政府审计机关依法对水资源的利用情况、总量情况、水资源管理体制、水资源保护情况等进行监督、分析，以便及时发现水资源使用情况与现状，提出切实有效的管理与治理意见，从而保护水资源、减少水污染、节约水资源、加强水资源管理。

（三）水资源责任审计的概念

自然资源资产进行离任审计的干部领导，主要是指符合《党政领导干部选拔任用工作条例》要求范围以内的各个地区的以及中央机关的领导干部，其中主要有国务院部门领导以及各个地区的政府部门领导成员。

对于领导实行水资源离任审计，是在近几年才出现的一种审计概念。目前对其的定义是：根据中央全面深化改革决定关于"对自然资源的资产情况进行分析，并做好领导干部自然资源的离任审计工作"为依据的。在领导干部离任过程中，应该对其管辖的水资源资产情况依法进行审计。

三 水资源责任审计的目标

对于水资源责任审计而言，目标也是整个水资源责任审计进行的前提与基础，只有确立了目标，才可以进行水资源责任审计的工作。各类审计

---

① 全国人民代表大会常务委员会：《中华人民共和国环境保护法》，2014 年 4 月修订。

目标都必须满足该类审计的领域，因此水资源责任审计的目标应以水资源为立足点。对于领导干部的水资源资产进行离任审计，主要是为了规范相关领导干部的行为，加强其对环境保护重要性的认知，督促其对生态文明建设工作的开展，要求其将生态文明建设作为责任重点，并对违法人员进行依法处理。

（一）水资源责任审计的政策目标

水资源责任审计目标是开展此项审计工作的逻辑起点。与经济责任审计不同，该审计的目标是通过进行离任审计监督领导干部任职期间对水资源的管理，重点针对存在的问题从体制、政策机制等方面分析原因。同时关注水资源资产使用的合理、合法、经济及效率，促进领导干部树立正确的绩效观，使领导干部能更好地执行开发与保护职责，加强对水资源资产的利用程度，走集约和节约的道路，最终达到经济效益、生态效益与社会效益的完美统一。

与此同时，我国也新出台几部针对领导干部自然资源资产离任审计的法规及方案，如《关于开展领导干部自然资源资产离任审计的试点方案》《党政领导干部生态环境损害责任追究办法（试行）》等。因此，在进行领导干部水资源责任审计时，应该以国家颁布的法律法规为主要依据，同时结合各地方颁布的相关条例，建立有地方特色的评价标准。

（二）水资源责任审计的环境治理目标

21世纪人类面临最大的危机就是淡水危机。我国正面临着空前严重的水危机，长期以来水的利用接近无偿，水资源的浪费和污染也相当严重。我国人均水资源量不到世界人均的 1/4，位列联合国公布的 13 个贫水国家之一。与缺水状况形成鲜明对比的是我国水资源利用和管理方面存在诸多问题：水资源浪费巨大、水污染严重而普遍、南水北调工程尚存隐患、过度开采地下水、干旱缺水和洪涝灾害并存，等等。水资源作为一种宝贵的自然资源，在可持续发展过程中与人口、资源、环境和经济有着密不可分的关系。水资源也是国民经济和社会发展的一项重要基础，生产生活样样离不开对水的需求，并且随着生产力的发展，供给与需求将大大不平衡。①

----

① 童昌华、马秋燕、魏昌华：《水资源管理与可持续发展》，《水土保持学报》2003 年第 6 期。

（三）水资源责任审计的领导干部考核目标

第一，审计报告为干部的考核提供依据。水资源资产的审计并非以惩罚为目的，因此应将任中审计与离任审计结合，不仅能及时发现管理决策的问题，达到预防降低风险的效果，而且收集的日常决策信息能够让离任审计有据可循。

第二，审计报告为惩处腐败提供线索。通过审计，检查领导干部是否以公谋私获得一己之利，是否存在权力寻租空间和行为，是否将水资源资产的专项资金挪为他用，进而揭露其任职期间存在的违法违纪行为，为纪检部门肃清领导干部的腐败行为提供另一种可靠依据。

由于水资源责任审计是针对领导干部的审计工作，而且审计结果是政府部门考核领导干部工作成绩的重要依据。与领导干部的提拔、任免及处置有直接关系，审计结果就显得十分重要。加之领导干部管辖的范围广，任期时间长，社会影响力大，寻求保持审计机关自身独立性应关注小组流动、接受专业第三方的审计监督等。

第三节　水资源责任审计的审计主体

水资源责任审计与审计是从属问题，水资源责任审计属于审计的一种，确切地说，水资源责任审计属于社会相关审计的一种。水资源责任审计的主体是水资源责任审计行为的执行者，也就是专职的水资源责任审计机构以及审计人员。水资源责任审计是特殊的审计类型，专门针对水资源管理，因此，水资源责任审计需要水资源专业知识人员，再加上水资源责任审计必须符合国家法律法规，因此还需要专业的法律人员。这体现出水资源责任审计主体的多样化：包括国家审计、内部审计、社会审计机构及其人员。

一　国家审计机关

对于领导的水资源离任审计，主要是由我国的审计机关开展进行的。《党政主要领导干部和国有企业领导人员水资源责任审计规定实施细则》将"自然资源资产的开发利用"纳入到干部领导的水资源责任审计范围以内。我国政府要求，审计机关必须在相关领导离任过程中，依法做好审计工作。这主要因为审计机关是负有审计责任的审计执行单位，另外自然资源的审计，也是对干部领导的工作业绩进行评判的重要依据。

　　水资源资产离任审计的发起与组织者应当由国家审计机关去担任，在审计各级机关中设立针对水资源资产的审计部门，并由其来完成相关工作。首先，进行水资源离任审计是国家审计机关的责任；其次，开展水资源资产离任审计也是由审计活动与审计环境之间的关系共同决定的。全会通过了领导干部水资源资产离任审计的重要改革措施，使得审计现状有了翻天覆地的变化，审计机关可以更加自由地对水资源资产离任审计进行更深入的探索。

二　内部审计机构

　　除了国家审计机关以外，还有一种审计主体，那就是各个政府部门中的内部审计机构。该审计机构以国家法律要求，依法对单位领导干部进行经济责任的审计。有些地方为了加强对部门领导经济责任的审计，制定实施了有针对性的制度措施，将内部审计的地位进行了确认，并对其审计内容以及审计方法做出了明确的要求。这为审计结果的真实性提供了法律保障。

　　内部审计机构在进行领导干部水资源资产的离任审计中发挥了重要作用，主要体现在以下两个方面：一方面，由于国家审计机关的审计力量与审计任务之间的矛盾比较尖锐，很难对所有领导干部水资源资产离任审计都进行详细而又彻底的排查；另一方面，内部审计机构也可以根据相关国家法律和法规规定，开展内部管理水资源责任审计的工作。为了加强上述工作，各个地方相继出台了有关规定，进一步明确了开展内部管理水资源责任审计的内容。

三　社会审计机构

　　由于审计工作具有很强的专业性和客观性，所以国家党政机关或地方政府就会聘请专业的审计机构进行水资源资产的离任审计。社会中介组织可以提供专业人才和技术力量的支持，其中有代表性的就是我们熟悉的会计师事务所。

四　社会公众

　　社会公众是进行水资源资产离任审计的另一重要主体。审计机关可向社会征集有关如何进行干部水资源资产离任审计的建议；再进一步明确审计计划时不能忽略了群众因素；在审计项目开展的过程中邀请公众参与进来；在进行审计计划的评价与修改时听取公众的感受等方式，使公众真正参与到领导干部水资源资产离任审计的探索进程中。

社会公众参与审计主要体现在社会公众可以形成社会压力，而我们可以利用社会压力缓解资源环境压力。通过合理地利用社会公众的力量，能健全生态保护机制。其具体形式有：审计机关在进行审计时，可以面向社会收集审计项目计划。并且在审计过程中，应该全面考虑民众所提出的审计意见。在一定条件下，公开招聘临时审计员，对审计过程进行依法监督。审计过程以及审计方式都应该透明化地进行，能够将各个环节展现在民众的面前。另外对于领导的水资源责任审计的结果，应该第一时间向社会进行公布，让审计工作更具社会公信力。

五　其他相关部门

我国宪法规定矿藏、水流、森林、山岭、草原、荒地、滩涂等大部分自然资源都属国家所有，即全民所有，因此在对领导干部水资源资产离任审计时，首先应充分发挥国家审计机关及其审计人员的主导作用，其中，审计人员除国家审计部门工作人员外，还应包括国家水利、环保等部门工作人员。此外，还应积极发挥内部控制机构与社会中介组织的协同作用，通过内部控制机构组织内部审计，社会中介组织配合监督，加大对领导干部水资源资产离任审计力度，构建一元为主、多元参与的审计体系，从而展开对领导干部任职期间有关水资源资产的政策制度执行情况、监督管理情况以及开发利用情况的审计评价。

第四节　水资源责任审计的对象

水资源责任审计的客体包括政府、企事业单位、环境监督机构等。水资源资产离任审计是由国家审计机关开展的，首先需要确定审计对象，水资源资产离任审计的审计对象是领导干部任期内所辖地区拥有或占有的水利资源，对该方面的审计工作主要以对水资源资产负债表进行离任审计为基础。

一 水资源责任审计的对象：基于水资源的分析

水资源责任审计的对象包括水资源的管理体制、水资源的使用情况、水资源的总量情况、水资源的保护情况、水资源的供需情况等。

（一）水资源资产使用情况

对领导干部水资源资产离任时进行水质的审计，对是否严格控制水污染，废水排放量，以及对于水资源资产监管情况进行审计。主要可通过水资源污染的指标体系来进行绩效评估，通过水污染指标分数来反映相应的绩效结果。

第一，水资源资产的可持续利用状况，这要求水资源资产离任审计关注临界性水资源、恒定性水资源以及储存性水资源等的可持续利用状况。第二，水资源资产的有偿使用状况，这要求水资源资产离任审计关注政府在水资源资产配置中如何发挥作用、水资源资产的整体配置以及水资源资产价格和税费改革等状况。第三，水资源资产的节约使用状况，这要求水资源资产离任审计关注水资源资产开发使用过程中对科技创新的投入及产出、水资源资产消费方式和结构调整以及推进水资源节约利用等状况。第四，水资源资产的实物量和价值量变化状况，这要求水资源资产离任审计关注水资源价值量变化、水资源资产的质量以及水资源资产存量及其变化等状况。

（二）水资源资产管理情况

第一，水资源资产的管理体制建立健全状况，这要求水资源资产离任审计重点关注水资源资产是否应该将公民所有的水资源资产的数量、用途进行系统化管理。第二，水资源资产的产权界定状况，这要求水资源资产离任审计要检查是否应该对水资源的空间分布进行系统化的确权登记。第三，水资源资产的生态补偿状况，这要求水资源资产离任审计关注相对不可再生的水资源资产补偿机制的建立状况。第四，水资源资产的开发和运用政策贯彻执行状况，这要求水资源资产离任审计要关注与水资源资产开发与运用的相关政策举措的执行状况。

（三）水资源资产监管情况

第一，水资源资产的监管体制建立健全状况，这要求水资源资产离任审计关注水资源资产建立健全国家监督、地方监察、单位负责以及政府、企业和公众共同参与的监管体制的状况。第二，水资源资产的用途管制状况，这要求水资源资产离任审计要关注水资源资产按照环境功能区划分国土空间、对某一具体区域实行不同的政绩考核评价标准的状况。第三，水资源资产的损害责任追究状况，这要求水资源资产离任审计要关注并监督领导干部不顾水资源的浪费与污染，只为拉动经济与提高在任政绩的状况。第四，水资源资产的损害赔偿状况，这要求水资源资产离任审计要关注领导干部对违反法律法规破坏水资源的行为进行处罚的状况。

二　水资源责任审计的对象：基于领导干部的分析

（一）审计水资源政策制度执行情况

自然资源政策制度主要包括关于自然资源的法律、法规、规章和政策，对领导干部自然资源政策制度执行的审核在于考核领导干部任职期间对自然资源资产的控制和管理是否符合政策制度的要求。

审计领导干部对水资源资产政策制度的落实情况，主要包括：检查领导干部任职期间制定的水资源资产的公共政策和相关规划是否满足生态环境保护、社会可持续发展的要求；检查水资源保护区以及水污染治理工程项目的建设是否平稳持续地展开；检查国家重点环保工程项目的目标是否按时有效完成。

（二）审计水资源监督管理情况

自然资源资产的监督管理，主要指政府及其相关部门监督管理各主体在生产、流通、消费各环节经济活动中落实自然资源资产政策制度、完成自然资源发展规划的行为。

领导干部水资源资产的监管审计需从检查水资源资产管理制度建立的科学性和执行的有效性两方面入手：检查水资源资产管理制度建立是否具有科学性，要求建立健全水资源资产评估、使用许可、分配标准、交易等制度，从而以资产化标准对水资源进行管理；检查水资源资产管理制度执行是否具有有效性，则应分离水资源资产的所有权和管理权，使双方主体彼此独立、相互监督。

（三）审计水资源开发利用情况

自然资源资产的开发利用，主要指政府及其相关部门通过制定实施自然资源资产的政策制度和发展规划，获取自然资源资产经济价值的行为。

对领导干部水资源资产离任审计时，需通过政府制定机制的健全性、程序的规范性、内容的合法性、过程的有效性和结果的效益性五个维度对领导干部任职期间开发利用水资源资产状况进行评价。特别关注其在对水资源开发利用过程中有无全面整体的发展规划、详细可靠的信息支撑、科学合理的准入门槛、长期动态的监管追踪等细节。

第五节　水资源责任审计的审计方法

一　水资源责任审计的收集数据方法

以实地考察、访谈询问、资料审阅、统计分析、测量计算等方法收集数据。其中实地考察可以由相关水资源管理局和专家构建考察小组，对考察对象进行实地取样。这种方法可以保证数据真实可靠。访谈询问法即与单位内部人员沟通询问水资源使用情况，同时做好现场取证工作，这种方法的好处是可以直观了解到领导对水资源的重视程度，下属对领导做法的看法等，可以为审计提供合理性。资料法即收集领导任职期间相关的书面资料，也包括与水资源有关的凭证、发票、合同、记录等。并重点关注资金这一项目，包括自然资源开发、利用和保护过程中资金的筹集、分配、使用和管理的情况，资金的发放是否到位等。统计分析法主要是以指标的形式来衡量地区自然资源资产的发展状况。成本效益分析法，即通过分析自然资源项目所需的运作成本与所产生的社会经济和生态效益来对比分析，评价项目的优劣。信息比较分析法是通过搜集不同项目的数据并汇总整理后进行统计分析，将对应项目的成本或收益分别进行比较，判断领导干部在任期间投入项目的效果。环境标准分析法，是根据国内或国际标准化组织颁布的环境标准对领导干部所在地区自然资源的发展情况做出判断。同时也要注意，由于自然资源的特殊性，在进行自然资源资产离任审计时，传统的审计方法不可能完全满足审计目标的需要，需要多种审计方法相互结合。

二　水资源责任审计的制度审计方法

以政策审计、资金审计、项目审计、法规政策制度执行审计。政策审计主要是以我国所发布实施的相关法律法规作为依据，然后开展的审计工作。该审计主要是对相关政府部门所制定实施的自然资源保护制度进行检查，分析其是否能在自然保护中起到很大的作用。资金审计也是该审计内容中非常重要的一个环节，其主要审计内容是：对于自然资源的保护资金情况进行分析，分析其来源渠道以及使用情况；另外是对自然资源资产的管理制度进行分析；还有是对相关部门的自然资源资产的管理能力进行评估。

三   水资源责任审计的评价方法

制定完善的资源审计标准，以此作为依据对领导干部的自然资源责任进行依法审计和评估。评估范围包括其任职期间的土地资源使用情况以及生态环境的保护状况和各种自然资源的实际使用情况等多个方面，作为领导干部提拔重用的参考依据之一。该审计工作不同于普通的审计，因此这对审计人员提出了较高的要求，审计人员应该学习掌握我国所出台的各种法规制度。另外审计机关应该重视审计人员的培训工作，利用培训来提升其审计能力，同时也能够让其综合素质以及职业道德全面提高，发挥出审计工作的最大效果。

第六节   结论与建议

一   结论

在水资源责任审计下，重点加强水资源的审计，并缩小范围具体到地方而不是笼统的省（市），在地方试行水资源责任审计，提高地方审计机关的责任制度。另外把领导干部的地方水资源保护成效和个人业绩、工作绩效挂钩。地方审计局应适时审查水域生态状况，从质和量两方面进行审查，并编制水资源资产负债表，于每季度末、年底进行公布。领导干部要配合审计工作人员，认可审计体系，依法依规，全民监督、行政监管领导干部的工作，提高其对水资源保护的重视程度。

地方领导人也应积极和环境保护局、高校等机构共同开展活动，构建地方经济社会发展绿色评估体系的理论研究，为今后建立领导干部水资源资产离任审计评价体系提供思考路径。

二   建议

（一）加快法律制度建设

只有用法律明文规定领导干部水资源离任审计的目的、对象、内容、步骤、审核、监督、惩罚方式、法律责任的内容，健全与之对应的法律条文，使审计法制化、规范化，才能使水资源保护落到实处。

同时也应该提前对水资源做好了解，统一分类标准，清楚其来源和规划好用处，建立实物核算和价值核算制度体系，做好水资源的"盘点"以及"折旧"工作；把水资源保护提到议程上，制定并颁布一系列保护措施和政策，并下发群众，落到实处，做到公开透明；做好水资源产权的登记、会计处理和数据统计，并保持时时跟进，保证数据更新。努力做好健全完善水资源资产的规划、政策、登记、会计、统计等制度体系。

（二）明确追责惩处机制

依据水资源资产负债表，凭借水资源资产评价指标体系，合理评价领导干部水资源污染问题或发展成效，明晰其在任期内应担负的责任。审计结果将作为领导干部业绩考核和任用的主要依据。在任期间滥用水资源的，根据情节严重程度处以相应的行政处分，严重侵犯人民利益的，应当追究刑事责任，绝不姑息。

（三）加强水资源防治措施

加强水资源保护力度，做到以下几点：一是河湖纳污限制。制定相关政策，尤其是惩处机制，减少或禁止工厂或居民向河湖排放污水，促进生态文明建设。二是水资源节约利用。做到审查用水总量，用水总量控制在80亿立方米以内。同时提高水资源的循环利用效率，控制用水总量，提高用水效率，严格控制水资源使用状况红线，严格遵守取水许可证制度和水资源的有偿使用制度，减少水浪费，做到集约利用、科学利用。三是水质达标提升。设置河湖、水流等水域生态的达标情况，以审查领导干部的工作业绩。规定每年的水质达标底线，并请专业人士予以测度（与领导干部无任何关系，保证审计独立性），给领导干部施加一定压力促使其关注水资源保护。若水质在红线以下，则需要进一步调查缘由，并予以解决，直至水质达标，并努力做到逐年提高达标标准，提高水资源质量。

（四）完善统筹协调机制

审计机关应与国土、水利、环保等部门建立领导干部水资源资产离任审计工作协调机制，与各部门合作，充分整合审计力量与资源，达到资源共享、成果共用的效果。在坚持审计工作的独立性基础上加强与其他相关部门的合作，制定一套完整有序的水资源责任审计工作体系，并在审计过程中根据时事进展进行修改，深入调查。同时聘请水利、环保部门相关的专家参与协助领导干部水资源离任审计研究，提高审计质量。

第三篇
资产负债表基础的
水资源责任审计

第五章

水资源的会计核算

第一节　水资源会计的理论框架

一　水资源会计的基本假设

会计假设是进行水资源会计核算的基本前提，是会计人员在进行会计核算时必须依据的先决条件。会计假设规定了会计核算的时间范围和空间范围。

（一）水资源的会计主体假设

会计主体是会计工作为其服务的特定单位或组织。会计主体假设明确了会计工作的空间范围，解决的是为谁服务的问题。我们进行水资源的会计核算一方面是要确认我国水资源的数量，另一方面要确认水资源质量变化情况，以便于政府监督离任官员在任职期间资源变化情况。本研究会计核算、监督的内容都是政府，所以水资源的会计主体应为一级政府，以乡镇政府为最小的核算单位，上级政府对下级政府水资源核算的内容进行汇总，直到最后形成全国水资源资产负债表。

（二）水资源的会计分期假设

水资源的会计分期不仅要继承传统意义上的经济周期同时还要联系政府官员管理周期。经济周期就是指一个完整的会计年度的报告期间，这在我国与财政年度是一致的，主要是从每年 1 月 1 日到 12 月 31 日，这样便于国家的财政管理。管理周期就是以政府领导干部的任期为分期，这样可以清楚地了解到政府官员在任职期间水资源的变化状况，为水资源纳入领导干部离任审计提供了依据。

（三）水资源的多重计量假设

水资源产生于自然界，单纯的水是没有任何经济意义的，后来《水法》规定水资源归国家所有，也就是说在法律意义上每个人都有权利使用水资源，但是使用不同质量的水资源付出的经济代价是不同的，这就赋予了水资源经济意义，使水资源具有价值，这样才能用货币对水资源进行计量。

我们对水资源进行计量的目的是从会计的角度了解我国有多少可以分配的水资源，以及水资源的质量状况。仅以货币计量的形式只能反映我国水资源的经济价值总量以及变化情况，不能全面反映我国水资源的数量和质量状况，因此，在以货币计量为主的计量方式下同时用其他计量方式作为辅助就可以解决这个问题。辅助计量方式有很多，我们可以用实物指标、文字描述、数学模型等方式说明居民在水资源方面的社会贡献或社会损失。比如：用体积来进行计量，以立方米为计量单位，可以直观地反映水资源的地域数量变化；通过测量水中的含氧量、含盐量、金属元素量、PH 值来衡量水资源的质量。

（四）水资源的可持续发展假设

可持续发展最早是在 1972 年提出的，是指既满足当代人的需求，又不损害后代人满足其需求的发展。今年 3 月，联合国发表了一则年度报告，其中指出：世界各国都有严重浪费水资源现象的存在，如果照此趋势发展下去，世界将陷入水资源危机。近几年可持续发展受到了政府的高度重视。

"社会—经济—环境"的循环是一种良性的发展模式，所以这里可持续发展的假设是说水资源在开发和利用之间保持平衡，也就是说在水资源质量恶化的情况下，会计主体的经济发展状况也会受到影响。反过来讲，如果我们能合理利用水资源，保护好水资源，从数量和质量两个方面优化水资源，那么会计主体的经济状况也会有所好转。可持续发展是水资源会计得以建立的前提，其在时间上对水资源的会计核算进行了限制，如果没有可持续发展的要求，水资源会计就失去了理论支撑，无法进行水资源会计核算。

二　水资源会计的基本原则

会计核算的一般原则是进行会计核算的指导思想和衡量会计工作成败的标准。传统的会计核算的原则可以分为三类：一类是衡量会计质量的一般原则，一类是确认和计量的一般原则，还有一类是起修正作用的一般原则。水资源会计在继承传统的会计原则外，还应有一些灵活的变化。

与传统会计原则相似的是客观性原则、及时性原则、明晰性原则。这要求进行水资源会计核算的信息真实、可靠，同时每一笔经济业务或事项发生时都要进行记录，不能延迟，记录要清晰准确。

在传统会计原则基础上需要做出变化的是重要性原则和可比性原则。水资源会计核算时，要先把水资源的要素按照重要性进行排列，再选取对经济发展起重要作用的事项进行核算，把对经济发展起微弱作用的事项统一通过"水资源账户"进行核算。可比性原则要求企业进行严格核算和会计处理，以便会计信息使用者进行政府之间、区域之间的比较。

此外，水资源会计原则还应根据自身的特性增加一些特有的原则：充分披露原则、最小差错原则。充分披露原则就是说要求政府必须公正地统计企业、公民对水资源的利用、保护及污染、损耗等情况，不能有任何包庇的行为。最小差错原则就是说保证水资源会计计量时各种误差的总和最小，比如说由于计量对象属性的不确定性，漏记某一事项，这会导致尽管对水资源进行会计核算但最后的结果仍与现实有所偏差，所以水资源会计核算不能做到绝对准确只能保证相对准确。

三　水资源会计的核算方法

水资源会计作为会计的一个分支，是在传统财务会计的基础上建立并发展起来的，所以传统财务会计的理论大体上对于水资源会计框架的建立有借鉴意义。

（一）水资源核算的收付实现制

从传统财务会计的角度来说，权责发生制是指以应收应付作为确定本期收入和费用的标准，而不问货币资金是否在本期收到或付出。收付实现制是以现金收到或付出为标准，来记录收入的实现和费用的发生。如果把这两个理论应用于水资源会计核算中，则权责发生制是说要以水资源交易发生的权利或义务作为标准来确定对水资源进行会计处理的时间。收付实现制是从物理的角度对水资源的实际增减变化进行会计处理。

我们编制水资源资产负债表的目的是使用货币计量或者实务计量的手段从质和量两方面摸清我国水资源的"家底"，并对离任干部的政绩进行审计。相比较来看收付实现制更能实现这一要求。比如说我国正在进行的南水北调工程，预计历时 50 年，如果按照权责发生制处理，近 400 亿立方米的水资源要立刻进行会计核算，但是实际上水资源地域的变化并没有完成，进行了会计处理之后，当年任职的政府官员的业绩将取得突飞猛进的增长，这不利于对离任领导干部的业绩审计。而收付实现制恰恰克服了这种不足，在水资源增减变动发生时进行会计处理，可以清晰明了地看出我国各地域水资源的量，同时也方便对离任领导干部业绩的审计。

（二）水资源核算的复式记账

所谓的复式记账就是对于每一笔交易或事项，都以相等的金额在两个或者两个以上相互关联的账户中进行记录，以反映会计要素增减变化的记账方法。在水权明晰的条件下，水资源的流入流出、降水蒸发都会导致水量的增减变动，并且一项水运动在数量上的增加或减少，总是与另一项水运动在数量上的变化相同。因此，水资源运动的客观规律也满足复式记账法的基本原理，即把每一项水权交易、转移、变动等水运动所引起的水量的增减变化，用两个或两个以上的账户通过"借""贷"相联系，使得借方金额等于贷方金额，通过这个等式水运动就被转化成了会计语言。传统的财务会计反映的是现金流增减变化的原因和结果，而水资源会计反映的是水流量增减变化的原因和结果。

第二节　水资源要素的确认

一　水资源的定义及分类

（一）水资源的定义

水资源从广义上来说是指地球上水圈内存在的所有水量总体，从狭义上来说是指在一定周期内可以不断更新和恢复的淡水总量。通常包含用于灌溉、航运、发电及供水的地表水和地下水，以及江河湖海等水域。SNA—2008 对水资源资产的定义如下：从本国领土淡水、地表苦咸水及地下水中发现的，可在目前或未来以原材料的形式提供直接使用惠益但由于人类的使用有可能被耗尽的水。相比于其他自然资源，水资源具有可再生的特性，经历一系列完整的水循环过程之后能够被反复利用。水资源在人类的生产生活中扮演着极其重要的角色，同时，由于人们对水资源的利用和开发进程从未停止，对水资源的存量现状也有一定的了解。因此在自然资源资产负债表的编制过程中率先对水资源账户进行研究是可行的。

（二）水资源的分类

水资源的分类主要按其分布来分。SEEA—2012 中主要分为三大类：地表水、地下水及土壤水。地表水包含所有流动或存储在地表的水，主要有人工水库、湖泊、河川溪流、冰川、雪和冰。我们发现 SEEA 的分类方法中是不包含海洋水和大气水的，虽然不包含，但它们的足迹体现在账户的许多地方。例如海水的提取以及水流入海洋会被记录，水从内陆水体蒸发到大气中也会被记录。在 SNA—2003 中，土壤水曾因其只是暂时储存的水而未被列入水资产账户范畴。但土壤水对于农业生产而言是一项非常重要的资源，因此在如今的水资源会计处理的过程中应当将土壤水也纳入水资源的研究范围内。

二　水资源的确认

水资源资产和负债的确认标准与企业会计中的确认标准基本一致，都需要满足真实性、相关性、可计量性等特性。

从各自定义来看，水资源资产确认首先需要符合资产的定义即该水资源是目前就已经存在的、为报告主体所控制的、预期会给报告主体带来收益的并且能够可靠计量的，包含湖泊水及其他地表水、水库中的水、地下水的提取部分、运输水、死库容水等。水负债的确认需要满足以下条件：（1）导致报告主体水资产减少或者另一水负债增加；（2）能够可靠计量。这类负债通常包括排污费用、水资源的调度费、水污染治理费，等等。

在水资源实物量表和价值量表中，水资源资产的确认项反映为横向水资源的分类项，满足水资源资产确认条件的项目就分别归入 7 类水资源当中。在自然资源资产负债表中，资产确认内容反映在左侧水资源的项下，负债项目则被包含在右侧环保支出项下。

（一）水资源资产

企业会计中，资产是指企业在过去的经营交易或其他事项中形成的，归企业控制或所有的，预计能够为企业带来收益的资源。自然资源资产的会计处理与企业会计有相通之处，因此作为自然资源资产组成部分——水资源资产，其定义也可以参考企业会计中资产的定义方法。水资源是指目前已经存在的，能够为报告主体所控制或拥有的，预期能为报告主体带来收益并且能够可靠计量的水资源。

水资源资产是一个特殊的概念，它不同于水资源。水资源是自然资源的一部分，而水资源资产特指可以被人们开采的具有经济价值的可用水资源，并非所有的水资源都能形成水资源资产。比如说：蒸发的水资源、降雨中直接被农作物利用的水资源，这种目前无法开采的可用水资源都不能称之为水资源资产。只有同时满足以下三个条件才可以被称为是水资源资产：

（1）国家或地区拥有其所有权或完全控制权。

（2）已经探明规模和数量，可以用货币进行计量。

（3）利用现代的技术可以在开采后被人们所利用，预期未来能带来经济利益。

（二）水资源负债

从国际上的编制经验来看，都只是将自然资源的存量作为计入国家或者地区资产的一部分，纳入国际资产负债表当中，然而对于自然资源的负债项鲜有涉及。关于是否需要设置负债项，如何定义负债项在国际上还没有形成统一的认识。SNA 中认为非金融性资产中（含自然资源）负债项并没有存在的必要，而部分学者则认为应当将环境成本作为负债项。本研究认为要编制一张完整的资产负债表，负债项是不可或缺的。因此，本研究观点认为水资源负债指为了防治水污染、维护水资源等所付出的环保成本。

水资源负债包含两方面的内容：一是政府在让渡水资源使用权过程中发生的负债，二是水资源污染造成其价值下降形成的负债。水资源的所有权属于政府，也就是说政府拥有对水资源的处置权，即使用权、经营权、管理权和收益权。但是通常情况下，政府不直接参与水资源的开发和利用，而是将其经营权和收益权让渡给独立的法人或是自然人，只保留对水资源的所有权和监管权，政府在让渡资产使用权的过程中会收取部分的费用，同时也会支付一部分的费用，比如说水资源开发使用中的日常维护费、未来生态恢复费、治理费等，这一部分就属于负债的范畴。同时政府在一些技术复杂的项目中不会受益，反而会倒贴给这些开发项目的企业一定的补贴，这也会造成一部分的负债。同时，企业在经营过程中可能会污染或破坏水资源，有些水资源经过污水处理厂的处理达标后排放，还有一部分污水处理厂处理不了的污水会直接排放，这一部分污水对水资源环境影响很大，以及因为破坏水资源而形成的预期经济利益的流出也为水资源负债。

（三）水资源净资产

对于水资源净资产不需要单独确认，用水资源资产减去水资源负债的差额就是水资源净资产。

参考企业会计，水资源净资产的概念与企业资产负债表中所有者权益有相通之处，但又存在区别。水资源净资产是指水资源资产扣除相关环保支出后的余额。

第三节　水资源要素的计量

一　水资源资产的计量

水资源资产的计量与自然资源资产的核算思路一致，主要分为实物量计量与价值量计量。目前世界在对自然资源核算方面的研究主要集中在实物量的计量上，因为相对于价值量，水资源的实物量数据大多是为我们所掌握的。而价值量的核算则存在着更多的难点，例如各个区域水资源的分布、水质各有不同，若没有具有普遍性的衡量标准，则即使确定了货币为统一的计量单位也很难对价值量进行衡量。本节将结合国内外的研究成果，尝试性地对水资源的计量方式进行阐述，更加科学、完备的计量核算体系仍需要国内外学者的不断研究。

二　水资源资产的实物量计量

水资源实物量计量首先需要确定核算内容。本研究拟从以下几个方面来进行实物量的计量：水环境核算、水污染与保护核算以及水资源数量的核算。水环境核算又可包含湖泊总面积、河流流域面积占总面积的百分比，全年供水量及地表水供水量数据，各种水质水域占总数的百分比等。水污染与保护核算则主要是对造成水污染的主要污染物进行检测，如营养化物质、液态重金属、工业废水等。水资源处于不断流动的状态，因此水资源数量计量存在一定的难度，在计量过程中常需要一些替代性的指标来计量，如降水量、用水量、供水量等。另外我国各级政府每年都会颁布水资源公报，水资源实物量的大部分信息都可以从中获取。从区域的角度来考虑，核算不仅仅要关注本区域的水资源总量，还要考虑各种水体通过径流、入渗、渗透等形式形成的水体间水量的交换，同时也要关注本区域水量与其他区域的交换情况。

其次，需要确定水资源实物量核算的主要方法。在传统方法中，水资源的自然资源存量的获取主要是通过人工的清查，但随着科学技术的迅猛发展，人们已经从到处受限的活动空间中跳出，从太空、地球内部等多角度来获得数据，运用 GIS（地理信息系统）、GPS（全球定位系统）等技术帮助我们更好地掌握水资源的存量和流量。除此之外，我们还可以运用调查与普查法、等雨量线法、体积法、水文过程模拟法、开采试验法等方法来获取水资源实物量数据。

三　水资源资产的价值量计量

水资源价值量的计量就是要通过价值形式来对水资源的实物量进行计量，这个过程通常被称为定价或者估价。相对于实物量计量，价值量计量难度更大，但价值量计量在自然资源资产负债表的编制过程中却是不可或缺的。实物量的计量我们可以采用不同的计量单位来计量，例如水资源可以以体积来度量，土地资源可以以面积来度量。但各个账户最终需要反映在同一张表格当中，这就需要形成统一的价值化方法。针对这一重点和难点，相关部门应当将其作为研究的重点，尽早提出具有相同度量标准的价值计量方法。价值计量一般是以货币形式表现，本研究仅针对水资源价值量计量过程中如何估价的问题进行讨论。

水资源的定价方法主要有三种，分别为边际成本定价法、成本核算法、影子价格法。边际成本含短期边际成本和长期边际成本。短期边际成本不考虑需要扩容、年增加的维护费用等，而长期边际成本则需要全面考虑这些因素。长期边际成本其近似值则为平均增加成本。平均增加成本=增加的折旧成本/可供水量的增加值（需要获取的数据有投资的年增加值、运行和维护费用年增加值、消耗及成本的年增加值、可供水量的年增加值），若水价等于平均增加成本，则投入可全部收回。这一定价方法虽然对推进资源的高效利用具有非常大的作用，但会因为个人需要承担的成本过高而不能被广泛接受。成本核算法目前在我国的运用最为广泛，我国城市水价、通过水利工程向城市供水的水价都是按照这一方法制定的。其定价的依据来源于对平均成本的估计，估计数据主要来源于历史资料，不能很好地反映未来的市场价值变化。与边际成本法类似，这一方法在一定程度上弥补了运行费用，同时又将折旧计算在内。从实质上理解，影子价格其实是一种为了弥补现行价格缺陷、实现资源合理配置而提出的一个理论价格。该方法在理论上可行，但在实践中却因为种种原因而无法得到广泛的应用。

澳大利亚等国对水资源的核算研究时间相对较长，经过多年的发展已经逐步形成了一个相对比较完善的水权交易市场，若已具备完善的水权交易制度，其估价则完全是由市场决定，能够促进水资源合理高效地运用。在今后的研究中，如何加速建立较为完善的水权交易制度也将成为一个研究重点。

四　水资源负债的计量

在目前已有的相关研究中，针对水资源负债所开展的研究可谓少之又少。水资源负债是为治理水污染实现可持续发展而产生的相关费用，应归入环境成本当中。水资源负债同样需要具备可追溯性、连带性、不确定性这三个特点，具体应包含应支付的治污成本、生态恢复成本、生态维护成本、超负荷补偿成本等。水资源核算研究进程缓慢，很大一部分原因是环境成本的计量相对复杂，无法做出精确的估计。

参考环境负债的计量方式，水资源负债计量方式主要有市场法、成本法、收益现值法。成本法适合对水资源产品进行价值评估但需要获得相关数据并计算出社会平均生产支出费用，而如何获取是一个难点。市场法，水资源的交易市场相对其他资源来说较完善，这一方法值得考虑，但需要防范市场的盲目性、滞后性带来价格的扭曲。收益现值法，首先需要明确相关的费用带来的收益，运用这一方法的关键在于贴现率及收益的确定。

但出于对目前技术水平以及企业会计中对负债的定义情况来看，水资源负债的定义仍然值得商榷。核算生态恢复和维护成本在目前的技术下的确缺乏可行性。相比于此，核算环保支出则要相对容易，所得出的结果也比较精确。针对这一内容，SEEA 中提出设置环保账户的思路或许要比确认水资源负债的主张更具实际意义及可行性。单从水资源账户的环保支出来考虑，可以对废水管理支出、地表及地下水的保护与恢复支出进行调查，同时对所涉及的环境产业、废水管理产业、工农业用水展开调查，全面获取水资源保护支出数据。

对水资源资产项进行计量后，我们可以得到水资源实物量和价值量的具体数据，这些具体数据填列在水资源实物量表中对应的分类项目下。在自然资源资产负债表中，横向是期初和期末数，纵向是各种类别的水资源类别，将实物量、价值量表的数据汇总，然后填入资产负债表中。负债项则需要用货币来衡量所付出的环保成本，然后将期初、期末的金额填入资产负债表中。

第四节   水资源价值量计量的方法

水资源的种类繁多，且具有各种不同的形态，各种形态水体之间又可以相互转化，所以要想对水资源进行计量并不是一件简单的事。国内外有很多种方法可以进行水资源价值量计量，其中下面两种方法各国使用的频率最多。

一   影子价格法

针对现行市场价格的缺陷，为实现合理分配稀缺资源，专家提出了一种理论价格——影子价格，来进行水资源的核算。影子价格是社会处于某种最优状态下，反映社会劳动消耗、资源稀缺程度和对最终产品需求的产品及资源的价格。要获取稀缺水资源的影子价格，首先要对宏观经济进行线性规划，再用求偶模型求解各类资源或者商品的影子价格。从理论上来讲这种方法具有可行性，但是在实际操作中，由于数据多，工作量大，涉及范围广，而且选用模型参数比较难确定，一般来说这种方法得不到广泛的应用。现在的影子价格法经过改良，通常用来测算资源的稀缺程度，影子价格越大表示资源越稀缺，当影子价格为零时，表示该种资源不稀缺。

二   收益法

公益法的计算如公式 5-1 所示。

$$V_n = \frac{I_t}{(1+r)^t} \qquad 公式\ 5\text{-}1$$

式中：V 表示水资源的价值，就是我们要知道的水资源的价格；I_t 表示每年生活、工业、农业用水费用；r 是折现率；n 是折现期，趋向于无限大。

使用上式进行计算有三个主要的问题要解决：一是如何预计每年的生活、工业、农业用水费用；二是预计水费和实际水费的差异怎么解决；三是折现率怎么计算。

首先，通过政府信息公示，我们可以查到生活、农业、工业用水的单价，再根据以前年度的用水量可以预测出下一年的用水量，二者分别相乘就可以得出每年生活、工业、农业用水的预计费用了。当每年实际生活、农业和工业用水量和预计的有差异时，可以看情况进行调整，如果差异很小，通常忽略不计。计算折现率的方法有很多种，比如加权平均成本法、资本报酬率法、资本资产定价模型等，考虑到我国的实际情况，折现率应该能反映市场货币时间价值以及资产特定风险的利率，所以我国实际应该采用企业加权平均资本成本，并根据市场上借款利率做出相应的调整。

在资产量计量的基础下，依照国家公布的《水环境质量标准》对水资源的质量状况进行评估计量，总共把水资源分为五类，第一类水质良好，经过消毒后可以饮用；第二类水质受轻度污染；第三类水质适用于生活饮用水源地二级保护区、一般鱼类保护区及游泳区；第四类水质适用于一般工业保护区及人体非直接接触的娱乐用水区；第五类水质适用于农业用水区及一般景观要求水域。

第五节　水资源要素的记录

一　水资源的账户设置

会计记录是指发生的经济业务经过确认和计量采用某些特定方法记录的过程。同理水资源记录是指水资源经过上述水资源确认和计量，并采用一定方法记录的过程。记录方法按照会计要素变动方法的不同一般分为单式记账法和复式记账法。水资源的会计记录中，我们选择复式记账法，相较于单式记账法其账户体系的设置更加完整，以便更好更完整地反映各项水资源经济活动的全貌。

经过确认和计量后，我们要用复式记账法对水资源质量变化进行记录，水资源的数量每时每刻都在发生变化，我们不可能精确地掌握其变化，所以只能定期对水资源的数量进行估计，要对会计要素进行会计记录就必须先设置账户。

资产类账户："水资源资产"用来表示水资源资产的增减变化情况，"水资源资产累计耗费"用来表示水资源资产耗费的情况。

负债类账户："应付水资源补偿费"表示政府对污水处理厂的拨款，"水污染负债"表示政府治理水污染的耗费。

所有者权益类账户：在"资本公积"下设二级科目"水资源价值增减变动"来核算水资源质量变化状况。

收入类账户："水资源收入"在其下设置二级科目"水资源补偿费"用来核算水资源居民、企业用水所承担的费用以及企业缴纳的水利金。

费用类账户："水资源费用"下设置二级科目"补偿费"和"治理费"分别用来表示政府对污水处理厂的补偿和治理污水的费用。如果企业利用水资源得当政府可以给予部分补偿，计入费用类"水资源费用——奖励费"。

二　水资源的账户核算

对以上账户的运用举例如下：

（一）由于企业的经营造成水资源质量下降，企业要承担相应的补偿费，政府需要做以下的分录。

企业或居民生产生活用水需要支付的水费以及污水处理费，政府需要做以下会计处理：

"借：银行存款

　　贷：水资源收入——水资源补偿费"

同时政府对质量下降的水资源进行以下处理：

"借：资本公积——水资源价值增减变动

　　贷：水资源资产"

（二）如果企业对水资源利用得当，政府需要给予部分奖励或者补贴，做如下处理：

"借：水资源费用——奖励费

　　贷：银行存款"

同时政府对质量上升的水资源进行以下处理：

"借：水资源资产

　　贷：资本公积——水资源价值增减变动"

（三）如果由于降水等自然原因导致水资源的质量有所提高，可以这样做会计分录：

"借：水资源资产

贷：资本公积——水资源价值增减变动"

（四）如果政府的环保部门对水资源进行治理使得水资源质量有所提高，应该这样做分录：

"借：水资源费用——治理费

　　贷：水污染负债"

"借：资本公积——水资源价值增减变动

　　贷：水资源资产"

在支出治理费时：

"借：水污染负债

　　贷：银行存款"

（五）政府给污水处理厂进行拨款：

"借：水资源费用——补偿费

　　贷：应付水资源补偿费"

"借：应付水资源补偿费

　　贷：银行存款"

（六）政府接到上级政府的拨款：

"借：银行存款

　　贷：水资源权益"

对水资源水质变化的计量还有很多实例，各级政府可以根据自己不同的情况做出不同的处理。

第六章

水资源的资产负债表编制

第一节　水资源账户与水资源资产负债表

一　水资源账户地位

SEEA 认为自然资源资产负债表应该涵盖水资源、土地、矿产和能源资源等七个环境资产账户。水资源在人们的生产生活中始终扮演着重要的角色，不仅是人们赖以生存的重要资源，也是对经济发展起到重要作用的能源。因此水资源账户的编制对于整个资产负债表的编制来说是不可或缺的一部分，也具有优先研究的价值和条件。十八大三中全会中提出要对领导干部实行离任审计，毫无疑问，这需要自然资源资产负债表为之提供重要参考，因此我们需要对水资源的存量、流量、变化量、价值量等有一个全面的研究，以满足上述需求。

二　水资源账户在国外的运用

近年来，我国在 SEEA 体系的指导下，采用实物量计量与价值量计量相结合的方法将各种资源的信息有机结合，从而反映出资源的使用状态、趋势及相关经济活动给环境带来的影响。水资源作为一个研究重点，博茨瓦纳、挪威及澳大利亚等国皆进行了大量的理论和实践研究，并取得了不少研究成果。

澳大利亚在水核算系统的研究中取得的成就尤为突出，它颁布了世界上第一个水会计准则，实现了财务会计制度与自然资源管理和披露的有机结合。水会计准则中基础是权责发生制，计量单位是体积，并以此为基本假设编制了水资源资产负债表、水损益表及水流量表，用以披露重要地区的水资源的增减变化，帮助人们了解水权变化信息、水流量的交易和事项信息等进而促进水资源的保护。

三　结合我国实际的适应性分析

基于对澳大利亚水资源状况及我国水资源现状的研究，本研究发现这两者之间存在着许多相似之处。首先，两个国家都极度缺水，其次，水资源的地理分布上也都存在着不均衡的问题，东南沿海的降水多、北部和西北地区的降水较少，同时年内、年际不均。基于水资源现状的相似，我们需要不断向澳大利亚借鉴过去 30 年来的水资源管理经验。与此同时，我们也应该关注到澳大利亚的水资源核算存在着许多不足之处，该体系虽然对水资源的流量、存量和变化量等情况进行了反映，但对水资源的质量却鲜少提及。我国的经济长期粗放式增长，经济水平的增长往往建立在资源严重浪费、环境严重污染的基础之上，水资源污染也十分严重。因此在编制水资源账户的过程中，同样需要对涉及水质的相关问题展开研究，例如水质的鉴定、计量、列报等。

除了上述问题，我国水资源研究还存在着一个较大的问题，即产权不清。我国是社会主义公有制国家，虽然法律规定水资源归属于国家，但实际中水资源的所有权和使用权却十分混乱，这也给水资源的管理带来了更多的挑战。在账户的编制过程中还需要先对水资源的行政区域管理及流域管理做出明确的划分，提高水资源的利用率。

第二节　水资源资产的账户设置

一　反映变化的水资源资产账户：SEEA—2012 框架

联合国统计署在 2007 年正式公布的《水资源环境经济综合核算》（System of Environmental-Economic Accounting For Water Resources，简称 SEEAW），为水资源的核算制定了一个较系统和完善的框架，将水资源、经济信息、环境条件进行统一组织编排，SEEAW 是环境经济核算体系（System of Environmental-Economic Accounting2012：Central Framework，简称 SEEA）的细化，SEEA 是整个自然界中自然资源与经济的相互作用，最新出台的 SEEA—2012 在 SEEAW（2007）的基础上，进行完善、改进，不仅系统描述了水资源资产的存量与变动量,而且采用实物量计量方法和货币价值量计量方法对水资源进行信息衡量,分析水资源的存量、变动量、变动原因以及水资源量与经济的关系等,SEEA—2012 框架中水资源实物量账户表如表 6-1 所示。

表 6-1　　　　　　　　　SEEA—2012 框架中水资源实物量账户表

	地表水				地下水	土壤水	合计
	人工水库	湖泊	河流	雪、冰和冰川			
期初存量							
存量增加							
存量减少							
其他变化							
期末存量							

注:本表根据 SEEA—2012 框架体系内容整理而来。

SEEA 将水资源分为三大类:地表水、地下水和土壤水,地表水分为水库、湖泊、河流、冰雪冰川。地球上的水资源存在的形式很多,冰川占了水资源存量的近 70%,其他的都是人类生存可以直接或间接利用的。纵向是水资源的存量变化以及期初期末的存量。该水资源账户设置,对于水资源核算是相当重要的。

对于水资源的价值量核算,SEEAW 给出了水资源的价值计算方法,现整理如表 6-2 所示。

表 6-2　　　　　　　　　　水资源价值核算方法

作为生产中间投入的水: 农业和制造业	作为最终消费品的水	用于环境服务的水: 废物同化处置
残值法 净收入变化法 生产函数法 数学规划模型法 水权出售和租赁法 特征定价法 来自水公用事业机构销售的需求函数法	水权出售和租赁法 来自水公用事业机构销售的需求函数法 数学规划模型法 选择成本法	损害防止行动的成本法 防止损害的收益法

横向:按水资源的用途分为了生产中间投入的水、作为最终消费品的水、用于环境服务的水,纵向表示各种适用的方法,上表价值量的核算需

要较高的专业素养和水资源核算实践能力，仅仅按照市场价格来核算水资源价值往往是不全面的，国际上现在还没有一套水资源价值核算的标准，SEEAW 侧重的是存量，即实物量的核算，所以水资源价值量核算是值得研究的。

二　基于类别的水资源资产账户：澳大利亚实践

澳大利亚是世界上最平坦、最干燥的大陆，水资源总量严重不足，在时间和空间上分布不均，这一点我国与澳大利亚的水资源状况极其相似，所以澳大利亚开发的世界先进水平的水资源管理战略对水资源在会计方面的研究有积极的借鉴意义。

澳大利亚水会计报告主要包括以下六个部分：（1）上下文说明；（2）会计责任陈述；（3）水资产和水负债表；（4）水资产和水负债变动表；（5）水流量表；（6）附注。其中，最核心的是三、四、五这三部分，这三张报表的构造、原理以及相互之间的钩稽关系都和财务会计的三大报表极为相似，下面将重点阐述这三张水会计报表。

第一，水资产负债表。水资产负债表类似于传统财务会计中的资产负债表，反映了水资源在某一个时点的资产和负债的数量。它包括水资源资产、水资源负债和净水资源资产这三个要素，以立方米为单位进行实物量计量，依据"水资源资产＝水资源负债＋净水资源资产"的会计恒等式来表示报告日地表水、地下水、城市水系统等的水资源数量，为了方便进行水资源数量变化的对比，还列报了上一年度水资源的数量。

第二，水资产和水负债变动表。水资产和水负债变动表相当于传统会计报表中的利润表，它反映了一段期间内净水资产的数量和性质的变动。它包括水资源资产和负债的增加、减少以及净水资源的变动，通过"水资源资产变动－水资源负债变动＝净水资源资产变动"的动态会计恒等式把整张表上的各个要素串联起来，表示了在一定会计期间内各项目的资产、负债、净资产的增减变动情况。同时表中的数据是通过"本期水资源资产－期初水资源资产＝本期水资源变动"这个公式计算得出的，上述公式的数据在水资源资产负债表中可以查到，这与传统财务会计报表的钩稽关系相同，这样编制有利于对水资源的精细管理。

第三，水流量表。水流量表类似于传统财务会计中的现金流量表，反映水报告主体在会计期间的水流动的数量。它通过"水流入量－水流出量=水储藏量的变动"来表示期初期末水资源流入流出量、储藏量的变动情况。

表 6-3　　　　　　　　　　水资源实物量账户表

	地表水				地下水	土壤水	合计
	人工水库	湖泊	河流	雪、冰和冰川			
1. 期初存量							
存量增加							
2. 回归水							
3. 降水							
4. 入流							
存量减少							
5. 取水							
6. 蒸发/实际蒸散							
7. 出流							
8. 其他总量变化							
9. 期末存量							

注：本表根据澳大利亚统计局官方网站内容整理而来。

三　我国实践中的注意事项

在所有的自然资源中，水资源分布最广、数量最大，同时被开发利用也最多。这项资源与我们的生活息息相关，所以作为拥有水资源所有权的政府必须加强对水资源的管理。澳大利亚通过建立水资源会计制度，提高了水资源信息的使用效率，使得今后对水资源的决策更加科学，这让我们看到了水资源会计制度对于水资源管理上的便利，所以我们必须尽快建立具有我国特色的水资源会计制度。

澳大利亚的水会计报告只从实物量的层次衡量了水资源的物理量变动，放在我国这是不全面的，我们还要从价值量的层次去衡量水资源的变化情况，使经济和环境能完美结合，同时澳大利亚的水会计报告中也没有体现水资源质量的变动情况。我国编制的水资源资产负债表应该克服这项问题，加入几个最能代表水质变化的测算指标对水资源进行计量，有助于加强对水质的监测。

无论是澳大利亚的水会计报告还是我国的水资源资产负债表，在编制时都存在一个难点就是数据的搜集，西方大部分国家用卫星系统进行搜集，澳大利亚是各大企业进行数据搜集后由政府整理的。既要保证数据的准确性，又要保证数据的完整性，只有这样才能使编制出的水资源资产负债表具有真实性，政府才能根据资产负债表做出正确的决策。

第三节　水资源资产的会计核算

一　水资源账户的会计核算

水资源价值量的计量以实物量的计量为基础。只有对水资源有合理的物理单位计量，才能得到一定量的水资源的市场价格。运用水资源的实物量核算与价值量核算的相关信息，可以计算出水资源的各项使用指标。如根据某一时间点的人口数和+其他总量变化＝水资源期末存量，具体的实物量核算表借鉴了澳大利亚水资源账户实物量核算表。

二　水资源账户的实物量核算

水资源资产负债表的实物量计量就是按实物数量单位来计算特定时间水资源资产的存储量，从而清晰明了地表示水资源的变动情况。

水资源的社会循环由四个部分组成：取水、供水、用水、排水。实物量是社会循环的核心，它把这四个系统紧密地联系在一起。实物量把来自于不同系统的信息放在一个具有共同概念的综合系统中加以分析，可以标准化水资源社会循环的信息收集，并提高数据的精确度。水资源的实物量计量主要包括水供应使用表、排放账户、资产账户和水质账户这四种形式。

供应使用表就是反映水资源的供应和使用情况的表格。通过这个表格可以看出经济体和环境的水资源交换信息以及经济体内部水资源交换的信息。

排放账户反映了经济体和居民向水中排放污染物或者处理污染物的信息。

资产账户反映了期初期末水资源的储存量，并记录了期间水资源的变动情况。这种变动有可能是自然原因，即蒸发或者降水引起的，也可能是由于经济体的使用造成的。

水质账户反映了水资源的水质状况，造成水质变化的原因有很多，由于技术的不成熟，所以通常很难把质量的变化和影响水资源质量变化的原因一一对应。因此，这个账户只反映了水资源质量总的变化，不能进一步说明其变化的原因。

这类表格主要用来核算经济体给水资源带来的压力。

自然界之间存在着水循环，即以上各类水资源之间是相互转化的，因此还必须编制各水资源之间的流量矩阵用以描述相互转化量以及各类水资源的最终数量。

表 6-4　　　　　　　　　　各水资源之间的流量矩阵

	EA 131 地表水				EA 132 地下水	EA 133 土壤水	自领土内其他资源的出流
	EA 1311 人工水库	EA1312 湖泊	EA 1313 河流	EA 1314 雪、冰和冰川			
EA 1311 人工水库							
EA 1312 湖泊							
EA 1313 河流							
EA 1314 雪、冰和冰川							
EA 132 地下水							
EA 133 土壤水							
自领土内其他资源的入流							

三　水资源账户的价值量核算

价值量核算是在实物量核算的基础上估算其货币价值，换句话说就是把实物量核算转化成货币计量的形式表现出来。水资源资产负债表的价值计量是按货币单位表示某一特定时期期末的资产、负债、所有者权益。从理论上讲，这个价格应该是领导干部任职初期水资源的市场价格，不同用途的水资源市场价格不尽相同，但是一经确定，除非更换领导人否则不宜更改，这样做是为了剔除价格变动的因素对水资源价值衡量的影响，避免在对离任官员业绩审计时出现人为操纵价格的现象。

上述水资产账户是从实物数量来核算的，但若要对领导干部水资源进行离任审计，就必须从水资源的经济价值出发，就是要实现水资源的使用价值到价值的转化。联合国统计署在 2007 年正式公布的《水资源环境经济综合核算》（System of Environment and Economic Accounting for Water Resource，简称 SEEAW）列举了以下几种计算方法。

作为生产中间投入的水：农业和制造业。

A 残值法（余值法）

B 净收入变化法

C 生产函数法

D 数学规划模型法

E 水权出售和租赁法

F 特征定价法

G 来自水公用事业机构销售的需求函数法

作为最终消费品的水。

A 水权出售和租赁法

B 来自水公用事业机构销售的需求函数法

C 数学规划模型法

D 选择成本法

E 或有计值法

水的环境服务：废物同化处置。

A 损害防止行动的成本法

B 防止损害的收益法

上述计算方法需要较高的数学水平和较强的专业能力，而且由于水资源的地域特点很强，目前还没有标准方法可以用来计算水资源的经济价值。

四　水资源账户在资产负债表中的反映

水资源的核算分为实物量核算和价值量核算两个层次，实物量核算是第一步，通过实物量核算有利于开展水资源资产登记，使其成为价值量核算的基础。通过对水资源资产、负债确认后入账，进行价值量核算，从而把经济发展和环境变化联合起来，便于通过具体数值衡量经济发展对生态环境的影响，为生态环境的治理提供准确的参考数据。

自然资源资产负债表的编制路径一般是从自然资源账户到自然资源

资产负债表。图 6-1 为自然资源资产账户与自然资源资产负债表关系示意。

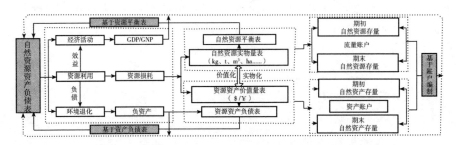

图 6-1　自然资源资产账户与自然资源资产负债表关系

第四节　水资源资产负债表的编制

一　我国水资源资产负债表编制的要求

会计中将交易和事项在报表中的列示及附注中的披露称之为列报。水资源列报是指将水资源计量和记录的数据列入相关表格当中的环节。水账户是自然资源资产负债表中的组成部分，列入该表之前，我们需要编制水资源的存量及变化核算表、负债核算表等，从而全面反映水资源存量、变化量及环保维护成本的数据。

2015 年 11 月 17 日，我国国务院印发的《编制自然资源资产负债表试点方案》表明将在呼伦贝尔、湖州等五个地方开展试点工作，对水资源进行会计核算，这有利于摸清我国水资源资产的"家底"及其变动情况，为推进生态文明建设、有效保护和永续利用水资源提供信息基础、监测预警和决策支持。通过借鉴澳大利亚水会计准则的经验，再结合我国国情，对水资源资产负债表的编制进行分析研究。

水资源资产负债表通过实物量核算和价值量核算的方法对水资源的数量、质量进行计量，水资源数量核算表、质量核算表是对水资源会计核算的数据统计，为资产负债表的编制打下基础。

二　水资源实物量核算表

表 6-3 即是按照水资源的种类进行分类的，现实中可以根据各区域的

实际情况自行分类，比如说按流域、区域或者水资源的用途分类。

水资源的实物量核算表主要用来核算水资源的数量及变化情况，在这个表中，横列是对水资源种类的分类，纵列表示每项水资源期初期末存量、未解释的差异以及期间流量的变化情况，其中流量的变化情况按引起水资源增减的原因进行分类。水资源的增加量包括回归水、降水、入流、其他，减少量包括取水、蒸发、出流，回归水就是对水资源进行一次利用后还可以二次利用的部分，未解释的差异是指未查明原因的水资源变化。

上文水资源核算的相关研究中显示：实物量核算是基础，价值量的核算需要建立在实物核算的基础上。在编制水资源的系列表格中，由于在统一的度量体系当中反映价值量较为困难，我们应该优先编制水资源实物量表，再考虑后续价值量表的编制。

三　水资源价值量核算表

水资源的价值量核算表在形式上与水资源的实物量核算表相同，但是内容却截然不同，需要在实物量核算的基础上衡量水资源的价值。水资源价值计量的难点在于如何把实物量转化成价值量，在这里可以用之前提到的影子价格法、收益法进行水资源价值的估计。

价值量表和实物量表表格样式基本一致，区别在于计量单位有所不同。价值量表需要以货币为单位来计量。

对水资源的计量方法有影子价格法、成本法、收益法，前两种方法都需要有大量的数据支持，目前水资源会计核算才刚刚起步，在政府没有大量数据做支持的情况下可以选用收益法，水资源价值完全取决于人的需求量，而非水资源的存量。过多的水资源可能会成为负资产，比如说长江中下游梅雨季节水资源过多不会形成水资源资产反而会形成水患。因此，水资源的价值可以用未来给人类带来的收益来衡量。

四　水资源质量核算表

水资源质量核算表是对水资源的质量的计量，下表的横行是按照水资源需求用户分类的，纵列列示了水资源的数量和质量，填列表格的难点在于按照什么标准判断水资源的质量。本研究认为这里按照我国颁布的水环境质量标准对水资源的质量进行判断比较妥当，根据水温、PH

值、含氧量以及各种化学元素含量判断水资源质量状况，然后用之前提到的收益法对各类水资源进行估价，就达到了把实物计量转化成价值量计量的目的。

表6-5   水资源质量核算表

	农田灌溉	林牧渔	牲畜	国有及规模以上工业	规模以下工业	城镇公共		城镇居民	农村居民	生态环境	环境配水	合计
						建筑	三产					
供水量												
用水量												
剩余水量												
处理污水量												
未处理污水量												
供水水质												
污水处理后水质												

五 水资源负债核算表

关于水负债的核算，本研究认为在当前的技术条件下核算生态恢复成本十分困难，不妨参照 SEEA—2012 中关于设立环保支出账户，对环保支出进行单独核算。具体内容已在水负债核算的相关内容中进行阐述，因此，不需要单独编制水负债核算表。

第五节 具体地区的水资源资产负债表

一 具体地区的水资源资产负债表（实物量）

自然资源资产负债表以自然资源管理部门统计调查数据为基础，需要反映自然资源在核算期的期初存量、核算期间的变化量以及期末存量。为了统计的准确性与简洁性，可以按行政区划编制水资源资产表，再在行政区划基础上汇总编制某一地区的水资源资产表，以便反映该地区的水资源情况，如表6-6所示。

表6-6　　　　　　　**水资源资产实物量表**

**县（县级市、市辖区）

核算期：　　　　　　　　　　　　单位：亿立方米

		地表水				地下水	重复水量	合计
		河流	湖泊	水库	雪、冰和冰川			
水资源期初存量								
水资源存量增加								
自然因素	降水							
	入流							
	补给							
经济因素	循环使用							
	污水净化							
其他								
水资源存量增加合计								
水资源存量减少								
自然因素	蒸发							
	出流							
经济因素	取水使用							
	农业							
	工业							
	生活							
	水力发电							
	生态							
	废水污水							
其他								
水资源存量减少合计								
水资源期末存量								

编制水资源资产实物量表时，其报表内相关项目的数据取得是报表能否编制的关键。自然因素造成的水资源增加或减少量的统计主要是各地区水利局等相关部门进行，水利局进行调查统计之后进行汇总提交，乡镇数据汇总至市数据，市数据汇总至省数据，最后再完成国家的水资

源数据，因此我国水资源资产表实物量核算这一层面与国外情况没有明显差别，通过地区实物量核算汇总而来。经济因素造成的水资源实物量的变化也主要是通过地区汇总而来，也就是说编制地区水资源资产表是编制国家水资源资产表的基础。水资源期初存量中地表水、地下水、地表水与地下水重复水量的总额数据可以从相关区域统计年鉴获得，水资源期初存量增加中的自然因素（降水、入流、补给）可以通过水文局获得相关数据，经济因素可以通过环保局、地方水利局等部门获得相关数据。如宁波市水利局发放"宁波市下属市（县、区）供水量调查表"获得地表水源供水量、地下水源供水量、其他供水量等相关数据。水资源期初存量减少中的自然因素也是通过水文局获得相关数据；经济因素中的取水使用可通过统计公报获得相关数据，若没有，则可通过自来水厂、农业部门、林业部门等相关部门获得数据。以宁波市为例，宁波市水利局发放"宁波市下属市（县、区）供水量调查表"获得农田灌溉用水、林牧渔畜用水量、工业用水量、居民生活用水量、生态环境用水量相关数据；对自来水公司发放"自来水供水量调查表"与"公共用水供水情况调查表""主要工业企业用水情况调查表"获得水力发电相关数据。经济因素中的废水污水可以从环保部门获得相关数据，也可以通过发放"污水回用登记调查表"获得相关数据。

二　具体地区的水资源资产负债表（价值量）

进行水资源价值量核算时，由于我国水权市场并未完全建立，水权划分也并未确定，因此水资源价值量的确定是一大难点。因此本研究的水资源资产价值量表编制时，主要以水资源资产实物量表中的实物量为基础，结合前文论述的水资源价值量确定方法，再考虑水资源的具体类别和特性，核算和确定具体水资源的价值量。水资源资产价值量表，从表格形式上跟表6-6所示的水资源资产实物量表相似，只是计量单位从实物计量单位变成了价值计量单位而已，这里不再列示具体的表格。其重点是根据不同水资源资产特性以及相关的市场交易条件等，确定价值计量方法，然后在水资源资产实物量基础上具体计算并确定其价值量。

三　具体地区的水资源资产负债表（实物量和价值量）

基于水资源资产实物量表和水资源资产价值量表，可编制水资源资产实物量和价值量汇总表，进行水资源实物量与价值量的衔接、对比与汇总，如表6-7所示。

表6-7　　　　　　　　　　水资源资产实物量和价值量汇总表

××县（县级市、市辖区）

核算期：　　　　　　　　　　　　　　　　　　单位：

		地表水							地下水		重复水量		合计	
		河流		湖泊		水库		雪、冰和冰川							
		实物量	价值量	实物量	价值量	实物量	价值量	实物量	价值量	实物量	价值量	实物量	价值量	实物量	价值量
水资源期初存量															
水资源存量增加															
自然因素	降水														
	入流														
	补给														
经济因素	循环使用														
	污水净化														
其他															
水资源存量增加合计															
水资源存量减少															
自然因素	蒸发														
	出流														
经济因素	取水使用														
	农业														
	工业														
	生活														
	水力发电														
	生态														
	废水污水														
其他															
水资源存量减少合计															
水资源期末存量															

四　具体地区的水资源资产负债表（简表）

在水资源资产实物量和价值量汇总表基础上，可考虑再编制一张简化的水资源资产表，称为"水资源资产简表"，主要按水资源的基本平衡关系列示：水资源期初存量、水资源存量增加、水资源存量减少和水资源期末存量。

表 6-8

水资源资产表简表

××县（县级市、市辖区）

核算期：　　　　　　　　　　　　　　　　　　　　　　单位：

	地表水		地下水		重复水量		合计	
	实物量	价值量	实物量	价值量	实物量	价值量	实物量	价值量
水资源期初存量								
水资源存量增加合计								
水资源存量减少合计								
水资源期末存量								

第六节　结论与建议

一　结论

目前水资源会计仍是一个新兴的课题，国内外对水资源会计的研究基本都处于初创阶段。本研究从政府的角度出发，以收付实现制为基础，基于可持续发展的假设，对可用水资源进行确认，用复式记账法对水资源的增减变化以及质量的变化进行记录。本研究以水资源的会计处理和实物量表的编制为切入点，对自然资源资产的会计处理和资产负债表的编制进行了初步的研究。从水资源的确认、计量、记录、列报四个角度研究水资源的会计处理方法，从实物量计量和价值量计量两个角度编制水资源核算表，进行汇总后形成了水资源资产负债表。

二　建议

在探索编制相关表格的过程中，本研究也深刻体会到自然资源资产的会计处理和资产负债表的编制工作的困难度相当之高，虽然我国已在许多地区开展了试点研究，但仍没有形成成熟的经验，即使完成了表格的编制也因考虑到成熟性尚缺而暂时未对外公布。本研究认为，既然该项工作很难在短期内取得进展，相关部门就更应该把握当前的研究重点。

首先，我国自然资源产权长期处于混乱状态，这不利于资源的统一管理与监测，相关部门应尽快完善自然资源产权的确认工作。

其次，由于当前价值量的核算还不具备操作性，应当先加快编制自然资源的变动表，掌握资源的变动情况。

最后，在完成前期工作的基础上，就可以致力于资产价值核算体系的研究，尽快形成标准化的价值衡量标准，推进自然资源"家底"式的排摸工作，为领导干部离任审计制度提供参考依据。

第七章

水资源资产负债表编制的应用

第一节 宁波市的水资源核算

一 宁波水资源的现状

(一) 宁波市的水资源总体状况

2014年，宁波市水资源总量是80.41亿立方米，比2013年水资源总量多5%，地表水资源量为77.21亿立方米，地下水资源量为20.30亿立方米，目前宁波还没有海水淡化工程所以没有淡化水。全市有众多的河流、湖泊、水库，全市建有亭下、皎口、横山等32座大中型水库，年末蓄水总量为6.876亿立方米。

宁波地处我国东南沿海地区，平原地形为主，市内河流众多，平原河网密布，山溪流短而急，水资源数量较为丰富，但是在质量上有所缺失，即市存在水质型缺水现象。境内水系由甬江流域和象山港以及三门湾地区水系组成，其中甬江流域面积为4518平方公里，是最大的水系，因而这里也聚集了大量城市居民，经济也得到较好的发展。宁波市水资源的增加主要来源于大气降水，且降水主要集中于4月到9月，全市多年水资源总量为75亿立方米，2014年全市平均降水量为1620毫米。

宁波市主要饮用水水源地水质在水利局的监管下处于常年稳定的状态，在抽查饮用水中大部分水源地达到二类及以上的标准，向市区供水的5座大型水库水质都保持在良好的水平。宁波有很多重化工业基地，这是造成水资源污染的主要原因。

(二) 宁波市的水资源质量状况

据2014年宁波环境公报发布数据显示，宁波市饮用水水源地水质良好，达标率达 97.1%，部分湖泊、水库等水源地有水华危险，值得关注。地表水的水质状况基本稳定，优良率和达标率较低，其主要的污染物为石油类、总磷、氨氮等。各监测站水质类别百分比详见表 7-1。全市工业废水排放量为 1.65 亿吨，占总排放量的 27%。宁波市主要污染排放物中化学需氧量 6.13 万吨，氨氮排放 1.32 万吨，石油类排放 22.1 吨。环境公报中只针对当下存在的水污染情况提出一系列的解决措施，但并未公布 2014 年治污成本，因此环保支出账户中对应类别无法核算，为保障自然资源资产负债表编制工作的顺利进行，相关部门应尽快核算各项环保支出，以完善报表数据。

表 7-1　　宁波市 80 个市控地表水监测站位水质类别百分比统计

年份	百分比	Ⅰ类	Ⅱ类	Ⅲ类	Ⅳ类	Ⅴ类	劣Ⅴ类	优于Ⅲ类比例	功能达标率
2013	%	1.2	15	20	48.8	6.2	8.8	36.3	58.8
2014	%	1.3	15	17.5	52.5	2.5	11.3	33.8	57.5

二　宁波市水资源存量与流量

（一）地表水资源量

据 2014 年宁波水资源公报披露，宁波市地表水资源量（河川径流量）为 77.21 亿立方米，折合径流深度为 886.4 毫米。2014 年宁波市流域分区地表水资源量与上年、多年平均比较见表 7-2。

表 7-2　　　　宁波市各流域分区地表水资源量的年间比较

年份	姚江流域（余慈区）	奉化江及甬江干流区（城市供水区）	象山港及三门湾区	入曹小区	全市
2014	17.18	27.14	34.67	1.12	77.21
2013	14.97	27.44	29.87	1.13	74.51
多年平均	14.58	26.36	31.38	1.04	73.36

（二）地下水资源量

2014 年全市地下水资源量为 20.30 亿立方米，扣除与地表水重复计算部分（17.10 亿立方米）后为 2.10 亿立方米。

（三）水资源总量

2014 年全市水资源总量为 80.41 亿立方米，产水系数为 0.56，产水模数为 91.00 万立方米/平方公里。全市流域分区水资源总量与 2013 年及多年平均比较详见表 7-3。

表 7-3   宁波市各流域分区水资源总量的年间比较

年份	姚江流域（余慈区）	奉化江及甬江干流区（城市供水区）	象山港及三门湾区	入曹小区	全市
2014	17.88	25.98	37.32	1.13	80.41
2013	15.65	29.24	30.57	1.13	76.59
多年平均	17.11	27.00	32.05	1.04	77.11

从 2014 年水资源公报公布的数据来看，基本掌握了地表水与地下水的存量现状，但土壤水的存量数据却没有公布。虽然土壤水在水资源总量中占比较小，但土壤水对于农业生产而言是一项非常重要的资源，土壤水现状同样值得研究，因此建议在未来的水资源监测中能对土壤水资源也进行监测，同时在水资源公报中进行公布。

三   宁波市的供水量、用水量与耗水量

（一）供水量

供水量是指各种水源工程供应给用户的（含输水损失在内的）水量。2014 年宁波市总供水量 22.93 亿立方米。地表水源、浅层地下水、污水处理回用量及雨水利用量的供水量及各自占总供水的比例如表 7-4 所示。在地表水源供水中，蓄水工程供水量为 17.14 亿立方米，引水工程供水量为 1.49 亿立方米，提水工程供水量为 4.75 亿立方米。

表 7-4   宁波市各水源供水量及比例

	供水量（亿立方米）	占总供水量比例（%）
地表水源	22.56	97.3
浅层地下水	0.05	0.2
污水处理回用量及雨水利用量	0.32	1.4

（二）用水量

用水量是指各用水单位取得的毛水量（含输水损失）。用水量由生活用水、生产用水及环境用水组成。2014 年宁波市用水情况表详见表 7-5。

用水量比例饼图详见图 7-1。

表 7-5　　　　　　　　　宁波市用水情况表

	用水量（亿立方米）	较上年增加比例（%）
生活用水	4.94	3.1
生产用水	17.15	2.1
环境用水	0.31	/

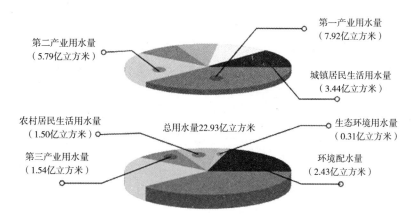

图 7-1　宁波市 2014 年全市用水量

（三）耗水量

耗水量指用水和输水过程之中，通过土壤吸收、蒸腾与蒸发、居民和牲畜饮用等各种方式消耗的不能立刻回归地表或地下的水量。2014 年宁波市耗水量表详见表 7-6。

表 7-6　　　　　　　　　2014 年宁波市耗水量表

	耗水量（亿立方米）
生活耗水	2.23
生产耗水	9.34
环境耗水	0.3

第二节 宁波市的水资源资产负债表编制

一 宁波市的水资源实物量表

理论上，要形成完整的自然资源资产负债表需要分别编制实物量表以及价值量表。但由于目前自然资源价值量的计量尚未形成一套统一的计量标准，学界对于如何确定自然资源的价值量仍然存在很大的争议。上文对水资源价值量的探讨也大多停留在理论阶段，目前我国也尚未形成完整的水权交易市场，能确定的只有生活、生产用水的水价，但仅凭这一数据很难完成水资源价值量表的填写。因此，在试填宁波市水资源相关表格时，本研究将根据宁波水资源公报及宁波环境公报中提供的相关数据完成水资源实物量表的填写，同时将水资源账户相关数据和内容都反映在自然资源资产负债表（实物量表）当中。

2014 年宁波水资源公报中汇总了降水量、水资源量、供水量及用水量及水质状况。本研究结合 SEEA—2012 中公布的水资源实物量表及公报中的相关数据，试填了宁波市水资源实物量表，由于当前可获得的水资源存量及流量信息有限，本研究中试填的表格样式较前期研究的样表有较大改动，详如表 7-7 所示。

表 7-7　　　　　　　　　　水资源资产实物量表

科目	期初数	本期增加	本期减少	期末数
水资源				
降水量（毫米）	1621.0		1	1620.0
水资源总量（亿立方米）	76.59	3.85		80.41
地表水资源量	74.51	3.8		77.21
地下水资源量	20.39		0.09	20.3
地表水与地下水重复值	17.21		0.11	17.1
供水总量（亿立方米）	22.14	0.79		22.93
地表水源供水量	21.76	0.8		22.56
浅层地下水供应量	0.06		0.01	0.05
污水处理回用及雨水利用	0.32			0.32

二 宁波市的水资源变动核算表（实物量）

2014 年宁波水资源变动的实物量表，详见表 7-8。

表 7-8　　　　　　　　2014 年宁波水资源变动核算表（实物量）　　　单位：亿立方米

	姚江流域（余慈区）	奉化江及甬江干流区（城市供水区）	象山港及三门湾区	入曹小区	总计
增加：					
降水量	32.75	47.8	60.82	1.73	143.1
境外引水	0.32	0.46	0.59	0.02	1.39
（可供水量）	暂缺	暂缺	暂缺	暂缺	暂缺
（实际供水量）	4.94	10.25	6.63	0.03	21.85
减少：					
用水量	6.32	11.72	4.86	0.03	22.93
蒸发量	2.78	5.77	4.24	0.02	12.31
向境外引水	—	—	—	0.31	0.31
剩余水量	23.97	30.77	52.81	1.39	108.94

数据来源：宁波水利局 2014 年水资源年报。宁波市对于可供水量的数据是按照行政区统计的，所以这里数据暂缺。

三 宁波市的水资源变动核算表（价值量）

通过查询各地区的水价，可以计算水资源的价值，计算过程如下：

余慈区的水价：

余姚区：居民生活水价：（2.15+1.55+2.45+3.55+4.75+2.15）/6 = 2.767 元/立方米

非经营性用水价格：2.75 元/立方米

经营性用水：（2.75+2.55）/2 = 2.65 元/立方米

特种行业用水：7.15 元/立方米

余姚区平均水价：（2.767+2.75+2.65+7.15）/4 = 3.329 元/立方米，同理，慈溪区平均水价为 3.5 元/立方米。

余慈区平均水价为：（3.329+3.5）/2 = 3.412 元/立方米。

用同样的方法可以求出城市供水区的平均水价为 2.83 元/立方米，象山港及三门湾区附近的平均水价为 4.431 元/立方米，入曹小区附近的平均水价为 3.21 元/立方米。根据"水资源的价值＝水资源实物量×水资源单价"可以算出表 7-9 中填列数据。

表 7-9   2014 年宁波水资源变动核算表（价值量）   单位：亿元

	姚江流域（余慈区）3.412	奉化江及甬江干流区（城市供水区）2.83	象山港及三门湾区 4.431	入曹小区 3.21	总计
增加：					
降水量	111.743	137.174	269.493	7.45	522.06
境外引水	1.092	1.302	2.614	0.064	5.072
减少：					
（可供水量）	暂缺	暂缺	暂缺	暂缺	暂缺
（实际供水量）	16.855	29.01	29.378	0.096	77.139
用水量	21.564	33.168	21.535	0.096	76.383
蒸发量	9.485	16.329	16.572	0.064	42.45
向境外引水	—	—	—	0.995	0.995
总计	81.786	87.08	234.00	4.363	407.129

四　宁波市的水资源质量核算表

表 7-8 和表 7-9 分别从实物量和价值量两个方面核算了 2014 年宁波市水资源的变动情况，从表 7-10 中可以看出水资源是宁波市重要的自然资源，其每年可以给政府带来 400 亿左右的价值，所以接下来政府应该制定相应的政策，合理利用剩余的水资源，使其发挥最大的价值造福人民。

表 7-10   宁波市水资源质量核算表（按水系）

	甬江水系	市三区内河	鄞州河网	镇海河网	北仑河网	余姚河网	慈溪河网	奉化内河	宁海内河	象山内河
年初水质	Ⅲ	Ⅳ	Ⅴ	Ⅳ	Ⅲ	Ⅳ	Ⅴ	Ⅰ、Ⅱ、Ⅲ	Ⅰ、Ⅱ、Ⅲ	Ⅲ
年末水质	Ⅲ	Ⅳ	Ⅴ	Ⅳ	Ⅲ	Ⅳ	Ⅴ	Ⅰ、Ⅱ、Ⅲ	Ⅱ、Ⅲ	Ⅲ
对比	持平	持平	下降	持平	持平	持平	持平	持平	持平	持平

按照流域分类后，整理数据得到如表 7-11 所示的按流域示意的宁波水资源质量核算表。

表 7-11　　　　　　　　宁波市水资源质量核算表（按流域）

	姚江流域（余慈区）	奉化江及甬江干流区（城市供水区）	象山港及三门湾区	入曹小区	总计
年初水质	IV、V	III	III	IV	—
年末水质	IV、V	III	III	IV	—
对比	持平	持平	持平	持平	—
实际价格（单位：元/立方米）	3.412	2.83	4.431	3.21	
剩余水量（单位：亿立方米）	23.97	30.77	52.81	1.39	108.94
实际价值量	81.786	87.079	234.001	4.462	407.228
价值量（数量）	887.301	1364.922	886.200	3.963	3142.486
价值量（数量+质量）	88.740	545.969	354.480	0.793	989.981

五　宁波市的水资源资产负债表

按照前面提到的收益法对水资源的数量价值进行估计：2014 年宁波姚江流域耗水量 6.32 亿立方米，奉化江及甬江干流区耗水量 11.72 亿立方米，象山港及三门湾区耗水量 4.86 亿立方米，入曹小区耗水量 0.03 亿立方米，总耗水量为 22.93 亿立方米，甬江流域平均水价为 3.412 元/立方米，奉化江及甬江干流区平均水价为 2.83 元/立方米，象山港及三门湾区平均水价为 4.431 元/立方米，入曹小区平均水价为 3.21 元/立方米，2013 年宁波供水总量为 22.14 亿立方米，和今年相比增长了 3.57%，假设折现率为 6%，每年用水量增长量为 3.57%。

根据计算公式 7-1 所示。

$$V_n = \frac{I_n}{(r-g)} \qquad \text{公式 7-1}$$

姚江流域的水资源价值为：$V_n = \dfrac{6.32 \times 3.412}{(6\% - 3.57\%)} = 887.401$

奉化江及甬江干流区水资源价值为：$V_n = \dfrac{11.72 \times 2.83}{(6\% - 3.57\%)} = 1364.922$

象山港及三门湾区水资源价值为：$V_n = \dfrac{4.86 \times 4.431}{(6\% - 3.57\%)} = 886.200$

入曹小区水资源价值为：$V_n = \dfrac{0.03 \times 3.21}{(6\% - 3.57\%)} = 3.963$

宁波水资源总价值量为：

$$V_n = \dfrac{6.32 \times 3.412 + 11.72 \times 2.83 + 4.86 \times 4.431 + 0.03 \times 3.21}{(6\% - 3.57\%)} =$$

3142.486·

把具体数据填入后得到宁波市水资源资产负债表，如表 7-12 所示。

表 7-12   宁波市水资源资产负债表

2014 年度   单位：亿元

资产	期初	期末	负债	期初	期末
地表水			水资源补偿、治理费	60.71	69.02
水库	8.74	6.876	水资源奖励费	0	0
河流湖泊水	65.77	71.434			
可利用雪、冰川水	0	0			
合计	74.51	77.21			
地下水	20.39	20.3			
扣减重复部分	17.21	17.1			
合计	2.08	2.1	水资源净资产	14.88	11.39
海水淡化	0	0			
合计	76.59	80.41	合计	77.49	80.41

六   小结

填制自然资源资产负债表（实物量表）需要先对水资源、土地资源等表格的数据进行汇总，然后再填入，由于本研究只对水资源相关数据进行了研究，因此其他资源的数据暂不填列。自然资源资产负债表（实物量表）详见表 7-13。

表 7-13   宁波市自然资源资产负债表（实物量表）

2014 年度

自然资源资产	期初数	期末数	自然资源负债和净资产	期初数	期末数
一、水资源			一、应付治污成本		

续表

自然资源资产	期初数	期末数	自然资源负债和净资产	期初数	期末数
降水量（毫米）	1621.0	1620.0	水资源……		
水资源总量（亿立方米）	76.59	80.41	二、应付超载补偿成本		
地表水资源量	74.51	77.21	水资源……		
地下水资源量	20.39	20.3	三、应付生态维护成本		
地表水与地下水重复量	17.21	17.1	水资源……		
供水总量（亿立方米）	22.14	22.93	负债合计		
地表水源供水量	21.76	22.56			
浅层地下水供应量	0.06	0.05			
污水处理回用及雨水利用	0.32	0.32			
二、森林资源					
……					
三、土地资源					
……					
自然资源资产合计			自然资源资产净值		

第三节　基于模糊数学的水资源资产负债表编制

一　基于模糊数学的水资源价值

（一）基于模糊数学的水资源价值核算

水资源作为战略性资源，其集约使用不仅仅需要实物量核算，更需要价值量的确定，因此本研究旨在对水资源价值量核算的基础上，实现水资源资产平衡表的编制。通过厘清水资源价值理论内涵，本研究运用模糊数学构建水资源价值量核算模型，并借鉴 SEEA—2012 框架和澳大利亚实践中确定水资源实物量的经验，对水资源价值量进行具体核算，并探索性地编制了水资源价值量核算表、水资源供应与使用表以及水资源资产平衡表。

水资源作为战略性经济资源，是综合国力的重要组成。"取之不尽，用之不竭"的传统观念已被水资源是稀缺资源的观念所取代。随着我国经济发展，水资源供需矛盾突出成为我国可持续发展的主要瓶颈。2015年12月8日，中共中央办公厅、国务院办公厅印发的《关于实行审计全覆盖的实施意见》（以下简称《意见》）明确要求"对国有资源实行审计全覆盖"，并依法对土地、水域等国有自然资源进行审计。因国内对水资源价值量研究的现实需要及水资源核算在自然资源核算中的基础性作用，本研究的主要内容包括：（1）水资源价值量的确定；（2）基于模糊数学模型的水资源价值量核算表的编制；（3）水资源资产平衡表的编制。

（二）水资源价值的实践内涵

"水资源"一词最早由美国地质调查局提出。由于水资源的多用途和多形态等因素，其定义及内涵至今仍无统一界定。目前，国内认可且使用最广的水资源定义由姜文来提出，即"在一定的技术经济条件下，能够满足人类社会经济和生态环境协调发展的具有一定质和量的淡水资源"。

联合国制定的《水资源核算手册》将水资源核算分为水资源实物量核算与水资源价值量核算。截至目前，水资源实物量核算已有较为完整的核算体系，而水资源价值量核算仍处于探索发展阶段。水资源价值是在经济社会和环境体系循环中与评价主体建立的特殊关系，体现为稀缺价值、产权价值、劳动价值，在市场经济中通过均衡价格来反映。水资源价值量核算建立于水资源实物量核算的基础上，用于核算并描述水资源价值及其增减状况。

（三）水资源价值的理论内涵

水资源具有满足人类生存和发展的效用，其稀缺性与效用性表明水资源的价值是客观存在的。理论界对水资源的价值具有不同的解释，主要存在效用价值论、马克思的劳动价值论、存在价值论等。

效用价值论从物品满足人的欲望能力或人对物品效用的评价角度来揭示价值及其形成过程。阿弗里德·马歇尔将其高度概括为"均衡价值理论"，商品的边际效用可以用买主愿意支付的货币数量即价格加以衡量。基于此理论他提出"消费者剩余"概念，并引用"需求弹性"概念来衡量价格的变化引起需求的变化。其原理为商品的供给价格等于它生产要素的价格，供给数量随着价格提高而增多，随着价格下降而减少，利润就是商品的边际费用。当供求均衡时，一单位时间内所生产的商品的价格称为均衡价格。因此，运用效益价值论不难得出水资源具有价值。

劳动价值论认为价值量的大小由它所消耗的社会必要劳动时间决定，

即人类在水资源上所消耗的社会必要劳动时间决定了水资源的价值。水利工程建设、勘测地表水及地下水、利用航天卫星和遥感技术对水资源的分析研究等劳动使水资源具有了使用价值。

存在价值论由美国科学家克鲁提拉提出。"存在的就是合理的"哲学价值也是存在价值的基本理念。资源是一种财富，人们的选择使其产生经济学价值。水资源的价值体现在它的自然存在之中与对人类的贡献之中。

二 水资源价值核算的模糊数学模型

水资源的价值包括自然、经济、社会三个因素（姜文来，1998）。这些因素相互联系，相互影响。每个因素下又层层分级，构成水资源价值系统。其中，自然因素包括水的质、量、开发条件等；经济因素包括产业结构、规模、国民生产值、用水效率等；社会因素包括人口、政策、技术等。

（一）水资源价值综合评价模型

影响水资源价值的三个因素分别用 R_1（自然因素）、R_2（经济因素）、R_3（社会因素）表示。因素层下为指标层，自然因素的指标用（U_{11} U_{12} U_{13} $\cdots$ U_{1n}）表示，经济因素的指标用（U_{21} U_{22} U_{23} $\cdots$ U_{2n}）表示，社会因素的指标用（U_{31} U_{32} U_{33} $\cdots$ U_{3n}）表示。各指标的权重 A 分别依次表示为（a_{11} a_{12} a_{13} $\cdots$ a_{1n}）、（a_{21} a_{22} a_{23} $\cdots$ a_{2n}）、（a_{31} a_{32} a_{33} $\cdots$ a_{3n}），建立指标集 U = ｛U_1 U_2 U_3 $\cdots$ U_n｝，评价向量 W = ｛高，偏高，一般，偏低，低｝

水资源价值综合评价用公式 7-2 表示：

$$V = A \circ R \qquad\qquad 公式 7-2$$

公式 7-2 中：A 为要素 U_1、U_2、$U_3 \cdots U_n$ 评价的权重值；"。"为模糊矩阵的复合运算符号，一般为取算子"∧"或"∨"；R 为单要素 U_1、U_2、$U_3 \cdots U_n$ 组成的综合评价矩阵。

下面以自然因素 R_1 为例进行说明：

$$R_1 = \begin{Bmatrix} U_{11} \\ U_{12} \\ U_{13} \\ \cdots \\ U_{1n} \end{Bmatrix} = \begin{Bmatrix} R_{11} & R_{12} & R_{13} & R_{14} & R_{15} \\ R_{21} & R_{22} & R_{23} & R_{24} & R_{25} \\ R_{31} & R_{32} & R_{33} & R_{34} & R_{35} \\ \cdots & \cdots & \cdots & \cdots & \cdots \\ R_{n1} & R_{n2} & R_{n3} & R_{n4} & R_{n5} \end{Bmatrix}$$

其中 R_{ij}（$i = 1, 2, 3 \cdots n$；$j = 1, 2, 3 \cdots n$）表示 i 要素 j 级评价。

该模型中，水资源价值的权重 A 综合运用因素贡献法与专家意见法进行分配。在自然因素系统中：$A_1 = (a_{11} \quad a_{12} \quad a_{13} \quad \cdots \quad a_{1n})$

因此 $V = A \circ R$ 可知：

$$V_1 = A_1 \circ R_1 = (a_{11} \quad a_{12} \quad a_{13} \quad \cdots \quad a_{1n})$$

$$\begin{cases} R_{11} & R_{12} & R_{13} & R_{14} & R_{15} \\ R_{21} & R_{22} & R_{23} & R_{24} & R_{25} \\ R_{31} & R_{32} & R_{33} & R_{34} & R_{35} \\ \cdots & \cdots & \cdots & \cdots & \cdots \\ R_{n1} & R_{n2} & R_{n3} & R_{n4} & R_{n5} \end{cases} = (T_{11} \quad T_{12} \quad T_{13} \quad \cdots \quad T_{1n})$$

V_2、V_3 的计算方法与 V_1 相同。

确定三个因素的权重为 $A = (a_1 \quad a_2 \quad a_3)$，综合评价结果为：

$$V = A \begin{bmatrix} V_1 \\ V_2 \\ V_3 \end{bmatrix} = (a_1 \quad a_2 \quad a_3) \begin{bmatrix} V_1 \\ V_2 \\ V_3 \end{bmatrix} = (w_1 \quad w_2 \quad w_3)，\qquad \sum wi(i = 1，2，3) = 1.0$$

（二）水资源价格计算模型

公式 7-2 计算出的水资源价值综合评价结果，通过公式 7-3 转化为水资源价格：

$$WLJ = V \cdot S \qquad\qquad 公式 7-3$$

其中：S 代表水资源价格向量。

设 P 为水资源价格上限，水资源价格区间为 $[P，0]$，水资源价格如计算公式 7-4 所示。

$$P = B\frac{E}{C} - D \qquad\qquad 公式 7-4$$

其中 B 表示最大水费承受指数。

$$B = \frac{X}{Y} \qquad\qquad 公式 7-5$$

其中，X 表示水费的支出，Y 表示实际收入，E 为预期收入，C 为用水量，D 为供水成本及正常利润。

根据实际情况，将水资源价格向量按不同间隔划分为 5 个价格：$S = (P \quad P_1 \quad P_2 \quad P_3 \quad 0)$，即水资源价格。

三 基于模糊数学的水资源价值核算表编制

水资源价值量的计量以实物量的计量为基础。只有对水资源有合理的物理单位计量，才能得到一定量的水资源的市场价格。运用水资源的实物量核算与价值量核算的相关信息，可以计算出水资源的各项使用指标。如根据某一时间点的人口数和用水情况，可以计算出人均用水量以及平均每消耗千公升水花费的支出等指标。总之，水资源核算由价值量核算和实物量核算构成，二者相互联系、相辅相成。

（一）水资源实物量核算表在我国的适应性应用

水资源核算首先要进行实物量的核算，借鉴 SEEA—2012 框架中水资源账户的一般结构进行：水资源期初存量+水资源存量增加量−水资源存量减少量+其他总量变化＝水资源期末存量，具体的实物量核算表借鉴了澳大利亚水资源账户实物量核算表。

（二）水资源价值量核算表在我国的探索性应用

基于前文的水资源价值核算的模糊数学模型，在此基础上进行编制水资源价值量核算表，分类核算水资源价值。

在这里，我们分别按照水资源的分布形式来进行水资源的模糊性评价并进行价值确定，即：人工水库、湖泊、河流、冰雪和冰川、地下水、土壤水、重复水量。下面就以河流为例进行水资源价值的核算。

首先我们取水质、水量、人口密度、年人均收入为评价因子，水质和水量都是自然因素，人口密度是社会因素，年人均收入是经济因素。可表示为：

$$R = \begin{Bmatrix} R\,水质 \\ R\,水量 \\ R\,人口 \\ R\,收入 \end{Bmatrix} = \begin{Bmatrix} R_{11} & R_{12} & R_{13} & R_{14} & R_{15} \\ R_{21} & R_{22} & R_{23} & R_{24} & R_{25} \\ R_{31} & R_{32} & R_{33} & R_{34} & R_{35} \\ R_{41} & R_{42} & R_{43} & R_{44} & R_{45} \end{Bmatrix}$$

R_{ij}（$i = 1, 2, 3 \cdots n$；$j = 1, 2, 3, 4, 5$）表示 i 要素 j 级评价，对于水质而言，R 的确定如下，并确定各污染因子评价矩阵，水量、人口密度、年人均收入同理可得。

根据当地实际情况及专家评估得出科学的污染因子权重，其中属于自然因素 R_1 的水质 U_{11}、水量 U_{12} 权重表示为 $A_1(a_{11}, a_{12})$，属于经济因素的年人均收入 U_{21} 为 $A_2(a_{21})$，属于社会因素中的人口密度 U_{31} 表示为 $A_3(a_{31})$。

由 $V = R°A$ 计算得出该河流水资源价值综合评价结果：

$$V_1 = R_1°A_1 = \begin{pmatrix} a_{11} & a_{12} \end{pmatrix} \begin{pmatrix} R_{11} & R_{12} & R_{13} & R_{14} & R_{15} \\ R_{21} & R_{22} & R_{23} & R_{24} & R_{25} \end{pmatrix} =$$

$(T_{11} \quad T_{21} \quad T_{31} \quad T_{41} \quad T_{51})$

同理：

$$V_2 = R_2°A_2 = (T_{21} \quad T_{22} \quad T_{23} \quad T_{24} \quad T_{25})$$

$$V_3 = R_3°A_3 = (T_{31} \quad T_{32} \quad T_{33} \quad T_{34} \quad T_{35})$$

$$V = (a_1 \quad a_2 \quad a_3)(V_1 \quad V_2 \quad V_3) = (w_1 \quad w_2 \quad w_3) \sum w_i (i = 1, 2,$$

$3) = 1.0$

由 $WLJ = V \cdot S$ 和 $P = B\dfrac{E}{C} - D$ 进行价值量转换，最终得到河流的水资源价值量。同理可核算其他水资源价值量。

四　基于模糊数学的水资源资产平衡表编制

(一) 水资源使用表的编制

"存量减少"中的"取水使用"是指人类在生产、生活过程中使用的水，本研究将"取水使用"部分的水资源具体再细分，编制了水资源使用表，如表7-14所示。横向，按水资源存在形式分可归纳为三类，分别为：地表水、地下水、土壤水。地表水如上文所体现的，在我国可细分为人工水库、湖泊、河流、冰雪和冰川。纵向表示水资源的使用情况，将水资源按用途分为三大类：作为生产中间投入的水、作为最终消费品、环境服务，并再进行行业细分。水资源使用表是水资源价值量核算的一种运用，为进一步编制水资源资产负债表提供坚实的基础。

表7-14　　　　　　　　　　水资源使用表　　　　　体积：万立方米 价值：万元

		地表水		地下水		土壤水		总计	
		实物量	价值量	实物量	价值量	实物量	价值量	实物量	价值量
作为生产中间投入的水	农业林业和渔业								
	煤矿业								
	制造业								
	电力和煤气供给								
	其他行业								
	总计								

续表

		地表水		地下水		土壤水		总计	
		实物量	价值量	实物量	价值量	实物量	价值量	实物量	价值量
作为最终消费品	城镇居民								
	农村居民								
	政府								
	总计								
环境服务	污水处理								

（二）水资源资产平衡表的编制

水资源资产负债表并不指传统的资产负债表，传统的资产负债表的编制方式：资产＝负债＋权益，但对于水资源来讲，更侧重的是资产方面，负债和权益以当代的水平无法进行正常、标准核算。换种方式来讲，资产负债的英译为"Balance Sheet"，可译为"平衡表"，所以水资源的平衡表的编制可按照：水资源的类别＝水资源的占用。对于我国来讲，我国的地域一般分为了七大区：华东地区、华北地区、华南地区、西北地区、华中地区、西南地区、东北地区，所以对于国家性质的水资源资产平衡表可以按照地域来进行编制，如表 7-15 所示。

表 7-15　　　　　　　　　我国水资源资产平衡表（按地域分）

实物量：立方米 价值量：元

	地表水		地下水		土壤水		总计	
	实物量	价值量	实物量	价值量	实物量	价值量	实物量	价值量
华东地区								
华中地区								
华北地区								
华南地区								
西北地区								
西南地区								
东北地区								

（三）水资源资产平衡表的编制

对于地区性质的水资源资产平衡表编制可以按照行政规划来进行。对于一个省来讲，可以按这个省的各个市来进行编制；对于一个市来讲，可以按照各行政区、各县级市、所辖县来进行。表 7-16 以宁波市进行举例，说明地区性的水资源资产平衡表的编制。

表 7-16　　　　宁波市水资源资产平衡表（按行政区域分，空白）

实物量：立方米 价值量：元

	地表水		地下水		土壤水		总计	
	实物量	价值量	实物量	价值量	实物量	价值量	实物量	价值量
行政区								
海曙区								
江北区								
北仑区								
镇海区								
鄞州区								
奉化区								
区合计								
县级市								
余姚市								
慈溪市								
县级市合计								
所辖县								
象山县								
宁海县								
县合计								
合计								

第四节　宁波市水资源的模糊数学核算及报表编制

一　宁波水资源价值模糊数学核算的基础

宁波属典型的亚热带季风气候区，境内雨量充沛，多年平均降雨量1500 毫米左右，4—9 月降雨量占全年的 70%。总体上存在资源型、水质型缺水现象。全市多年平均水资源总量 75 亿立方米，目前人均水资源占有量 1050 立方米。我们将宁波市的水资源分为市区、余姚、慈溪、奉化、宁海、象山六大区域进行分析。

由宁波市 2015 年水资源公报可以得到如下数据：

市区的地表水资源量为 32.11 亿立方米，余姚为 19.56 亿立方米，慈溪为 11.53 亿立方米，奉化为 18.74 亿立方米，宁海为 20.70 亿立方米，象山为 13.34 亿立方米。总计 115.98 亿立方米。

市区、余姚、慈溪、奉化、宁海、象山的地下水、土壤水分别为 0.76 亿立方米、0.43 亿立方米、0.48 亿立方米、0.42 亿立方米、0.24 亿立方米、0.34 亿立方米。

二　宁波水资源的模糊评价

由前文的数学模糊法及水资源价值量的核算方法，试对宁波市的六大区域水资源价值量进行核算。

价值量核算的评价因子主要有水质、水量、人口密度、年人均可支配收入。

宁波市地表水有轻度污染，近岸海域海水均为劣四等水质，酸雨频发率近 90%。按照宁波市环境监测中心对宁波市水质的检测的模糊评价结果为（0.032，0.138，0.14，0.067，0.624），由此可以得出宁波市的水质隶属度为 0.624，水质不佳。宁波市的水资源量和水资源紧缺情况分别见表 7-17 和表 7-18。

表 7-17　　　　　　　　　　　宁波市水资源量情况表

年降水量	地表水	总水资源	人均水资源
2078 毫米	115.98 亿立方米	118.68 亿立方米	1516.7 立方米

表 7-18　　　　　　　　　　　宁波市水资源紧缺指标

评价	高	一般	偏低	低
人均水资源量	500	1500	2500	3000

由此可得到水量的模糊评价结果（0，0，0.832，0.168，0）。

能够直接得到的数据有市区、余姚、慈溪、奉化、宁海、象山年人均可支配收入分别为：61048 元、45359 元、47182 元、31195 元、44324 元、43565 元；人口密度分别为 3644 人/平方公里、556 人/平方公里、766 人/平方公里、382 人/平方公里、334 人/平方公里、391 人/平方公里。

下面以宁波市区为例进行计算，计算结果如表7-19所示。

表7-19 宁波市人口密度及可支配收入评价指标

评价	高	偏高	一般	偏低	低
人口密度	9270	7500	3250	1500	547
可支配收入	70000	55000	40000	30000	10000

参考澳大利亚的评价指标结合宁波市的具体情况，得出人口密度的模糊评价结果为（0，0.7201，0.2791，0，0），可支配收入的模糊评价结果为（0.4312，0.5688，0，0，0）。

三 宁波水资源价值量的模糊数学核算

将上述数据代入。

$$V_1 = A_1 \circ R_1 = \begin{pmatrix} a_{11} & a_{12} & a_{13} & \cdots & a_{1n} \end{pmatrix}$$

$$\begin{Bmatrix} R_{11} & R_{12} & R_{13} & R_{14} & R_{15} \\ R_{21} & R_{22} & R_{23} & R_{24} & R_{25} \\ R_{31} & R_{32} & R_{33} & R_{34} & R_{35} \\ \cdots & \cdots & \cdots & \cdots & \cdots \\ R_{n1} & R_{n2} & R_{n3} & R_{n4} & R_{n5} \end{Bmatrix} = \begin{pmatrix} T_{11} & T_{12} & T_{13} & \cdots & T_{1n} \end{pmatrix}$$，可知：

$$V_1 = \begin{pmatrix} 0.25 & 0.35 & 0.15 & 0.25 \end{pmatrix}$$

$$\begin{bmatrix} 0.032 & 0.138 & 0.14 & 0.067 & 0.624 \\ 0 & 0 & 0.832 & 0.168 & 0 \\ 0 & 0.7201 & 0.2791 & 0 & 0 \\ 0.4312 & 0.5688 & 0 & 0 & 0 \end{bmatrix} =$$

$$\begin{pmatrix} 0.1158 & 0.2985 & 0.0757 & 0.1560 \end{pmatrix}$$。

家庭最大水费承受指数为3%，宁波市居民人均收入为41650元，家庭用水平均为67.2立方米。市区供水成本及其利润按照3计算，则水资源价格上限为：

$$P = B \frac{E}{C} - D = 3\% \times 41650 \div 67.2 - 3 = 17.47$$

等间隔划分P，则 $p_1 = \frac{3}{4}P$，$p_2 = \frac{1}{2}P$，$p_3 = \frac{1}{4}P$。

计算出的水资源价值综合评价结果，按公式 7-6 转化为水资源价格：

$$WLJ = V \cdot S \qquad\qquad 公式\ 7\text{-}6$$

$$S = \begin{pmatrix} P & P_1 & P_2 & P_3 & 0 \end{pmatrix}$$

即水资源价格：

$$WLJ = \begin{pmatrix} 0.1158 & 0.2985 & 0.0757 & 0.1560 \end{pmatrix} \begin{pmatrix} 15.57 \\ 11.6775 \\ 7.785 \\ 0 \end{pmatrix} = 5.878$$

四　基于模糊数学的宁波水资源资产平衡表

同理，可算出其他五个行政区域的价值量，如表 7-20 所示。

表 7-20　　　　　宁波水资源资产平衡表（按行政区域分，测算）

实物量：亿立方米　价值量：元

行政区	地表水	地下水、土壤水	总计	
	实物量	实物量	实物量	价值量
市区	32.11	0.76	32.87	5.878
余姚	19.56	0.43	19.99	3.156
慈溪	11.53	0.48	12.01	2.628
奉化	18.74	0.42	19.16	3.013
宁海	20.70	0.24	20.94	3.274
象山	13.34	0.34	11.71	2.728
合计	115.98	2.67	118.68	20.677

第五节　结论与建议

一　结论

本研究以《意见》要求的"对国有资源实行审计全覆盖"出发，回顾了水资源核算的理论基础，探讨了水资源账户、水资源价值的确定、模糊数学模型，经过对比分析，得出了 SEEA—2012 框架与澳大利亚关于水资源核算的实践经验是值得我国借鉴与发展的，通过适应性的调整，并基于模糊数学模型，可以编制出我国水资源核算表，结合我们的区域特点，可以编制出我国的水资源资产平衡表，为我国今后完善的水资源核算体系建设发挥重大作用。进一步以宁波市为例进行实证研究，通过查询政府统计年鉴以及水利局的水资源报告搜集了部分相关数据，运用之前构建的理论体系，以流域为分类标准，编制宁波市水资源资产负债表。在编制过程中由于政府统计数据标准不一致，有些数据可能存在统计偏差，所以编制出的水资源资产负债表有一定误差。

本研究认为我国在学习 SEEA—2012 和澳大利亚水资源核算的优秀经验后，可以进行我国的水资源价值量核算和相关报表的编制，但是，我国现有的水资源管理和统计制度并不详细和规范，在实践过程中肯定会有很多的困难，所以本研究呼吁并建议：一、我国应该建立统一和完善的水资源统计和管理制度，严格按照国际化的水资源核算表格进行编制。二、基于模糊数学模型的水资源价值核算，需要一定专业能力和素养的人士的合作与参与。三、各省市应该及时上报水资源统计的数据和表格，镇上传到县，县上达到市，市汇总到省，省再上报给水利部。

二　建议

针对目前水资源研究的现状，在水资源会计理论上面还有很多问题需要我们解决，需要政府做出更多的努力。

一、增加数据测算。文中的数据全部来源于政府网站，目前政府基本上是以行政区为单位对水资源的增减变化和质量变化进行测算，而水资源资产负债表的编制还需要以行业或者流域为单位对水资源进行测算，这一部分的数据比较少。政府在统计数据时一定要全面，否则会导致结论不准确，从而无法做出正确的决策。

二、在建立的试点内对各种理论进行研究试验，找到适合我国国情的可行方案，建立水资源会计的理论框架。虽然本研究建立了适当的水资源会计体系，但是毕竟笔者学识有限，在水资源价值计量方面根据自己所学并借鉴了相关的文献提出了相应的方法，在后来的实证中也运用了收益法，但是对于收益法中折现率的确定仍有疑问，笔者相信在水资源价值计量方面如果能结合地区实际状况并反复实验，一定可以研究出更为精妙的方法。

三、加强社会公众对政府工作的监督。在搜集数据中笔者发现政府披露的关于水资源治理花费的信息少之又少，在环保局披露的决算中只能查到宁波政府在环境治理中的花销，查不到关于水资源的所有明细。所以在今后的工作中，政府应该加强工作的透明度，在决算中披露更为详细的信息，方便社会公众对政府的工作进行监督。

第八章

资产负债表基础的水资源责任审计

第一节　报表基础的水资源责任审计：以宁波市为例

一　宁波市水资源情况概述

宁波市位于中国东南沿海，长三角南翼，南有杭州湾，东临舟山群岛，地处宁绍平原，有余姚江、奉化江、甬江三条河流流经，亚热带季风气候也为其带来较为丰沛的降水。

根据宁波市公布的《2016 年宁波市水资源公报》，2016 年宁波市平均降水量 1903.0 毫米，全市多年平均降水量为 1517 毫米，而全国平均多年降水量仅为 642 毫米。地表水资源量 101.37 亿立方米，水资源总量 103.84 亿立方米。全市大中型水库一共 32 座，年末蓄水总量达 8.669 亿立方米。总体而言，从自然条件看，宁波是个水资源相对丰富的城市。但宁波是个沿海开放城市，经济发展迅速，人口稠密，用水量巨大，而当前水资源利用程度不高，水污染较严重，造成水资源相对短缺。

此外，在水资源质量方面，2016 年 27 个水源地中达到地表水环境质量 I 类标准的有 2 个，占 7.4%；劣于地表水环境质量 III 类标准的有 1 个，占 3.7%；达到 II 类标准的有 22 个，占 81.5%；达到 III 类标准的 2 个，占 7.4%；其中不达标主要由于总磷超标。35 个平原河网水质断面中，II 类标准 3 个，占 8.6%；达到 III 类标准的 4 个，占 11.4%；IV 类标准 11 个，占 31.4%；其余 17 个水质断面为 V—劣 V 类水，占 48.6%；超标项目主要有总磷、氨氮、高锰酸盐指数等。

水资源关系到人类的切身利益，饮用水供应、工业用水、水价等因素直接影响人民群众的日常生活。虽形势逼人，但可见改善趋势。根据宁波市

2016 年水资源公报，2016 年全市总用水量为 23.46 亿立方米，生态环境用水配水量达到 3.39 亿立方米，占总用水量的 14.4%，比上年增加了 36%，说明水资源利用效率提升，主要江河及平原河网水质改善明显。通过各种农业节水技术，新增农业节水 0.04 亿立方米；通过工业企业节水技术改造，重点工业企业新增节水 0.22 亿立方米；城区生活和公共用水节水 0.14 亿立方米。

对水资源资产进行审计，有助于对水资源的开发和保护，缓解当前水资源的供需矛盾，促进水资源的可持续发展。

二　宁波市水资源责任审计概况

水资源是城市发展的重要物质基础，宁波市相关部门始终关注水资源的治理与开发工作。尤其是 2013 年浙江省委提出"五水共治"之后，宁波市治水节水两手抓，目前已经取得了明显成效。市政府不断在工作中完善防洪减灾体系、水资源保障体系、水生态保护体系、水管理服务体系，努力保障防洪、供水和生态三大安全。

面对水资源可持续发展的要求和现实情况，宁波市审计局将水资源审计作为工作重心。但当前宁波市水资源审计主要是项目的跟踪审计和专项审计以及传统的水利基金筹集、管理、使用情况的审计，如"五水共治"政策落实跟踪审计，饮用水水源保护专项审计，水环境治理工程竣工决算审计等。审计项目分散，不成体系，也没有将审计结果与领导干部的离任审计联系起来。

第二节　宁波市的水资源责任审计框架

一　审计目标

十八届三中全会通过的《决定》指出实行自然资源资产领导干部离任审计是为了切实履行自然资源资产管理和生态环境保护责任，促进自然资源资产节约集约利用和生态环境安全，最终实现生态文明，这是我们的根本目标。

宁波市实行水资源资产领导干部离任审计的主要目标有：

一、摸清当前宁波市水资源资产基本情况；

二、与水资源相关的专项财政资金的募集使用是否真实恰当；

　　三、党政相关领导干部是否按照法律法规与上级要求对水资源进行科学的保护与开发；

　　四、水资源资产保护与开发的相关制度与政策的建立与执行是否科学有效；

　　五、是否存在对水资源不合法的利用；

　　六、对领导干部任职期间水资源资产管理和利用产生的社会与经济效益进行评价。

二　审计对象

　　自然资源资产领导干部离任审计的审计对象为领导干部，即对宁波市水资源负责的领导干部。他们受人民委托，对自然资源资产有管理责任，但由于资源环境方面的问责缺失，部分领导干部消极不作为，甚至以损害资源环境为代价换取政绩，因而对党政机关相关负责的领导干部实行自然资源资产离任审计十分必要。

三　审计内容

　　自然资源资产离任审计的审计内容，不仅包括了传统与自然资源相关的财政资金的使用与募集，还应该对领导干部在任期间关于自然资源资产相关政策的安排与落实情况进行合法合规性的认定与评价，同时通过一定的评价指标体系对领导干部施政所导致的社会与经济效益进行评价。陈波与卜璠琦（2014）认为，"地方政府自然资源资产领导干部离任审计的审计内容的重点应该是评价其在责任区内是否尽责地贯彻落实了国家自然资源重大政策与战略规划，是否以过度消耗自然资源和破坏生态环境为代价换取 GDP 等经济增长指标，重点考察其在任期内自然资源资产是否实现了保值增值、是否产生了良好的综合效益等"。①

　　在宁波市水资源资产领导干部离任审计中，应重点关注的审计内容有：领导干部任职期间的水资源资产专项资金的使用情况；省委"五水共治"政策落实与跟进情况；是否存在凭职务之便利用水资源资产进行权钱交易等情况。

----

　　① 陈波、卜璠琦：《论自然资源资产离任审计的目标与内容》，《会计之友》2014 年第36 期。

第三节　报表基础的水资源责任审计的经验借鉴

一　遂昌县试点做法

浙江省丽水遂昌县是浙江省首批自然资源资产领导干部离任审计试点地区之一，将"五水共治"履职作为审计重点，并编制了《遂昌县乡镇（街道）自然资源资产审计指标体系》。

在审计对象方面，遂昌县审计局将绿色生态发展作为主要审计目标，通过座谈调研、学习借鉴、构建指标体系、征求意见等方式，努力构建一套科学有效的指标体系。

在审计方法方面，审计人员既走现场勘察采样拍照，又通过函证、问卷进行查询，同时审查账簿，为后续评价提供实证支持。

在评价方面，采用量化计分与分级评定相结合的方式，先通过量化打分，最后按照好、较好、一般、较差四个等级进行综合评级。

在审计报告方面，把自然资源资产审计置于水资源责任审计框架之中，首先反映存量指标等基本情况，然后根据评级结果进行审计评价，最后得出审计发现的问题并进行相关责任界定。

二　宁波市"五水共治"经验

在开展宁波市水资源资产领导干部离任审计时，应把量的测算与质的评估相结合。一方面关注水资源资产量的指标，如领导干部在职时水供应量，节水量，人均水消耗量等；另一方面不能忽视水资源资产质量，如在职期间污水处理情况，饮用水源地水质达标率，江河水体污染改善情况等。通过两方面来评价领导干部在职期间对水资源资产开发和保护情况。

此外，2016年9月，宁波市"五水共治"领导小组印发《2016年度宁波市"五水共治"工作目标管理考核办法与指标评价体系（试行）》及《考核评分细则》，其中制定的指标评价体系能够为我们探索宁波市水资源资产领导干部离任审计指标评价体系提供借鉴参考。

宁波市"五水共治"考评体系基准分值为1000分，考核内容包括水环境质量、重点工作和重点项目、长效机制、公众评价四个方面和加减分项。表8-1为考核评价表部分内容。

表 8-1   "五水共治"考核评分表部分内容

	一、水环境质量（130分）
水环境质量	地表水环境功能区达标情况
	交接断面水质
	饮用水源达标情况
	二、重点工作和重点项目（620分）
治污水	工业污染防治
	农业面源污染及长效防控
	湿地保护
	……
防洪水	……
排涝水	
……	
	三、长效机制（160分）
河长制	
"清三河"	
……	
	四、公众评价
民意调查	群众满意度测评
	五、加减分
……	……

这份宁波市"五水共治"考评表虽然着重于水污染治理与平原河网排涝防涝，但终极目的也是为了水资源与水环境的健康发展，与水资源资产领导干部离任审计的目的有共通之处。此外，由于立足了宁波市的水资源与水环境实际情况，因而更具有实用性与地方特色，可以为构建宁波市水资源资产领导干部离任审计提供一定参考。

第四节   宁波市水资源责任审计的具体实施

一   审计基础

根据宁波市2015年水资源公报、宁波市各部门决算等数据，试填水资源资产负债表科目，得到的 2015 年度宁波市水资源资产科目和负债科目分别如表 8-2 和表 8-3 所示。

表 8-2　　　　　　　　　　2015 年度宁波市水资源资产科目

科目	单位	期初数	期末数	变化量
水资源资产				
一、降水量	毫米	1620	2078	458
二、水资源总量	亿立方米	80.41	118.68	38.27
其中：地表水资源量	亿立方米	78.31	115.98	37.67
地下水资源量	亿立方米	2.1	2.70	0.6
三、水库蓄水量	亿立方米	6.876	9.968	3.092
四、总供水量	亿立方米	22.93	22.97	0.04
其中：地表水源供水量	亿立方米	22.56	22.57	0.01
浅层地下水源供水量	亿立方米	0.05	0.05	0
污水处理回用及雨水利用量	亿立方米	0.32	0.35	0.03

表 8-3　　　　　　　　　　2015 年度宁波市水资源负债科目

科目	单位	期初数	期末数	变化量
水资源负债				
一、法定赔偿义务	万元	2035.28	1216.36	-818.92
其中：排污费	万元	2035.28	1216.36	-818.92
污染赔偿成本	万元			
二、生态修复义务	万元	27710	29611	1901
三、生态预防义务	万元	6.87	7	0.13
其中：环保支出	万元	3.87	5	1.13
资源勘探支出	万元	3	2	-1
四、资源损耗及退化	万元			0
五、其他负债	万元	538.12	906.68	368.56
负债合计	万元	32332.42	32964.4	631.98

　　注：①其中其他负债由水资源节约管理与水资源费安排支出。

　　②生态修复义务不易计量，且近年来水污染治理主要是在"五水共治"项目中。2015 年生态修复义务主要为宁波市水源生态修复与建设，包含了东钱湖水源涵养区及湖滨缓冲带、新城生态带修复建设，2015 年投入 29611 万元。根据宁波市审计局"五水共治"的专项审计结果，2014 年治污水投入 27710 万元。

二　审计结果分析

（一）水资源资产科目

根据 2015 年末与年初的数据对比，从降水量、水资源总量、中大型水库蓄水量和总供水量四个大项来看，2015 年末对比年初均有提升，主要系自然降水变化。在总供水量差异很小的情况下，污水回用和地表水源供水比例增加，说明水资源循环使用意识明显增强。

（二）水资源负债科目

2015 年末与年初相比，负债合计数增加，各科目有增有减。其中，排污费和资源勘探支出减少，生态修复与预防支出与水资源节约管理支出增加，说明领导干部在 2015 年初到年末对于水资源保护与修复更加重视，且根据实际情况调节了项目之间的投入比例。

根据水资源资产与负债分析，水资源资产实物量资产增加，表明水资源保护与修复有了一定成果。水资源负债即对水资源的修复与维护支出增加，说明领导干部对水资源的重视程度提高。

三　优势和不足

（一）不足

自然资源资产负债表不仅需要进行实物量的核算，也需要进行价值量的折算。由于价值量折算需要极为专业与广泛的学科知识，因而本研究暂且以宁波市水资源实物量填列，对水资源资产与负债分别进行简单的对比分析。

（二）优势

在前期准备上，资产负债表法需要提前编制资产负债表，并花费大量时间和精力对辖区内自然资源资产进行计量与统计。

在审计实施中，资产负债表法需要大量借鉴专家工作，如将资产的实物量折算成价值量。

在审计结果评价时，资产负债表法用大量数据编制一张完整的自然资源资产负债表，再根据表中变化数对领导干部进行评价。

第四篇
指标体系基础的
水资源责任评价

第九章

基于层次分析法的水资源责任评价

第一节　水资源责任审计评价的作用

一　水资源责任审计评价的意义

我国水资源短缺，2014 年全国水资源总量为 28370 亿立方米，但人均水资源量只有 2079.5 立方米，不到全国水平的 10%，不到世界人均水资源量的 30%。水资源分布失衡严重，北方缺少水资源，南方又容易发生涝灾，2014 年北方地区出现严重夏伏旱；强台风重复登陆次数多，单个台风登陆强度大。同时，水污染严重，河流水质状况总体为中，大部分湖泊处于富营养化状态，地下水水质总体较差，水质较差的占 48.9%、水质极差的占 35.9%。总体而言，我国目前存在资源短缺、分布失衡、污染严重、水质退化等问题。"探索编制自然资源资产负债表""对国有资源实行审计全覆盖""大力发展绿色经济""深化绿色发展理念"等一系列文件思想体现水资源是人类生产生活、国家经济发展、生态文明建设不可或缺的资源，水资源责任审计地位随之凸显。

世界上第一个开展水环境审计的国家是美国，侧重于水资源效率与水资源污染层面①；此后澳大利亚水会计准则体系中专门制定了水资源责任审计通用准则并在实践中加以运用②（张友棠、刘帅，2016）。我国自然

---

① Australian Bureau of Statistics. 2013. Australian System of National Accounts, Table 10, National Balance Sheet, Volume/Real and current prices. http: // www. abs. gov. au/.

② Australian Bureau of Statistics. 2013. Water Account：Queensland, Experimental Estimates. http: // www. abs. gov. au/.

资源资产环境审计工作起始于 1998 年审计署成立的农业与资源环保审计司；2008 年《审计署 2008 至 2012 年审计工作发展规划》明确将资源环境审计作为六大审计类型之一；2013 年中共十八届三中全会首次提出了"自然资源资产离任审计"，着重强调领导干部的资源环境责任①（张宏亮等，2015）；2015 年《关于实行审计全覆盖的实施意见》明确要求"对国有资源实行审计全覆盖"并依法对土地、水域等国有自然资源进行审计。这一系列文件说明自然资源资产审计是审计工作的重点工作之一，自然资源包括国土资源、矿藏资源、森林资源、水资源等，其中水资源的社会关注度极高②（董延安、赵红，2015），因此水资源责任审计是自然资源审计中的重点项目。水资源责任审计有利于摸清水资源资产家底，实现"生态（绿色）政绩观"的转变③（蔡春、毕铭悦，2014），一般而言水资源资产审计从污水、水质、水库等层面展开④（黄廉传，2015）。但目前水资源责任审计研究实践中无经验可借鉴也并未形成系统完整的模式，研究中相关性较高的是环境核算体系与环境绩效评估⑤（马志娟，2014）。总体而言，我国水资源责任审计，尤其是水资源责任审计理论框架还未形成，经验与系统模式都未形成。

二　水资源责任审计的目的

水资源责任审计评价指标体系的构建是我国自然资源离任审计进一步开展的前提，其构建涉及审计方向、数据、报告各方面。评价指标的合理性、实用性、准确性、科学性将直接影响水资源责任审计能否有效开展。

---

① Australian Bureau of Statistics. 2012. Environmental Accounting in Practice. http：//www. abs. gov. au/.

② Bogumil Ulanicki, Zoran Kapelan and Joby Boxall, Energy Auditing as a Tool for Outlining Major Inefficiencies：Results from a Real Water Supply System, Procedia Engineering Volume 119, 2015, Pages 1098-1108.

③ Bradley A. W. , Ewing K. D. Constitutional and administrative law updating supplement. Pearson, 2013.

④ Byrnes J. , Crase L. , Dollery B. , et al. The Relative Economic Effi ciency of Urban Water Utilities in Regional New South Wales and Victoria ［J］. Resource and Energy Economics, 2010, 32 （3）：439-455.

⑤ CarbettA. Grainger, Christopher J. Costllo. Capitalizing property rights insecurity in natural resources assets ［J］. Journal of Environmental Economics and Management, 2014 （67）：224-240.

水资源责任审计评价指标体系的构建，在微观层面有利于水资源责任审计目标的实现、审计数据的搜集，推进自然资源离任审计的进一步完善；在宏观层面有利于保护水资源，完善水资源管理，促进水环境的改善，推进生态文明建设，升华绿色发展理念，实现经济环境的共同发展。

本研究拟在现有水环境评价指标体系的基础上，运用层次分析法进行水资源责任审计评价指标体系具体指标的遴选与运用，旨在构建一套完整有效、实用性以及适用性强的评价指标体系并完善水资源责任审计工作。本研究的内容主要体现在：（1）在水资源的地位和水环境审计重要性的基础上，强调了水资源责任审计在自然资源资产离任审计、领导干部离任审计中的重要地位；（2）在水资源责任审计评价指标选取基础上，运用层次分析法进行指标的遴选与确定，并构建相应的水资源责任审计评价指标体系；（3）运用案例分析法结合宁波市的水资源情况对该市领导干部进行水资源责任审计评价指标体系的实证分析，在确定评价基准值的基础上进行相应权重的确定，并对最后的评价结果进行分析；（4）在评价指标体系构建与实证分析的基础上，提出水资源责任审计的结论与建议。

三 水资源责任审计的重点

水资源责任审计是自然资源责任审计、领导干部资源环境审计基础上发展而来的针对水资源行政管理监督的新型审计类型，我国水资源责任审计的源头是云南滇池的水资源专项审计，之后对太湖、淮河、海河、辽河也进行了水资源专任审计工作。对领导干部实行水资源责任审计有利于促使领导形成正确的政绩观，也有利于水资源资产的管理，推进资源环境体系的完善，实现水资源的绿色发展与可持续发展。评价指标是评价内容的外在表现和载体，评价指标体系是评价指标的集合体，水资源责任审计评价指标体系是将单个指标联系起来，对领导干部在任期间的水资源资产的开发管理利用状况、监管职责履行情况、重点水资源项目资金筹集使用合规性等进行评价与打分，从而系统反映水资源的本质属性。水资源责任审计不仅需要关注水资源的保护情况，还需要着重关注水资源的污染防控层面。水资源责任审计是在自然资源责任审计和资源环境审计基础上发展而来，因此水资源责任审计指标体系构建时需要关注自然资源责任审计的经济指标和资源环境指标，除此之外，因水资源为国家所有，因此还需要关注其社会效益。

第二节　水资源责任审计评价的指标体系

一　层次分析法

构建水资源责任审计评价体系，是建立在水资源资产负债表体现的数据上的，在实证角度上收集一系列的审计证据，根据设定的评价指标，进行合理的遴选和计量，再根据层次分析法赋予指标权重，针对水资源的利用情况，对领导干部在任期间的效益进行评价、打分，在具体的指标下，可以让领导干部改进今后对水资源的合理利用和保护的工作。

层次分析法一般用于将复杂问题按某种要素进行简单化，是确定权重的重要方式。对于递阶层次，邀请专家两两比较每层中的元素，用定量方法确定各因素的相对重要性，最终确定各指标在体系中的权重，所以首先要构造判断矩阵，这需要利用专家的问卷调查来进行权重确定。

二　指标选取

指标是指用来描述和反映经济社会现象数量特征的基本概念和具体数值，有明确的含义，比较容易解释说明，一般都能量化，在时间上有动态性，对事物变化的敏感度很强，将单个的指标联系起来，建立一套完整的水资源责任审计评价体系，系统地反映水资源的本质属性。

根据水资源责任审计的可持续发展性、灵活性、全面性、完整性等原则，再加上环境资产价值论，利用层次分析法设置各层次，并在各层次下设置具体评价指标。层次分析法一般分为总目标、准则和具体的审计基础指标，因此水资源责任审计评价指标分为定量和定性两大指标，每一组评价指标又分别由 A、B、C 三级指标组成，三层指标层层递进，C 类指标隶属于 B 类指标，B 类指标隶属于 A 类指标。A 类指标对应于层次分析法中的一级指标，即总体目标，也就是一个地区的水资源责任审计；B 类指标对应于层次分析法中的二级指标，分为经济指标、资源环境指标和社会效应指标；C 类指标对应于层次分析法中的三级指标，即具体的指标数值。在水资源责任审计的过程中，主要任务便是 C 类具体指标数据的搜集、整理与分析，在此基础上通过一定方法对 A 类指标进行总体评价。水资源责任审计的定量指标是水资源责任审计的主要数据来源，评价审计对象时较为客观可靠；但是水资源为国家所有，全民公用，因此具有公共性，相关利益并不能用数量和货币进行衡量，因此需要一定的定性指标进行评价。

三　指标体系

在总指标体系构建的基础上，搜集资料整理水资源责任审计的经济指标、资源环境指标、社会效应指标下具体的指标，水资源责任审计经济指标和水资源责任审计资源环境指标以定量指标为主，水资源责任审计社会效应指标则包括定量指标和定性指标，如居民满意度和环境信息公开情况隶属于定性指标，如表9-1所示。

表 9-1　　　　　　　　　水资源责任审计评价指标体系

一级指标 A	二级指标 B	三级指标 C
总体目标 ——水资源责任审计	经济指标 B_1	水资源费 C_1
		污水处理费 C_2
		水资源项目资金使用合规率 C_3
		水资源总量 C_4
		地下水资源数量 C_5
		居民日常生活用水量 C_6
	资源环境指标 B_2	饮用水水质达标率 C_7
社会效应指标 B_3		污染物排放量 C_8
		废水循环利用率 C_9
		工业用水比例 C_{10}
		工业废水达标率 C_{11}
		污水处理率 C_{12}
		水资源项目完工率 C_{13}
		水资源项目环保准入率 C_{14}
		居民满意度 C_{15}
		水资源项目回收期 C_{16}
		环境信息公开 C_{17}

四　指标说明

水资源责任审计评价指标体系的构建，如表9-2所示。

表 9-2   水资源责任审计评价指标名称

水资源责任审计 经济指标 B_1	水资源责任审计资源 环境指标 B_2	水资源责任审计社会 效应指标 B_3
水资源费 C_1	饮用水水质达标率 C_7	水资源项目完工率 C_{13}
污水处理费 C_2	污染物排放量 C_8	水资源项目环保准入率 C_{14}
水资源项目资金使用合规率 C_3	废水循环利用率 C_9	居民满意度 C_{15}
水资源总量 C_4	工业用水比例 C_{10}	水资源项目回收期 C_{16}
地下水资源数量 C_5	工业废水达标率 C_{11}	环境信息公开 C_{17}
居民日常生活用水量 C_6	污水处理率 C_{12}	

（1）水资源总量 C_4、地下水资源数量 C_5、居民日常生活用水量 C_6、污染物排放量 C_8 指标数值可从地区统计年鉴直接获得填列。

（2）水资源项目资金使用合规率 C_3 计量水资源相关资金使用情况，检查其相关凭证、票据是否真实完整有效，财务处理是否正确，是否存在"账外账"与"小金库"现象等。其计算公式如下所示：

$$C_3 = Q_1/Q \cdots\cdots$$

公式中 C3 代表水资源项目资金使用合规率，Q1 代表水资源项目资金使用合规数，Q 代表水资源项目资金使用总数。

（3）废水循环利用率 C_9 越高，说明重复用水量在二次利用过程中所用水的总量中占比越大，补充水越少，因此可显著节约用水，该指标具体又可分为生活废水循环利用率和生产废水循环利用率。

（4）满意度指的是用数字来量化客户对产品或服务的愉悦程度，居民满意度 C_{15} 指的是居民对领导干部在任期间的水资源状况的满意程度，满意度越高代表对水资源的状况越满意。

第三节   水资源责任审计评价指标的权重确定

一   专家调查

问卷调查是间接收集资料的书面调查手段，在统计调查、财务管理等多个领域里分析指标权重时经常使用。本研究的发放对象定位于从事水资源研究的专家学者、从事水资源责任审计或者其他审计的政府、民间专业人员。

下面即是问卷调查的具体事项：

卷首语：感谢您参与本次的问卷调查，本问卷仅用于学术研究，无标准答案，请您依据专业素养、职业判断进行真实填写。下面请您对于各水资源评价指标的相对重要性进行填写，答案以 1，2，3，4，5 填列，也可以其倒数填列。1 代表两个指标重要性一致，2 代表一个指标重要性稍微大于另一个指标，3 代表明显大于，4 代表特别大于，5 代表极度大于，倒数代表正好相反。

例：请问你认为在水资源责任审计中，经济指标相对于资源环境指标的重要性是_____。

二　判断矩阵

（一）分类指标相对于总体目标的判断矩阵

分类指标相对于总体目标的判断矩阵，如表 9-3 所示。

表 9-3　　　　　　分类指标相对于总体目标的判断矩阵

总体目标 A_1	经济指标 B_1	资源环境指标 B_2	社会效应指标 B_3
经济指标 B_1			
资源环境指标 B_2			
社会效应指标 B_3			

（二）各指标相对于经济指标的判断矩阵

各指标相对于经济指标的判断矩阵，如表 9-4 所示。

表 9-4　　　　　　经济指标内部指标的判断矩阵

经济指标 B_1	C_1	C_2	C_3	C_4	C_5	C_6
C_1						
C_2						
C_3						
C_4						
C_5						
C_6						

（三）各指标相对于资源环境指标的判断矩阵

各指标相对于资源环境指标的判断矩阵，如表 9-5 所示。

表 9-5　　　　　　　　　资源环境指标内部指标的判断矩阵

资源环境指标 B_2	C_7	C_8	C_9	C_{10}	C_{11}	C_{12}
C_7						
C_8						
C_9						
C_{10}						
C_{11}						
C_{12}						

（四）各指标相对于社会效应指标的判断矩阵

各指标相对于社会效应指标的判断矩阵，如表 9-6 所示。

表 9-6　　　　　　　　　社会效应内部指标的判断矩阵

社会效应指标 B_3	C_{13}	C_{14}	C_{15}	C_{16}	C_{17}
C_{13}					
C_{14}					
C_{15}					
C_{16}					
C_{17}					

三　考虑权重后的水资源责任审计评价指标体系

根据上述的判断矩阵，可以将各个指标权重整合，如表 9-7 所示。

表 9-7　　　　　　　　　水资源责任审计评价指标体系

二级指标 B	权重	三级指标	权重	综合权重
经济指标 B_1		水资源费 C_1		
		污水处理费 C_2		
		水资源项目资金合规率 C_3		
		水资源总量 C_4		
		地下水资源数量 C_5		
		居民日常生活用水量 C_6		

续表

二级指标 B	权重	三级指标	权重	综合权重
资源环境指标 B_2		饮用水水质达标率 C_7		
		污染物排放量 C_8		
		废水循环利用率 C_9		
		工业用水比例 C_{10}		
		工业废水达标率 C_{11}		
		污水处理率 C_{12}		
社会效应指标 B_3		水资源项目完工率 C_{13}	—	
		水资源项目环保准入率 C_{14}		
		居民满意度 C_{15}		
		水资源项目回收期 C_{16}		
		环境信息公开 C_{17}		
总计	100%			100%

在实际调查过程中，可以通过实地调研访谈，也可以通过电子邮件投递，并要注意回收问卷的有效性。本次调查总共发放了 60 份问卷，回收 56 份，有效为 50 份，有效回收率约为 83%，因为问卷对象是水资源责任审计领域中较专业的人士，所有问卷有用性强。

第四节　水资源责任审计评价的方法和标准

一　评价方法

水资源责任审计总评分应为定量指标得分加上定性指标得分，计算公式如公式 9-1 所示。

水资源审计综合评分 = 定量指标得分 ±定性指标调整分 = $\sum$ 单项指标得分 ±定性指标调整分　　　　　　　　　　　　　　　公式 9-1

水资源责任审计总评分是百分制，首先，设置水资源指标各项基准值，资料来源于国家各部门、地区单位设立的标准，各行业的行业规定，或者其他类似国家、地区的优秀水平或平均水平，或者是历史水平。根据实际的值 C_i 和基准值 S_i，得出指标评价指数 Z_i，具体公式如公式 9-2 所示。

$$Zi = Ci/Si\ (i=1,\ 2,\ 3\cdots n) \qquad 公式\ 9\text{-}2$$

Z_i越接近 1，说明该项指标的评价更高，分值越高。为了更好地对领导干部在任期间的水资源管理、保护进行评价，本研究将 Z_i 值分为了 5 个等级，对应关系如表 9-8 所示。

表 9-8   水资源责任审计评价指标得分表

等级	很差	较差	合格	良好	优秀
Z_i值的范围	$Z_i<0.3$	$0.3 \leq Z_i < 0.6$	$0.6 \leq Z_i < 0.8$	$0.8 \leq Z_i < 1$	$Z_i \geq 1$
评分	30	50	70	90	100

最后，将各指标得分乘上各自对应的权重，得到的就是水资源责任审计的定量指标的综合得分。

定性指标评价，本研究采用问卷调查的方式来进行，调查对象是这样分配的：25%高校审计专家、30%审计部门人员、30%水利局等相关人员、15%普通民众；对定性指标进行打分，分值分为五个等级，分别为：20、40、60、80、100，各项定性指标对应着一定的权重，最后将各项指标得分乘上相应的权重，再进行简单的加权平均，得到水资源责任审计的定性指标的综合得分。问卷如下所示：

您好！

恳请您花几分钟时间完成这份问卷！请您根据自己的判断，对以下几个问题进行评分，本问卷所有问题没有标准答案，请您根据自己的看法回答即可，选项得分越高说明水资源管理、保护水平越高。谢谢！

您的性别：   您的年龄：   您的职业：

1. 该地区的水资源政策是否合规？

　　□20　□40　□60　□80　□100

2. 该地区水资源保护、治理的社会影响力？

　　□20　□40　□60　□80　□100

3. 你觉得该地区在这几年（可参考最近的 4 年）的水资源状况？

　　□20　□40　□60　□80　□100

4. 你觉得该地区的水资源管理体系如何？

　　□20　□40　□60　□80　□100

二　评价标准

水资源责任审计最终得分=水资源定量指标综合评分+水资源定性指

标综合评分，得出的分数用 S 表示，可与下列的评价相对应：

S∈［0，40），该领导干部水资源管理保护能力为淘汰水平

S∈［40，60），该领导干部水资源管理保护能力为中下水平

S∈［60，80），该领导干部水资源管理保护能力为一般水平

S∈［80，90），该领导干部水资源管理保护能力为优秀水平

S≥90，该领导干部水资源管理保护能力为领先水平

具体详细的审计报告可根据水资源资产负债表、审计的各项指标，以水资源责任审计为目的导向，遵循审计的原则，借鉴国外的实践经验进行撰写，信息越详细，对水资源责任审计评价也就更客观，进行追责也就更清晰明了。

第五节　水资源责任审计评价指标体系的应用

一　收集所需数据

本研究将对宁波市 2015 年的水资源情况进行水资源责任审计，期间水资源责任审计评价指标体系中的各项指标数据根据该市水利局、环保局等资料收集而成，具体数值如表 9-9 所示。

表 9-9　　　　　　　　　　宁波市 2015 年水资源情况

指标	数据	指标	数据
C_1/亿元	1.43	C_{10}	0.38
C_2/万元	3580	C_{11}	0.94
C_3	1.15	C_{12}	0.85
C_4/10^8m³	118.67	C_{13}	0.76
C_5/10^8m³	2.7	C_{14}	0.85
C_6/10^8吨	4.9	C_{15}	良好
C_7	99.1%	C_{16}	3
C_8/10^8吨	6.18	C_{17}	良好
C_9	0.70		

本研究将采用层次分析法对该市 2015 年的水资源情况进行分析，确定权重的重要方式之一便是层次分析法，可将复杂问题按照某种要素进行

简化。对于递阶层次，邀请专家两两比较每层中的元素，利用专家问卷调查构造判断矩阵，用定量方法确定各因素的相对重要性，最终确定各指标在体系中的权重。

二   确定评价标准

水资源各项指标基准值根据行业标准值、国家各部门以及地区单位设立的标准值进行确定。具体水资源各项指标基准值如表 9-10 所示。

表 9-10   水资源责任审计各项指标基准值

指标	基准值	指标	基准值
C_1/亿元	2.65	C_9	0.75
C_2/万元	5000	C_{10}	0.23
C_3	1.08	C_{11}	0.95
$C_4/10^8 m^3$	76.59	C_{12}	0.88
$C_5/10^8 m^3$	2.08	C_{13}	0.80
$C_6/10^8$ 吨	4.79	C_{14}	0.80
C_7	97%	C_{16}	5
$C_8/10^8$ 吨	5.63		

三   分配指标权重

第一步，建立层次结构模型。

第二步，构造判断矩阵，利用专家调查法确定重要性比率。

定量指标评价采用指标得分乘以对应权重而来。水资源责任审计总评分计算公式，如公式 9-3 所示。

$$T = St \pm Sl = \sum S_n \pm Sl \qquad 公式 9-3$$

公式中 T 代表水资源责任审计综合评分；St 代表定量指标得分；Sl 代表定性指标调整分；S_n 代表单项指标得分。

水资源责任审计总评分采取百分制，在水资源指标各项基准值基础上，根据实际值 C_i 和基准值 S_i，得出指标评价指数 Z_i，Z_i 越接近 1，说明该项指标的评价更高，分值越高。具体如公式 9-4 所示。

$$Z_i = C_i/S_i (i = 1, 2, 3 \cdots n) \qquad 公式 9-4$$

为了更好地对领导干部在任期间的水资源管理、保护进行评价，本研

究将 Z_i 值分为了 5 个等级，对应关系如表 9-11 所示。

表 9-11　　　　　　　　　　　评价指标得分对应表

等级	很差	较差	合格	良好	优秀
Z_i 值的范围	$Z_i < 0.3$	$0.3 \leqslant Z_i < 0.6$	$0.6 \leqslant Z_i < 0.8$	$0.8 \leqslant Z_i < 1$	$Z_i \geqslant 1$
评分	30	50	70	90	100

　　最后，将各指标得分乘上各自对应的权重，得到的就是水资源责任审计的定量指标的综合得分。

　　定性指标评价，本研究采用问卷调查的方式来进行，调查问卷发放对象为从事水资源研究的专家学者、从事水资源责任审计或其他审计的政府工作人员和民间专业人员，调查对象分配百分比为：25%高校审计专家、30%审计部门人员、30%水利局等相关人员、15%普通民众。问卷有效回收率83%，回收可用问卷实用性强。问卷调查中的指标相对重要性以1，2，3，4，5 或其倒数填列，以 A、B 指标为例，1 表示 A、B 指标重要性一致，2 代表 A 指标重要性高于 B 指标，3 代表 A 指标重要性明显高于 B 指标，4 表示 A 指标重要性特别高于 B 指标，5 代表 A 指标重要性极度高于 B 指标，相反值则用倒数表示。定性指标打分的分值分为20、40、60、80、100 五个等级，各项定性指标对应着一定的权重，最后将各项指标得分乘上相应的权重，再进行简单的加权平均，最后得到水资源责任审计的定性指标的综合得分。

　　水资源责任审计评价指标权重如表 9-12 所示。

表 9-12　　　　　　　　　水资源责任审计评价指标权重

准则	得分	权重	准则	得分	权重
水资源费 C_1	50	0.0449	工业用水比例 C_{10}	50	0.1119
污水处理费 C_2	70	0.0368	工业废水达标率 C_{11}	90	0.0302
水资源项目资金合规率 C_3	100	0.0437	污水处理率 C_{12}	90	0.0973
水资源总量 C_4	100	0.0353	水资源项目完工率 C_{13}	90	0.0562
地下水资源数量 C_5	100	0.1476	水资源项目环保准入率 C_{14}	100	0.0359
居民日常生活用水量 C_6	100	0.1328	居民满意度 C_{15}	80	0.0274
饮用水水质达标率 C_7	100	0.0421	水资源项目回收期 C_{16}	50	0.0338

续表

准则	得分	权重	准则	得分	权重
污染物排放量 C_8	30	0.0257	环境信息公开 C_{17}	80	0.0546
废水循环利用率 C_9	90	0.0435			

四　分析评价结果

水资源责任审计最终得分＝水资源定量指标综合评分＋水资源定性指标综合评分，得出的分数用 S 表示。当 $S \in [0, 40)$，表示该领导干部水资源管理保护能力处于淘汰水平；当 $S \in [40, 60)$，表明该领导干部水资源管理保护能力水平为中下水平；当 $S \in [60, 80)$，表示该领导干部水资源管理保护能力为一般水平；当 $S \in [80, 90)$，表明该领导干部水资源管理保护能力处于优秀水平；当 $S \geqslant 90$，表明该领导干部水资源管理保护能力为领先水平。该市水资源责任审计的最后得分如表 9-13 所示。

表 9-13　　　　　　　　　水资源责任审计最后得分

准则	得分	权重	最终得分	准则	得分	权重	最终得分
C_1	50	0.0449	2.245	C_{10}	50	0.1119	0.1119
C_2	70	0.0368	2.576	C_{11}	90	0.0302	0.0302
C_3	100	0.0437	4.37	C_{12}	90	0.0973	0.0973
C_4	100	0.0353	3.53	C_{13}	90	0.0562	0.0562
C_5	100	0.1476	14.76	C_{14}	100	0.0359	0.0359
C_6	100	0.1328	13.28	C_{15}	80	0.0274	0.0274
C_7	100	0.0421	4.21	C_{16}	50	0.0338	0.0338
C_8	30	0.0257	0.771	C_{17}	80	0.0546	0.0546
C_9	90	0.0435	3.915				
合计（C_1-C_9）			49.657	合计（C_{10}-C_{17}）			33.968
合计（C_1-C_{17}）							83.625

该市水资源责任审计的最后得分是 83.625 分，大于 80 分，所以该市领导干部水资源管理保护能力处于优秀水平。从具体分值可以看出，在水资源项目中水资源存量保护上取得了领先性成就，但在工业用水控制层

面、污染物排放方面、水资源费与污染处理费等征收层面依旧存在一定不足。这一定程度上与该市实行"分质供水""五水共治""最严格的水资源管理制度考核办法"有关。该市领导干部可根据实际审计意见，对该市水资源进行此方面的改善。在具体运用上述指标对领导干部进行审计时，要注意最后得出的结论是总体水资源评价指标，而非具体水资源利用、保护情况，因此审计人员在进行审计时必须灵活运用各指标，结合实际进行审计。

第六节　结论与建议

一　结论

现阶段我国各省市水资源紧缺，但同时水污染严重，水资源保护刻不容缓。水资源责任审计的目的就是对领导干部任期内水资源管理、保护、治理层面的评价，并对其进行时时追责，以期达到领导干部带领其领导班子与群众共同保护水资源，提升水资源利用效率，提高水资源治理能力。为了更有力地发挥水资源责任审计的作用，还需结合领导干部问责制，两两结合才可发挥水资源责任审计的最大作用。

二　建议

因此，进行水资源责任审计不仅需要建立完善的水资源资产信息系统，还需要细分水资源责任、明确审计内容、规范审计工作，年中年末审计相结合，并将审计结果与领导干部问责制统一起来。

（一）建立完善的水资源资产信息系统。我国水资源资产形式繁杂，统计存在一定难度，且一般通过区域水利部门、水文部门、统计部门进行信息的统计与搜集；更多的是水利部门在规划与拟定水功能区划、组织实施取水许可证等。最为重要的是，我国水资源属于国家所有，执行属地管理，因此区域水资源资产与审计和当地领导干部任期内的政策方针也有很大的关系。因此，我们在进行水资源信息统计时，仅仅依靠水利部门的数据往往是不够的，还需要联合那些掌握大量水资源信息的科研单位、社会团体等，比如绿色浙江。在进行水资源资产信息查询时，我们还要借助相关水资源领域专家的力量，以解决审计人员专业能力、自然资源审计经验不足的问题，提升水资源责任审计工作的效率。为了有效利用各种水资源资产信息，我们有必要建立水资源资产信息系统。通过规范化、标准化的水资源资产信息平台，实现水资源信息的共享、整合，从而对这些水资源资产信息进行统一管理、单个分析、汇总分析，以便审计人员能够充分、有效利用相关信息，最终达到合理评价任期内领导干部水资源管理、保护职责并进行追究责任的目的。

（二）细分水资源责任，明确审计内容，规范审计工作。实施水资源责任审计制度，必须建立合理的水资源责任审计评价体系，保证水资源责任审计结果得以运用，促使领导干部在任期间重视水资源的管理与保护。细分水资源责任，通过水资源责任审计评价指标体系各指标将水资源每一项划分至每一个个体，做到"人责合一"，谁负责谁承担。除此之外，明确审计内容，完善审计制度，规范审计工作，出具审计报告并报送本级与上级政府。

（三）年中年末审计结合制。目前，我国开展的离任审计一般采取"先离任，后审计"的审计模式。水资源责任审计有必要在任职期内通过年审实现同步评价与监督，这样可鼓励领导干部沿袭优秀、改正缺点，避免离任审计对水资源资产监督的滞后性，解决在领导干部离任时点自然资源资产状况不具代表性、责任难以界定的问题，客观记录也为离任审计提供证据，降低水资源责任审计的风险，避免不必要的损失。

（四）出具审计报告，公布审计结果，实施问责制。建立水资源损害责任终身追究制，将审计结果通过内部网站进行内部公示、官方网站进行群众公示，并进行审计结果确认，对领导干部进行终身追责，做到及时问责、时时问责。

第十章

基于层次分析法的水资源绩效评价

第一节　水资源绩效审计评价的作用

一　水资源绩效审计评价的意义

我国是一个水资源短缺的国家，2013 年全国水资源总量为 27957.9 亿立方米，但人均占有量仅有 2200 立方米；2013 年西南、西北等地发生旱灾，又有 14 个台风在东南沿海登陆[①]。同时，水污染严重，超过 70% 的水域，存在不同程度的水体富营养化；近九成的城市的地下水受到污染[②]。水资源的短缺、人口基数的庞大、水质的下降等，使水资源成为了我国的短缺性战略资源（柳长顺，2008）[③]。随着国家海洋战略的提出、全民节水和保护水资源意识的形成，水资源已越来越成为影响人民生产生活、国家生态安全、经济可持续发展的战略性资源，水环境的绩效审计地位也日益凸显[④]。

二　水资源绩效审计评价的作用

20 世纪 60 年代末，美国审计署实现了水环境审计，成为了世界上第

---

① 中国水利部，2013 年中国水资源公报 ［EB/OL］，http：//www.mwr.gov.cn/zwzc/hygb/szygb/qgszygb/201411/t20141120_ 582980.html。

② 中国工程院、环境保护部编：《中国环境宏观战略研究综合报告》，中国环境科学出版社 2011 年版。

③ 柳长顺：《关于建立我国水资源战略储备体系的探讨》，《水利发展研究》2008 年第 2 期。

④ 王丽江、吴晓红、王燕云：《政府水环境绩效审计相关问题探讨》，《财会通讯》2013 年第 7 期。

一个开展水环境审计的国家，并取得了很大的成功，仅用水审计一项，就达到了节水 25% 到 75%①。其研究方面更侧重于审计水的有效利用和水污染（如用水审计）的研究，而忽视了水环境其他方面（如水资源责任审计）的研究，这可能与美国大力推行节水政策有关；其研究范围局限于具体的部门、行业，所以提出的审计程序、评价指标体系的适用范围有限，相关理论研究未形成系统的体系。我国水环境审计的雏形由 21 世纪初以云南滇池为样板的水环境专项审计发展而来，此后，又重点开展了对太湖、海河、淮河、辽河这四片流域的水污染状况的专项审计。近十几年中，我国的水环境绩效审计主要以重点工程项目、重点水域为审计对象，其审计的重点是项目资金的合规性，缺少对环境效益是否实现、政策是否有效、是否符合经济性等方面的审计，大范围内的水环境审计也还未形成②。总的来说，我国水环境审计理论框架还未形成，现有的研究还未形成系统，现有的文献也主要停留在宏观层面上的指导，其现实的指导意义需要进一步提升。

三 水资源绩效审计评价的重点

水资源绩效审计的评价指标体系是我国水环境审计进一步开展的关键，其构建涉及审计方向的把握、审计数据的收集、审计报告的出具。评价指标的可操作性强弱及指标体系设计的科学性，将直接影响绩效审计能否有效地开展，也是能否实现水资源审计从以财务合规性审计为重点转向绩效审计为重点的关键所在。水资源绩效审计评价体系的构建，在微观层面上，这有利于明确水资源审计目标、审计方向、审计证据的收集及评价；在宏观层面上，它可以实现有效保护水环境，实现合理利用水资源，实现生态环境的和谐，实现经济的良性永续发展。现有关于水资源绩效审计评价体系构建的研究，主要运用模糊评价方法或基于 PSR 框架；本研究拟在现有评价指标体系基础上，运用层次分析法进行具体审计项目指标的遴选和运用，旨在构建一套完整、广泛适用、有效的评价指标体系。

---

① 陈献等：《国外审计及其国内相关行业审计经验借鉴》，《水利发展研究》2011 年第 11 期。

② 杨肃昌、芦海燕、周一虹：《区域性环境审计研究：文献综述与建议》，《审计研究》2013 年第 2 期。

第二节　水资源绩效审计评价的指标体系

一　指标选取

水环境评价指标体系是反映审计对象外在特征一系列指标的集合体，是搜集审计证据的依据，是评价审计对象、得出审计结果的载体。水环境绩效审计评价标准的来源主要是国家及地方政府、相关职能部门对水环境出台的各种标准、法律，说的是"应该是什么样"，而评价指标就是合理地选择参数，描述了审计对象"事实是什么"，并且这个所选择的"事实"是能真实有效达到审计目的的。

根据水环境绩效审计的全面完整性、灵活性、可行性、关注未来性四大原则，水环境评价指标分为定量及定性评价指标，每一组评价指标又分别由 A、B、C 三级指标组成。其中，A 类指标包含 B 类指标，B 类指标包含 C 类指标。对应于层次分析法，A 类是总目标，B 类是准则，而 C 类才是具体的可以计算的审计基础指标。水环境绩效审计过程中，主要的任务就是搜集、整理、分析 C 类具体的指标数值，再通过一定的方法，对 A 类总目标进行评价。定量指标是水环境审计的主要数据来源，在评价审计对象时，较为客观可靠。具体来说，可分为水环境绩效技术指标，水环境绩效经济指标，水利项目效益指标。定性指标是对定量指标的补充。水环境具有公共性，它的利益不能完全货币化、数量化，它主要包括了法律法规执行指标、内部控制指标、水环境信息披露指标。

二　指标体系

水环境绩效审计评价指标体系的构建，如表 10-1、表 10-2 所示。

表 10-1　　　　　　　水环境绩效审计评价定量指标 A_1

水环境绩效技术指标 B_1	水环境绩效经济指标 B_2	水利项目效益指标 B_3
工业废水排放量 C_1	水资源总量 C_7	筹资成本率 C_{14}
工业废水排放达标量率 C_2	人均水资源可用量 C_8	资金到位率 C_{15}
城市生活污水排放量 C_3	万元 GDP 水的消耗量 C_9	投资回收期 C_{16}
BOD、COD　C_4	农业用水比例 C_{10}	内含报酬率 C_{17}

续表

水环境绩效技术指标 B_1	水环境绩效经济指标 B_2	水利项目效益指标 B_3
城市污水处理率 C_5	工业用水比例 C_{11}	居民满意率 C_{18}
废水循环利用率 C_6	水资源再生综合利用占 GDP 比例 C_{12}	环境质量改进率 C_{19}
	环保资金占 GDP 比重 C_{13}	

表 10-2   水环境绩效审计评价定性指标 A_2

法律法规执行指标 B_4	内部控制指标 B_5	水环境信息披露指标 B_6
相关法律、制度健全 C_{20}	检测体系完善 C_{23}	水环境相关指标公开 C_{27}
执行相关法律、制度 C_{21}	管理人员素质高 C_{24}	工程项目财务信息透明 C_{28}
建设项目与国家方针相符 C_{22}	制订相关工作计划 C_{25}	工作记录完整 C_{29}
	工作执行有效 C_{26}	

三　指标说明

部分指标说明如下：

（1）BOD、COD 分别代表了生物需氧量、化学需氧量。这两个指标都反映了分解水中的可氧化物质（主要是指有机物）所消耗的溶解氧或氧化物，只是在具体的计算方法过程中有所不同。这两个指标值越大，说明水中的可氧化物越多，水质越差。而水中可氧化物往往是引起水体富营养化的主要诱因。

（2）废水循环利用率＝重复用水量/（重复用水量+补充水量）。废水循环利用率越高，说明重复用水量在二次利用过程中所用水的总量中所占比越大，补充的水越少，可以显著节约用水。具体而言，该指标可以分为生活废水循环利用率和生产废水循环利用率。

（3）万元 GDP 水的消耗量＝用水总量$/\left(\dfrac{\text{GDP}}{10000}\right)$。该指标越小越好。但是，在计算该指标时，要确保计算口径的一致，比如，要计算制造业的万元 GDP 水的消耗量，那么对应的 GDP 应该是制造业的 GDP，用水总量也应该是制造业用水总量。

（4）水资源再生综合利用占 GDP 比例＝水资源再生综合利用产值/GDP×100%。该指标反映的是水资源的二次及多次利用创造的产值占总的GDP 的比例，该指标越大，说明水的循环利用率越高。

（5）环保资金占 GDP 比重＝环保资金/GDP×100%。该指标说明的是 GDP 总额中投资于环保工作的资金份额。在水环境绩效审计中，可以具体计算用于水环境保护、治污等方面的资金占 GDP 的比例。该比例合理，说明政府越重视水环境保护。

（6）筹资成本率，虽然环保资金的主要来源是政府部门，而政府部门的资金来源是税收，但是资金都有时间价值，在计算用于水环境治理与保护的资金的筹资成本时，可以用政府投资于其他产业机会成本，也可以用社会的平均收益率来计算。但是，这里建议使用政府发行债券的利率作为筹资成本率，一方面，这是政府筹资的直接成本，另一方面，在获取该数据时非常方便。

（7）内含报酬率（IRR）是指未来的净现金流量为零时的折现率，其计算公式为 $\sum_{i=1}^{n} \frac{NCF_t}{(1+IRR)^{t-1}} - NII(1+IRR)^i = 0$。在实际审计过程中，因为水环境更多涉及社会公益，所以很难完全用现金流量来计算内含报酬率，所以可以对该公式进行转换，将水环境保护与治理过程中带来的经济收益与社会效益货币化，以货币化的收益代替现金流量。

按照前面所描述的，水环境绩效审计可以大致分为局部流域审计、节水用水审计、水资源绩效审计、水利项目审计。其中，局部流域审计的审计重点在于水环境绩效技术指标、法律法规执行指标、内部控制指标、水环境信息披露指标的获取；节水用水审计的重点在于水环境绩效经济指标、内部控制指标、水环境信息披露指标的获取；水资源绩效审计的重点在于水环境绩效技术指标、水环境绩效经济指标、内部控制指标、水环境信息披露指标的获取；水利工程专项审计的审计重点在于水利项目效益指标、水环境信息披露指标的获取。再次强调的是，以上不同水环境审计内容不同导致的指标选择差异的分类并不是绝对的，审计人员应该根据实际情况，遵循灵活性原则，灵活地选择审计指标，也可以对相关指标进行修正，这就需要审计人员具有较高的职业素养和综合素质。

指标选取后，在具体指标的计算过程中，审计人员应该充分考虑到指标原始数据的可获得性与计算的可行性。对每一个指标进行精确计算是不必要的，也是不现实的，比如内含报酬率（IRR）指标，在计算社会效益这个非经济量时，就必须要对该值进行估计换算，而另一方面，精确计算各指标对审计结果的影响不一定完全成正比。在指标具体计算过程中，要确保计算付出的边际成本小于审计成果带来的边际收益。

第三节　水资源绩效审计评价的案例应用

一　案例城市的用水情况

本研究将对宁波市 2008—2012 年这五年的城市用水情况进行审计，期间各项指标如表 10-3 和表 10-4 所示。

表 10-3　　　　　　　　　　宁波市历年用水情况

指标	2008 年	2009 年	2010 年	2011 年	2012 年
$C_1/10^8 m^3$	0.46	0.49	0.51	0.52	0.49
$C_2/\%$	0.94	0.95	0.96	0.98	0.98
$C_3/10^{10} m^3$	0.21	0.22	0.24	0.26	0.28
$C_4/(10^2 g/m^3)$	0.64	0.68	0.71	0.69	0.76
$C_5/\%$	0.64	0.66	0.70	0.71	0.73
$C_6/\%$	0.80	0.80	0.81	0.82	0.82
$C_7/10^{11} m^3$	0.33	0.46	0.45	0.50	0.49
$C_8/10^4 m^3$	0.87	0.91	0.84	0.83	0.80
$C_9/10^3 m^3$	0.21	0.16	0.14	0.13	0.12
$C_{10}/\%$	0.54	0.57	0.56	0.60	0.63
$C_{11}/\%$	0.29	0.27	0.26	0.25	0.23

表 10-4　　　　　　　　　　宁波市历年政策执行情况

指标	2008 年	2009 年	2010 年	2011 年	2012 年
C_{20}	差	差	一般	一般	一般
C_{21}	差	一般	一般	一般	一般
C_{23}	差	一般	一般	好	好
C_{24}	一般	一般	一般	一般	一般
C_{25}	差	一般	一般	一般	好

续表

指标	2008 年	2009 年	2010 年	2011 年	2012 年
C_{26}	一般	一般	一般	一般	一般
C_{27}	一般	一般	一般	好	一般
C_{29}	一般	一般	好	好	好

本研究将采用层次分析法（AHP）对该市这五年的用水情况进行分析，将复杂问题进行逐层分解，分成一级、二级直至多级的简单问题，并求得次一级上的各因素分别对上一级因素所占的比重，此后，再采用加权、递阶归并的方法，求得最后一级各因素对最终目标的终极权重水平。

二　案例城市的水资源绩效指标评价标准

水环境各项指标标准值如表 10-5 所示。

表 10-5　　　　　　　　　水环境各项指标标准值

指标	标准值	指标	标准值
$C_1/10^8 m^3$	0.50	$C_7/10^{11} m^3$	0.45
$C_2/\%$	0.95	$C_8/10^4 m^3$	0.85
$C_3/10^{10} m^3$	0.26	$C_9/10^3 m^3$	0.12
$C_4/(10^2 g/m^3)$	0.65	$C_{10}/\%$	0.62
$C_5/\%$	0.88	$C_{11}/\%$	0.23
$C_6/\%$	0.75		

标准值的来源主要有国家或地方政府及职能部门制定的相关规定、规划，各行业的行业规定，其他地区或行业的领先水平或平均水平等。

三　案例城市的水资源绩效指标权重确定

第一步，建立层次结构模型。本研究涉及的是宁波市用水情况的审计，所以并不涉及所有定量及定性指标，只选取了部分，层次结构模型见表 10-1 与表 10-2。

第二步，构造判断矩阵。利用专家调查法，确定重要性比率。

（1）水环境绩效评价定量指标（A_1），矩阵以及权重如表 10-6 所示。

表 10-6   水环境绩效评价定量指标矩阵

水环境绩效评价定量指标 A₁	水环境绩效技术指标 B₁	水环境绩效经济指标 B₂	权重 W$_i$
水环境绩效经济指标 B₂	1	1	0.5000
水环境绩效经济指标 B₂	1	1	0.5000

表 10-6 为水环境绩效审计定量评价指标（A₁）的判断矩阵，判断矩阵一致性比例：0.0000；对总目标的权重为 1.0000，通过一致性验证。B₁、B₂ 分别对应表 10-1 中的水环境绩效技术指标和水环境绩效经济指标。Wi 各个指标相对于总目标的权重值。

（2）水环境绩效技术指标（B₁），矩阵以及权重如表 10-7 所示。

表 10-7   水环境绩效技术指标矩阵

水环境绩效技术指标 B₁	工业废水排放量 C₁	工业废水排放达标量 C₂	城市生活污水排放量 C₃	BOD、COD C₄	城市污水处理率 C₅	废水循环利用率 C₆	权重 W$_i$
工业废水排放量 C₁	1	2	1	2	1	2	0.2035
工业废水排放达标量 C₂	1	1	2	1	1	2	0.2035
城市生活污水排放量 C₃	1	1/2	1	1	1/2	2	0.1439
BOD、COD C₄	1/2	1	1	1	1	1	0.1439
城市污水处理率 C₅	1	1	2	1	1	2	0.2035
废水循环利用率 C₆	1/2	1/2	1/2	1	1/2	1	0.1017

表 10-7 为水环境绩效技术指标（B₁）的判断矩阵，判断矩阵一致性比例：0.0257；对总目标的权重为 0.5000，CR 为 0.0257<0.1，通过一致性验证。C₁、C₂、C₃、C₄、C₅、C₆ 分别对应表 10-1 中的工业废水排放量、工业废水排放达标量率、城市生活污水排放量、COD、城市污水处理率、废水循环利用率。W$_i$ 各个指标相对于水环境绩效技术指标（B₁）的权重值。

（3）水环境绩效经济指标（B₂），矩阵以及权重如表 10-8 所示。

表 10-8　　　　　　　　　　水环境绩效经济指标矩阵

水环境绩效 经济指标 B₂	水资源总量 C₇	人均水资源 可用量 C₈	万元 GDP 水 的消耗量 C₉	农业用水 比例 C₁₀	工业用水 比例 C₁₁	权重 Wᵢ
水资源总量 C₇	1	1/2	1	2	1	0.1872
人均水资源可用量 C₈	2	1	2	3	3	0.3401
万元 GDP 水的消耗量 C₉	1	1/2	1	2	2	0.2101
农业用水比例 C₁₀	1/2	1/3	1/2	1	1	0.1237
工业用水比例 C₁₁	1	1/3	1/2	1	1	0.1389

表 10-8 为水环境绩效经济指标（B₂）的判断矩阵，判断矩阵一致性比例：0.0180；对总目标的权重为 0.5000，CR 为 0.0180<0.1，通过一致性验证。C₇、C₈、C₉、C₁₀、C₁₁ 分别对应表 10-1 中的水资源总量、人均水资源可用量、万元 GDP 水的消耗量、农业用水比例、工业用水比例。Wᵢ 各个指标相对于水环境绩效经济指标（B₂）的权重值。

（4）水环境绩效评价定性指标（A₂），矩阵以及权重如表 10-9 所示。

表 10-9　　　　　　　　　　水环境绩效评价定性指标矩阵

水环境绩效审计评价 定性指标 A₂	法律法规执行 指标 B₄	内部控制 指标 B₅	水环境信息 披露指标 B₆	权重 Wᵢ
法律法规执行指标 B₄	1	2	2	0.4142
内部控制指标 B₅	1/2	1	1	0.2929
水环境信息披露指标 B₆	1/2	1	1	0.2929

表 10-9 为水环境绩效评价定性指标（A₂）的判断矩阵，判断矩阵一致性比例：0.0778；对总目标的权重为 1.0000，CR 为 0.0778<0.1，通过一致性验证。B₄、B₅、B₆ 分别对应表 10-2 中的法律法规执行指标、内部控制指标、水环境信息披露指标。Wi 各个指标相对于水环境绩效评价定性指标（A₂）的权重值。

（5）水环境绩效评价法律法规执行指标（B₄），矩阵以及权重如表 10-10 所示。

表 10-10   水环境绩效评价法律法规执行指标矩阵

法律法规执行指标 B_4	相关法律、制度健全 C_{20}	执行相关法律、制度 C_{21}	权重 W_i
相关法律、制度健全 C_{20}	1	1	0.5000
执行相关法律、制度 C_{21}	1	1	0.5000

　　表 10-10 为水环境绩效评价法律法规执行指标（B_4）的判断矩阵，判断矩阵一致性比例：0.0000；对总目标的权重为 0.4142，一致性比例为 0.0000，通过一致性验证。C_{20}、C_{21} 分别对应表 10-2 中的相关法律、制度健全，执行相关法律、制度。W_i 各个指标相对于水环境绩效评价法律法规执行指标（B_4）的权重值。

　　（6）水环境绩效评价内部控制指标（B_5），矩阵及权重如表 10-11 所示。

表 10-11   水环境绩效评价内部控制指标矩阵

内部控制指标 B_5	检测体系完善 C_{23}	管理人员素质高 C_{24}	制订相关工作计划 C_{25}	工作执行有效 C_{26}	权重 W_i
检测体系完善 C_{23}	1	1/2	3	2	0.2882
管理人员素质高 C_{24}	2	1	2	2	0.3394
制订相关工作计划 C_{25}	1/3	1/2	1	1/2	0.1586
工作执行有效 C_{26}	1/2	1/2	2	1	0.2138

　　表 10-11 为水环境绩效评价内部控制指标（B_5）的判断矩阵，判断矩阵一致性比例：0.0859；对总目标的权重为 0.2929，CR 为 0.0859 < 0.1，通过一致性验证。C_{23}、C_{24}、C_{25}、C_{26} 分别对应表 10-2 中的检测体系完善、管理人员素质高、制订相关工作计划、工作执行有效。W_i 各个指标相对于水环境绩效评价内部控制指标（B_5）的权重值。

　　（7）水环境绩效评价信息披露指标（B_6），矩阵及权重如表 10-12 所示。

表 10-12   水环境绩效评价信息披露指标矩阵

水环境信息披露指标 B_6	水环境相关指标公开 C_{27}	工程项目财务信息透明 C_{29}	权重 W_i
水环境相关指标公开 C_{27}	1	1	0.5000
工程项目财务信息透明 C_{29}	1	1	0.5000

表10-12为水环境绩效评价信息披露指标（B_6）的判断矩阵，判断矩阵一致性比例：0.0000；对总目标的权重为0.2929，通过一致性验证。C_{27}、C_{29}分别对应表10-2中的水环境相关指标公开、工作记录完整。W_i各个指标相对于水环境绩效评价信息披露指标（B_6）的权重值。

以上是对水环境绩效审计评价指标进行的正互反矩阵分析，在指标两两重要性比较的过程中，引入了专家调查法，并进行了一致性验证，使各指标权重的判断尽可能符合实际，但这并不能完全排除人的主观因素的影响，在一定程度上缺乏客观性。各评价指标权重如表10-13所示。

表 10-13　　　　　　　　水环境绩效审计评价指标权重

准则	权重	准则	权重
工业废水排放量 C_1	0.1017	工业用水比例 C_{11}	0.0694
工业废水排放达标量率 C_2	0.1017	相关法律、制度健全 C_{20}	0.2071
城市生活污水排放量 C_3	0.0719	执行相关法律、制度 C_{21}	0.2071
BOD、COD、SS、P C_4	0.0719	检测体系完善 C_{23}	0.0844
城市污水处理率 C_5	0.1017	管理人员素质高 C_{24}	0.0994
废水循环利用率 C_6	0.0509	制订相关工作计划 C_{25}	0.0465
水资源总量 C_7	0.0936	工作执行有效 C_{26}	0.0626
人均水资源可用量 C_8	0.1701	水环境相关指标公开 C_{27}	0.1465
万元 GDP 水的消耗量 C_9	0.1051	工作记录完整 C_{29}	0.1465
农业用水比例 C_{10}	0.0619		

四　案例城市的水资源绩效评价得分

水环境绩效审计结论的依据比较 $\sum_1^i c_i * w_i$，c_i 为各指标，w_i 为各指标权重。但由于各指标含义不同，指标间并没有可比性，这就有必要将指标进行转换，对定量指标进行无量纲处理，定性指标经过量化处理。

定量指标经过无量纲处理后，c_i 变成 m_i，$0 \leq m_i \leq 1$。c_i 无量纲处理之前，还需要明确正逆性，因为不同性质的指标在无量纲处理上会有所不同。本案例中的定量指标大致可以分为三类，分别为正指标、逆指标和适度指标，具体定量指标分类如表 10-14 所示。

表 10-14   **水环境绩效审计评价定量指标分类**

类型	指标	换算公式
正指标	城市污水处理率、废水循环利用率、水资源总量、人均水资源可用量	$m_i = \begin{cases} c_i/e_i, & c_i < e_i \\ 1, & c_i \geq e_i \end{cases}$
逆指标	工业废水排放量、工业废水排放达标率、城市生活污水排放量、COD、万元 GDP 水的消耗量	$m_i = \begin{cases} e_i/c_i, & c_i > e_i \\ 1, & c_i \leq e_i \end{cases}$
适度指标	农业用水比例、工业用水比例	$m_i = \begin{cases} c_ie_i \text{ 或 } e_i/c_i, & c_i \neq e_i \\ 1, & c_i = e_i \end{cases}$

定性指标可以依据审计人员的专业素质，结合实际情况，将其分为不同等级，并赋予不同的分数，其分数也在 0—1。比如，本案例将定性指标分为差、一般、好三个不同的等级，分别代表了 0.3、0.6、0.8 分，作为指标的数值。定性指标的赋值并不是唯一的，但是赋值的判断正确与否，会影响结果的准确性。

在对定量与定性指标进行一定的处理后，确定评价值的最后一个步骤就是将各指标进行加权汇总。考虑到定性指标无论是在指标的前期判断还是在后期赋值上，都在很大程度上依赖于人的主观判断，这就会影响审计结果的准确性。为了降低人为因素对审计结果的影响，可以将总的定量指标与定性指标再赋一个权重，比如将定量指标的权重设置为 0.7，定性指标的权重设置为 0.3。计算公式为 $M = 0.7 \times M_1 + 0.3 \times M_2$，其中 M_1 为定量评价指标的总体评价值，M_2 为定性评价指标的总体评价值。要注意的是，定量与定性指标的权重设置也不是唯一的。

五   结论

宁波市 2008—2012 年城市用水审计综合评价如图 10-1 所示。

由图 10-1 可知，宁波市 2008—2012 年这五年中的城市用水质量总体呈上升趋势，用水环境得到了改善，每年平均以 3.70% 的水平提升。但在 2012 年期间，综合指标略微有所下降。究其原因，城市污水处理率（C_5）、废水循环利用率（C_6）在这五年里持续提高，万元 GDP 水的消耗量（C_9）也得到了降低，在一定程度上缓解了城市用水紧张的局面，提高了重复利用率。此外，农业用水比例（C_{10}）、工业用水比例（C_{11}）也

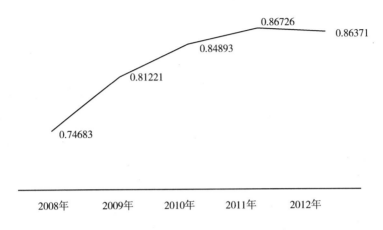

图 10-1 宁波市用水的综合评价结果

趋于合理范围，与用水有关的法律制度得到了进一步完善，相关检测工作也更加全面有效，行政人员的素质得到了提升，用水相关信息的公开程度更高。这些都与国家建设环境友好型、资源节约型社会，全力发展循环经济、增强环境保护力度的相关政策有关。但在 2012 年，城市生活污水排放量（C_3）、COD 指数（C_4）较之 2011 年，分别上升了 7.69% 和 10.14%，而人均水资源可用量却下降了 3.61%。因此，未来宁波市在城市用水管理方面，应加强城市生活污水排放量和 COD 控制，进一步提高污水处理率及循环利用率。

第四节 基于 PSR 的城市污水治理绩效评价

一 城市污水治理绩效评价的意义

2013 年 11 月 29 日浙江省第十三届委员会第四次全体会议通过《全面深化改革再创体制机制新优势的决定》，其中明确提出"以治污水、防洪水、排涝水、保供水、抓节水'五水共治'为突破口倒逼转型升级"。对于治水工作，浙江省委书记夏宝龙指出"'五水共治'，治污要先行"。浙江省省长李强强调，"要加强对治水具体政策、规定的研究，提高公共资金使用效率。对遇到的新情况新问题，要提出意见建议，加快形成治水的激励机制"。因此，"五水共治"，治污先行；污水治理，考核尤重。

"五水共治"，污水治理是摆在第一位；污水治理，要建立相应的考核评价体系，引导各地把污水治理同经济结构调整结合起来，走出一条以"五水共治"促进科学发展、转型升级、惠及民生，环境效益、经济效益和社会效益多赢的新路径。

我国水污染问题突出，严重影响了人民生活水平的提高及经济的可持续发展。国家开展了多次以重点流域为重点的水污染审计，如 2004 年的太湖、淮河、海河和辽河 4 个流域的水污染防治情况审计，2006 年到 2007 年的渤海专项审计等。我国的"水"存在的两大主要问题除了水污染严重外，还有就是水资源短缺。我国人均淡水资源仅为世界平均水平的 1/4，在世界上名列 110 位，是全球人均水资源最贫乏的国家之一，因此，水资源的可持续利用成为了水资源绩效审计的重点。宁雅楠等（2007）重点论述了用水审计指标体系的构建，主要包括合规性指标、经济学指标、生态型指标、综合性指标四类指标；陈献等（2010）指出要通过构建用水审计基本程序、评价指标体系框架来形成用水审计总体框架。

我国水资源评价雏形从以滇池为样本的环境污染控制领域环境评价发展而来，到 2004 年对太湖、淮河、海河和辽河 4 个重点流域水污染防治情况进行的审计，目前我国水资源评价缺少环境效益、政策有效性、经济性等。本研究基于 PSR 框架构建污水治理评价指标体系，目的在于如何将现有的评价指标体系进行融合，建立一套完整、广泛适用、有效的评价指标体系，以及具体评价项目指标的遴选和运用，并将这些评价指标体系运用到浙江省的"五水共治"的污水治理工作中。

二　PSR 模型及其研究框架

PSR（Pressure-State-Response）概念框架，即"压力—状态—响应"概念框架，最早由加拿大统计学家 David Rapport 和 Tony Friend（1979）提出。20 世纪末，经过经济合作与发展组织（OECD）与联合国环境规划署（UNEP）的改良和整合，PSR 概念框架模型成为开展环境评价研究最常用的一种模型之一，广泛应用于环境可持续发展问题的研究。该模型可分为三大类指标，即压力指标（P）、状态指标（S）、响应指标（R），具体如图 10-2 所示。其中，压力指标指人类的经济社会活动对环境产生的压力，即环境变化的原因；状态指标用来描述当前生态环境状态

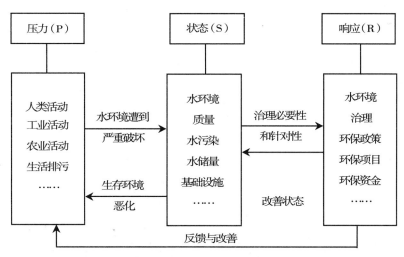

图 10-2　城市污水治理绩效评价指标体系的 PSR 框架

及经济发展状态，即具体发生的变化；响应指标表现的是人类为缓解生态破坏、治理和恢复生态环境作出的主观能动的反映，即人类的积极行动。

三　城市污水治理绩效评价的指标选取

城市污水治理绩效评价指标由压力指标、状态指标、响应指标三大指标作为一级指标，并且选取方法结合了定量分析和定性分析。

定量评价指标，选取能反映三大指标状态的项目作为二级指标，选取绝对数指标和相对数指标作为三级指标，由此构成城市污水治理绩效评价的 PSR 定量指标，如表 10-15 所示。

表 10-15　　　　　城市污水治理绩效评价的 PSR 定量指标

一级指标	二级指标	三级指标
压力指标 （P）	社会经济压力指标 P_1	人均 GDP（元）P_{11}
		人口自然增长率（‰）P_{12}
		居民人均可支配收入（元）P_{13}
	用水量指标 P_2	人均生活用水量（升/人·日）P_{21}
		单位工业增加值用水量（m³/万元）P_{22}
		农田灌溉亩均用水量（m³）P_{23}
	废水排放指标 P_3	工业废水排放总量（万吨）P_{31}
		生活污水排放总量（万吨）P_{32}

续表

一级指标	二级指标	三级指标
状态指标 （S）	水质评价指标 S_1	化学需氧量 COD（mg/l）S_{11}
		水环境功能区水质达标率（%）S_{12}
		河网水质劣 IV 类比例（%）S_{13}
		工业排放石油类（mg/l）S_{14}
		氨氮排放量（mg/l）S_{15}
	环境纷争指标 S_2	人均水资源拥有量（立方米）S_{21}
		地表水监测点位（个）S_{22}
		环境信访处理率（%）S_{23}
		环境信访处理满意率（%）S_{24}
	基础设施指标 S_3	废水治理设施（套）S_{31}
		集中式污水处理厂（座）S_{32}
		水库蓄水总量（亿立方米）S_{33}
响应指标 （R）	经济性指标 R_1	水环境建设投资总额（亿元）R_{11}
		水环境治理资金占环保资金比重（%）R_{12}
		环保资金占财政支出的比重（%）R_{13}
		环保资金到位率（%）R_{14}
		项目成本节约率（%）R_{15}
		废水治理设施运行费（万元）R_{16}
	效率性指标 R_2	许可证发放率（%）R_{21}
		环境执法罚款总额（万元）R_{22}
		环保项目完成率（%）R_{23}
		污水处理回用量（亿立方米）R_{24}
		污水处理率（%）R_{25}
		污水处理总能力（万吨/日）R_{26}
		集中式污水处理厂排放达标率（%）R_{27}
	效果性指标 R_3	水土流失治理面积（千公顷）R_{31}
		化学需氧量（COD）减少率（%）R_{32}
		氨氮减少率（%）R_{33}
		有效灌溉率（%）R_{34}
		工业重复用水率（%）R_{35}
		工业废水排放达标率（%）R_{36}
		河道生态调水（亿立方米）R_{37}

定性评价指标由政府、企业、居民三个角度的水环境绩效指标切入，分别选择相应的三级指标构成定性评价指标体系。城市污水治理绩效评价的定性指标，如表 10-16 所示。

表 10-16 城市污水治理绩效评价的定性指标

一级指标	二级指标	三级指标
城市污水治理绩效评价的定性指标 I	政府水环境绩效 I_1	污水管网铺设是否到位 I_{11}
		是否划分水生态功能区 I_{12}
		是否严格遵守环保准入制 I_{13}
		制定政策制度是否符合环境保护宗旨 I_{14}
		水环境保护法律法规是否完善 I_{15}
		是否定期开展环境监管和排查 I_{16}
		水环境保护项目资金走向是否公开透明 I_{17}
	企业生产水环境绩效 I_2	是否存在无证排污现象 I_{21}
		污水处理设施是否存在闲置 I_{22}
		企业生产用水是否符合国家政策和标准 I_{23}
		是否严格按照排污限额排放污水 I_{24}
		是否有偿使用并合法交易排污权 I_{25}
		工业企业是否遵守水污染物排放标准 I_{26}
	居民水环境绩效 I_3	生活污水处理设施是否完善 I_{31}
		居民对生活区域的水环境是否满意 I_{32}
		是否自觉配合水环境保护项目的实施 I_{33}

四 城市污水治理绩效评价指标的权重确定

层次分析法（AHP 法）是结合定量分析与定性分析，用经验判断各因素对于实现目标的重要程度从而确定权重的一种较为简单的主观赋权法。它通过分层的方式清晰明了地反映各指标的权值分布，但显而易见，它的缺点就在于主观性较强，赋权的过程不够客观；而熵权法是指根据指标的相对变化对系统整体的影响程度决定指标权重，其计算结果相对层次分析法较为客观，且比一般主观赋权法更为精确可信，但该方法无法对横向指标进行比较。鉴于层次分析法和熵权法各有所长，本研究选择采用以层次分析法为主，辅以熵权法的方式确定权重。

本研究运用层次分析法软件 yaahp 对评价指标进行了权重分配，具体计算结果如表 10-17、表 10-18 所示。

表 10-17　定量指标权重分布表

P (0.1220)							
P_1 (0.2000)			P_2 (0.4000)			P_3 (0.4000)	
P_{11}	P_{12}	P_{13}	P_{21}	P_{22}	P_{23}	P_{31}	P_{32}
0.3108	0.1958	0.4934	0.3108	0.4934	0.1958	0.6667	0.3333

S (0.2297)								
S_1 (0.5499)					S_2 (0.2098)			
S_{11}	S_{12}	S_{13}	S_{14}	S_{15}	S_{21}	S_{22}	S_{23}	S_{24}
0.1940	0.2560	0.2560	0.1470	0.1470	0.1416	0.2833	0.2382	0.3369

R (0.6483)								
S_3 (0.2402)			R_1 (0.3333)					
S_{31}	S_{32}	S_{33}	R_{11}	R_{12}	R_{13}	R_{14}	R_{15}	R_{16}
0.4434	0.3874	0.1692	0.1503	0.1433	0.1608	0.2274	0.2168	0.1013

R_2 (0.3333)						
R_{21}	R_{22}	R_{23}	R_{24}	R_{25}	R_{26}	R_{27}
0.0842	0.1971	0.0691	0.1273	0.2213	0.1684	0.1326

R_3 (0.3333)						
R_{31}	R_{32}	R_{33}	R_{34}	R_{35}	R_{36}	R_{37}
0.1738	0.2119	0.1486	0.0807	0.1219	0.1811	0.0820

表 10-18　定性指标权重分布表

I_1 (0.4579)						
I_{11}	I_{12}	I_{13}	I_{14}	I_{15}	I_{16}	I_{17}
0.0975	0.1140	0.1694	0.1140	0.1534	0.1534	0.1982

I_2 (0.4161)						I_3 (0.1260)		
I_{21}	I_{22}	I_{23}	I_{24}	I_{25}	I_{26}	I_{31}	I_{32}	I_{33}
0.2067	0.1302	0.1462	0.2067	0.1641	0.1462	0.4000	0.2000	0.4000

五　城市污水治理绩效评价的标准和结果

（一）确定指标标准

水环境绩效评价的各项指标标准通常来自于各项国家法律法规及各个

省市、地方制定的水环境治理法规条例与计划政策。比如，由国家环境保护总局颁布的《地表水环境质量标准》中依据地表水水域环境功能和保护目标，将地表水质量按功能高低划分为 I、II、III、IV、V 五类。其中，I 类水质对化学需氧量（COD）的要求是小于 15mg/L，将指标的计算结果与既定标准进行比较，可粗略判断指标实际值的优劣情况，进而对指标结果进行评分。又如"人均 GDP""人口自然增长率""居民人均可支配收入"，此类区域社会经济压力指标没有统一的标准，我们将其与国家平均水平进行对比，得出区域社会经济状况与总体经济社会环境的差距，并对这一差距进行判定和打分，即离差得分。定性指标无标准值，其评分的划定将在下文评分标准部分进行具体阐述。

（二）指标计算结果

定量指标实际值的获得可分为直接获得和计算获得两种，直接获得的定量指标可以通过查阅相关资料直接获取，如"人均 GDP""居民人均可支配收入"等指标可从当年该市的国民经济和社会发展统计公报中找到，"水环境功能区水质达标率"指标可从当年该市的环境状况公报中获得。再如"水环境治理资金占环保资金比重"此类比重式的指标，通过简单的商运算即可获得。至于"项目成本节约率""化学需氧量（COD）减少率"等相对比率指标也只需先进行差运算，然后作商即可得到指标实际值，如"项目成本节约率"可由项目节约额（即项目计划成本–实际成本）与项目计划成本作除法得到。

由于定量指标各指标单位不相一致，计量方式和数量级都存在明显差异，因此指标间缺乏相对可比性。统一标准的方法有很多种，本研究选择较简单有效的统一单位的方法，即针对每一项指标实际值与标准值的离差进行打分，然后通过简单加权得到对应的绝对数，即该指标的最终值。

定性指标视指标对要求的符合程度而定，具体由调查问卷结果计算而得。调查问卷的被调查者由数百位当地常住居民组成，分别对政府、企业、居民的水环境绩效进行评价。对每一项定性指标的评价都分为以下五档："A. 最优档 = 100%；B. 较优档 = 75%；C. 一般档 = 50%；D. 较劣档 = 25%；E. 最劣档 = 0%"。将被调查者给出的结果根据各指标的权重进行二次分配，即可加权得到各指标的评分，评分之和即为定性指标综合评价指数，该指数越高，表示水环境绩效越好。

按照综合评价指数将城市污水治理绩效评价划为五个等级，见表 10-19。

表 10-19　　　　　　　　　　城市污水治理绩效评价等级划分

综合评价指数	等级	解释（说明/备注）
90—100	一级	水环境质量优，水环境治理切实有效
80—90	二级	水环境质量良好，水环境治理效果较明显
70—80	三级	水环境质量一般，水环境治理有一定成效
60—70	四级	水环境质量较差，水环境治理成效微弱
0—60	五级	水环境质量很差，水环境治理没有效果

第五节　基于 PSR 的城市污水治理绩效评价体系应用

一　案例城市污水治理绩效的定量指标

本研究选择以宁波市的城市污水治理绩效评价实践为例，对上文创建的城市污水治理绩效评价指标体系进行实证研究。对宁波市污水治理绩效的定量指标评价过程如下。

首先，我们通过查阅大量的政府规划、公报以及环境质量标准资料，得到各指标实际值和标准值。依据每一项指标实际值与标准值的差异度，计算出各评价指标的离差得分。然后利用上文中计算得到的各指标的相应权重，简单加权得出 2012 年宁波市城市污水治理绩效评价综合评价表定量部分的评分，最后将所有单项评分相加，计算得到定量指标综合评价指数。具体情况如表 10-20 所示。

表 10-20　　　宁波市城市污水治理绩效评价的评分——定量指标

（1）定量指标	权重	标准值	实际值	离差得分	评分
人均 GDP P_{11}	0.0076	38354	114065	100	0.76
人口自然增长率 P_{12}	0.0048	4.95	2.09	60	0.288
居民人均可支配收入 P_{13}	0.0120	24565	37902	100	1.2
人均生活用水量 P_{21}	0.0152	120—200	226	80	1.216
单位工业增加值用水量 P_{22}	0.0241	<78	17	100	2.41
农田灌溉亩均用水量 P_{23}	0.0096	<300	230	100	0.96
工业废水排放总量 P_{31}	0.0325	<30000	20124.65	100	3.25
生活污水排放总量 P_{32}	0.0163	<30000	36223.11	60	0.978

续表

（1）定量指标	权重	标准值	实际值	离差得分	评分
化学需氧量 COD S_{11}	0.0245	<40	57	50	1.225
水环境功能区水质达标率 S_{12}	0.0323	60—100	56.3	50	1.615
河网水质劣Ⅳ类比例 S_{13}	0.0323	<20	71.5	10	0.323
工业排放石油类 S_{14}	0.0186	<30	42	40	0.744
氨氮排放量 S_{15}	0.0186	<2	1.41	90	1.674
人均水资源拥有量 S_{21}	0.0068	>2000	2115.24	100	0.68
地表水监测点位 S_{22}	0.0137	>0	80	100	1.37
环境信访处理率 S_{23}	0.0115	80—100	98	98	1.127
环境信访处理满意率 S_{34}	0.0162	80—100	98	98	1.5876
废水治理设施 S_{31}	0.0245	>0	929	100	2.45
集中式污水处理厂 S_{32}	0.0214	>0	31	100	2.14
水库蓄水总量 S_{33}	0.0093	>0	3.974	100	0.93
水环境建设投资总额 R_{11}	0.0325	>0	139.6	100	3.25
水环境治理资金占环保资金比重 R_{12}	0.0310	>0	39.8	100	3.1
环保资金占财政支出的比重 R_{13}	0.0348	>0	0.5	80	2.784
环保资金到位率 R_{14}	0.0492	80—100	60	60	2.952
项目成本节约率 R_{15}	0.0469	>0	−0.22	0	0
废水治理设施运行费 R_{16}	0.0219	<300	324	90	1.971
许可证发放率 R_{21}	0.0182	80—100	98	98	1.7836
环境执法罚款总额 R_{22}	0.0426	4000	5791	100	4.26
环保项目完成率 R_{23}	0.0149	80—100	100	100	1.49
污水处理回用量 R_{24}	0.0275	>0	0.26	80	2.2
污水处理率 R_{25}	0.0478	50—100	85	85	4.063
污水处理总能力 R_{26}	0.0364	>0	156	90	3.276
集中式污水处理厂排放达标率 R_{27}	0.0287	50—100	85	85	2.4395
水土流失治理面积 R_{31}	0.0376	>0	147.43	80	3.008
化学需氧量 COD 减少率 R_{32}	0.0458	>0	6.39	100	4.58
氨氮减少率 R_{33}	0.0321	>0	3.89	100	3.21
有效灌溉率 R_{34}	0.0174	80—100	91.05	90	1.566
工业重复用水率 R_{35}	0.0263	0—100	54.79	60	1.578

续表

（1）定量指标	权重	标准值	实际值	离差得分	评分
工业废水排放达标率 R_{36}	0.0391	80—100	92	92	3.5972
河道生态调水 R_{37}	0.0177	>0	1.4	90	1.593
定量指标综合评价指数			79.6289		

数据来源：《2011 年中国水资源公报》《2012 年宁波市环境状况公报》《2012 年宁波市水资源公报》《宁波市环境保护"十二五"规划》《宁波市生态建设规划》《2012 年市级部门财政拨款支出预算表》以及调查问卷结果等。

根据表 10-20 可以得出，宁波市在水环境执法、污水处理厂建设、环保项目完成率以及水环境建设治理项目投资等方面做得较好。然而，从表中也不难看出宁波市水环境治理存在一些漏洞，离差得分低于 60 的项目有化学需氧量 COD、水环境功能区水质达标率、河网水质劣Ⅳ类比例、工业排放石油类、项目成本节约率五项。宁波市水质问题具体表现水环境功能区水质达标率不理想、河网水质劣Ⅳ类比例过高，这说明如何解决功能区及市区河网水质问题依然是宁波市城市污水治理的重要内容之一。此外，由于工业废水处理不够完善导致的化学需氧量 COD、工业排放石油类的超标，意味着废水排放对宁波市水环境的影响仍未消失，宁波市在今后的城市污水治理过程中，应不断完善工业企业污染物排放标准，对工业废水排放严格把关，尤其是在工业重复用水、河网水质治理、项目节约以及资金透明等方面仍需加强。

二　案例城市污水治理绩效的定性指标

通过调查问卷的整理和统计，将各选项的权数与每一项定性指标的评价的百分比权重进行二次分配，即根据既定的"A. 最优档＝100%；B. 较优档＝75%；C. 一般档＝50%；D. 较劣档＝25%；E. 最劣档＝0%"的权重加权得出 2012 年宁波市城市污水治理绩效评价综合评价表定性部分，最后做简单和运算得到定性指标综合评价指数。具体情况如表 10-21 所示。

表 10-21　　宁波市城市污水治理绩效评价的评分——定性指标

（2）定性指标	权重	标准	问卷得分	评分
污水管网铺设是否到位 I_{11}	0.0446	是	75.1	3.35
是否划分水生态功能区 I_{12}	0.0522	是	68.8	3.59

续表

（2）定性指标	权重	标准	问卷得分	评分
是否严格遵守环保准入制 I_{13}	0.0776	是	72.4	5.62
制定政策制度是否符合环境保护宗旨 I_{14}	0.0522	是	80.1	4.18
水环境保护法律法规是否完善 I_{15}	0.0703	是	77.7	5.46
是否定期开展环境监管和排查 I_{16}	0.0703	是	84.8	5.96
水环境保护项目资金走向是否公开透明 I_{17}	0.0908	是	65.1	5.91
是否存在无证排污现象 I_{21}	0.0860	否	74.6	6.42
污水处理设施是否存在闲置 I_{22}	0.0542	否	81.3	4.41
企业生产用水是否符合国家政策和标准 I_{23}	0.0608	是	73.8	4.49
是否严格按照排污限额排放污水 I_{24}	0.0860	是	89.6	7.71
是否有偿使用并合法交易排污权 I_{25}	0.0683	是	80.4	5.49
工业企业是否遵守水污染物排放标准 I_{26}	0.0608	是	72.4	4.40
生活污水处理设施是否完善 I_{31}	0.0504	是	87.5	4.41
居民对生活区域的水环境是否满意 I_{32}	0.0252	是	63.3	1.60
是否自觉配合水环境保护项目的实施 I_{33}	0.0504	是	810.3	4.45
定性指标综合评价指数			77.4	

数据来源：调查问卷结果计算而得。（共发放问卷200份，收回176份，除去无效问卷，有效问卷共172份）

　　表10-21所显示的定性指标得分大致集中于60—90这一区间，各项目得分差距不大，但仍然能看出宁波市在限额排污、生活污水处理设施等方面表现较好，而在明确划分水生态功能区、水环境保护项目资金走向公开透明、生活区域水环境方面仍有待改善。

　　经过加权运算，结果显示，宁波市城市污水治理绩效评价定量指标综合评价指数为79.6289，与二级80分的下限还相差0.3711，定性指标综合评价指数为77.4，同样在70—80。以上数据表明宁波市城市污水治理绩效评价等级为三等，水环境质量一般，水环境治理有一定成效，但并不是特别明显。宁波应在今后的水环境治理和建设中继续保持在水环境执法、水环境项目投资方面的优势和长处，重视并重点解决诸如改善水质、规范排污、公开环保资金这些明显弱势环节存在的问题。

三　案例城市污水治理绩效评价的结果

（一）结论

在遵循评价指标体系构建原则的前提下，本研究完成了城市污水治理绩效评价指标的遴选、权重的确定、标准值的确定、评分标准及等级划分这一系列工作，从而形成了一套包含定量和定性两个视角的城市污水治理绩效评价指标体系，以期对城市水环境的保护和治理有一定的现实意义。同时，结合宁波市城市污水治理绩效评价的实例，将宁波市城市污水治理绩效评价的具体数据代入这一城市污水治理绩效评价指标体系，经过既定的统计和运算，对宁波市城市污水治理绩效评价成效进行了评价。结果显示，宁波城市污水治理取得一定成效，但治理还存在具体问题，需结合具体成因进行进一步的治理和防范。

（二）建议

第一，协同好环保部门及其他部门的工作。城市污水治理绩效评价是一项跨部门的工作，涉及领域广且专业性强，单依靠环保部门或是水利等其他部门都难以完成，这就需要相关部门的积极协作和配合。所谓合作，就是要加强沟通，打破"各自为政"的局面，共享水环境审计所需的各类数据和资料。与此同时，相关部门还应加强对审计人员的培训，着重培养专业性人才，增大城市污水治理绩效评价的专家队伍，提高城市污水治理绩效评价环节的效率。

第二，评价指标体系应因地制宜。城市污水治理绩效评价指标体系不是绝对静止的，结合不同地区的水环境特点，评价指标体系应做适当的修改。除了水环境特点之外，评价指标的选择还应考虑区域降水特点、水系特点、土壤特点、地形特征、经济发展状况、工业结构和工业发展模式等因素。所以说，评价指标体系应因地制宜，至于如何做到因地制宜，就在于选择正确、合适的评价指标。

第三，保障数据的准确性。水环境状况数据是水环境审计的原始起点，没有数据就没有审计的后续工作，数据的准确性就显得尤为重要。保障数据的准确性不能仅依靠精确的测量仪器，精良的数据测量团队、科学的数据测量方法同样重要。因此，在开展数据采集的过程中，各部门还应加强经验的积累，不断完善理论基础，不断寻求更佳的测量方法，保证数据的准确性，提高评价指标的实用性。

第十一章

基于超效率 DEA 的水资源效率评价

第一节 水资源效率区域差异的现状分析

一 现实背景

从全国来看，我国水资源短缺，2014 年全国水资源总量为 27266.90 亿立方米，人均水资源量为 1998.64 立方米①，是 2013 年的 97%，不到世界水平的 28%。与此同时，我国水资源需求量极大，2014 年我国供水总量为 6094.9 亿立方米，用水总量与供水总量持平；耗水率为 53%，且水资源利用形式粗放，农田灌溉水有效利用系数为 0.530，与世界 0.7—0.8 的水平还有较大差距。除此之外，我国水资源污染日益严重，2005—2014 年，全国除涝面积、水土流失治理面积不断上升；环境污染治理投资总额、废水排放总量不断增长。2014 年全国废污水排放总量为 771 亿吨，治理废水项目完成投资额为 115 亿元，占工业污染治理完成投资额的 11.6%②。从水资源的区域分布来看，一方面存在分布失衡，北方缺少水资源，南方易发生涝灾；另一方面，随着气候变化，区域降水波动性不断增强，西北地区降水增加，东北和华北地区降水减少；同时呈现出区域人口与经济发展水平与降水量形成对比的局面。这

---

① 2015 年中国统计年鉴统计的数据是 2014 年的。相关统计公报有 2015 年数据，考虑到公报数据仅为初步统计数据，存在与分项合计不等情况。因此，本研究采纳中国统计年鉴的数据，而非相关统计公报的数据。

② 数据来源于《2015 年中国统计年鉴》，中华人民共和国国家统计局，2015 年。

些凸显了我国水资源总量不足、结构不合理、区域分布不均衡等问题。鉴于此，国家出台了一系列加强水资源管理的政策措施。2011 年中央一号文件就指出要"实行最严格的水资源管理制度，建立水资源效率控制制度"；2011 年中央水利工作会议指出"要人水和谐，高效利用水资源"；2012 年《国务院关于实行最严格水资源管理制度的意见》明确要"加强水资源开发利用、用水效率控制红线管理，严格实行用水总量控制以推进节水型社会建设"。

二　现实意义

水资源效率研究是水资源管理的关键环节，国内外对于水资源效率研究已取得一定成果。国外学者主要运用数据包络分析法（DEA）分析了水资源效率，Dehehibi（2007）分析了农场的农业用水效率，Speelman（2008）计算了农场灌溉用水效率，Byrnes（2010）运用 DEA 方法研究分析了澳大利亚两大州的供水设施效率。国内学者运用比值分析法（靳京等，2005）、随机前沿分析法（陈关聚等，2013）、Malmquist 指数法（廖虎昌等，2011）及数据包络分析法（DEA）（买亚宗等，2014）等研究方法研究了水资源利用环境技术效率（孙才志等，2013）、水资源综合利用效率（魏楚、沈满洪，2014）和水资源利用效率。大部分研究集中于农业（于法稳，2005）和工业（买亚宗等，2014）的水资源利用效率，并发现我国水资源利用效率总体趋势为先降后升（钱文婧、贺灿飞，2011）。国内外学者在分析水资源效率时研究方法主要运用 DEA，研究领域主要分为城市和农村，研究行业则主要涉及农业和工业；同时国内现有研究多侧重于用 DEA 研究水资源的利用效率，水资源的综合效率研究相对较少。

基于此，本研究选取我国省际水资源综合效率为研究对象，对我国大陆省份的水资源效率区域差异及其影响因素进行分析；在评价不同省份水资源效率的基础上，进一步分析影响水资源效率的区域差异及其影响因素。为降低传统 DEA 可能存在对研究结果的主观性，本研究运用 DEA 的衍生方法——超效率 DEA 对水资源效率进行评价，并结合 Tobit 模型分析水资源效率的影响因素。因此，本研究构建基于超效率 DEA-Tobit 的两阶段模型，评价我国不同地区的水资源效率，以及水资源效率存在的区域差异，并进一步探析水资源效率区域差异的影响因素，目的在于提出提高水资源效率的对策建议，实现水资源的可持续利用。

第二节　水资源效率评价：超效率 DEA 模型

一　水资源效率的界定

水资源效率是水资源的产出与投入比值（魏楚等，2014），反映水资源投入产出关系（李世祥等，2008）。水资源效率分为水资源综合效率（魏楚等，2014）、水资源经济效率（买亚宗等，2014）以及水资源利用效率（廖虎昌等，2011）。水资源效率是评估水资源管理利用的重要综合指标，且与政府管制手段存在联系（魏楚、沈满洪，2014）。因此，本研究采用水资源综合效率作为分析基础，后续涉及的水资源效率均指此处界定的水资源综合效率。水资源效率可用水资源产出与投入比值来衡量，而这里的水资源投入以水资源对环境的影响来衡量。结合世界可持续发展工商理事会对环境绩效的分析[①]，可以明确水资源对环境的影响主要是废水的排放、废水中化学需氧量及氨氮等污染物的排放。在此基础上，本研究认为水资源效率是水资源产出与水资源对环境影响的比值；其中，水资源对环境影响主要指废水中污染物排放对环境所造成的影响，包括废水中氨氮排放及化学需氧量排放。

二　水资源效率评价的方法：超效率 DEA

超效率 DEA 改进了 DEA 的 CCR 模型（杨青山等，2012），可避免某些因素对研究结果的主观影响，如权重（张子龙等，2015）、数据奇异值及大幅经济波动（杨文举，2015）等，超效率 DEA 的数学模型标准形式见公式 11-1。其中：X——投入量；Y——产出量。

---

① 世界可持续发展工商理事会（World Business Council for Sustainable Development，简称WBCSD），在 2000 年提出环境绩效是产品或服务的价值与环境影响的比值，其中环境影响包括温室气体排放、臭氧层气体排放等。

$$\min \left[\theta - \varepsilon \left(\sum_{i=1}^{m} S_i^- + \sum_{i=1}^{s} S_i^+ \right) \right] = v$$

$$s.\,t. \sum_{j=1}^{n} \lambda_j X_j + S^+ = \theta X_0$$

公式 11-1

$$\sum_{j=1}^{n} \lambda_j Y_j - S^- = Y_0$$

$$S^+ \geqslant 0;\ S^- \geqslant 0;\ \lambda_j \geqslant 0;\ j = 1,\ 2 \cdots,\ n$$

因此，基于超效率 DEA 的分析原理，水资源效率评价中的产出指标是人均地区生产总值（元/人），投入指标则包括废水排放总量（万吨）、废水中化学需氧量排放量（万吨）和废水中氨氮排放量（万吨）等。

三　变量选取和数据来源

根据综合效率 DEA 的 CCR 模型及水资源效率的定义，结合数据的可获得性以及指标选取的合理性，水资源效率从水资源的投入和产出两个方面进行衡量分析。水资源效率中的产出指标用人均地区生产总值来度量；水资源效率投入指标用水资源投入造成的环境影响来反映。其中，水资源投入对环境造成的影响主要包括废水排放以及废水中各污染物排放。因此，水资源效率的投入指标具体分为：废水排放总量（万吨）、废水中化学需氧量排放量（万吨）、废水中氨氮排放量（万吨）。具体的水资源效率评价（包括投入和产出）指标体系见表 11-1。

表 11-1　　　　　　　　　水资源效率评价指标体系

类型	指标名称（单位）
投入	废水排放总量（万吨）
	废水中：化学需氧量排放量（万吨）
	废水中：氨氮排放量（万吨）
产出	人均地区生产总值（元/人）

为使样本具有可观察性与代表性，本研究选取了我国大陆 21 个省、5 个自治区和 4 个直辖市作为代表性省（市、自治区），其中西藏自治区部分数据不完整，在样本分析中将其剔除在外，因此分析样本总计 30 个。同时，由于 2004 年以前年份的部分样本上述指标数据不齐全，2016 年统

计年鉴尚未公布，因此本研究选取 2004 年至 2014 年作为研究期间进行分析。

第三节　水资源效率的区域差异分析

一　我国水资源效率的总体评价

本研究研究的所有数据均来源于《中国统计年鉴》与相关省市统计年鉴及统计公报。本研究所选取的我国部分省（市、自治区）2004—2014 年间的水资源效率，其相关指标的描述性统计见表 11-2。

表 11-2　　我国水资源效率评价指标的描述性统计（2004—2014 年）

	Descriptive Statistics				
	N	Minimum	Maximum	Mean	Std. Deviation
人均 GDP	330.000	4317.000	105231.000	31345.315	20485.810
废水排放总量	330.000	14287.000	905082.060	200220.871	159487.963
化学需氧量排放量	330.000	3.930	198.250	57.416	40.293
氨氮排放量	330.000	0.530	23.090	5.824	4.220

数据来源：2005—2015 年《中国统计年鉴》和相关省（市、自治区）统计年鉴及统计公报。

从表 11-2 可以看出，2004—2014 年期间每年 30 个分析样本，10 年总计 330 个样本，数据无缺漏。人均地区生产总值最小值为 4317，最大值 105231，极差为 100914，平均值为 31345，标准差为 20486；废水排放总量的最小值为 14287，最大值为 905082，极差为 890795，平均值为 200220，标准差为 159488；废水中的化学需氧量排放量最小值为 3.93，最大值 198.25，极差为 194.32，平均值为 57.42，标准差为 40.29；废水中的氨氮排放量最小值为 0.53，最大值为 23.09，极差为 22.56，平均值 5.82，标准差为 4.22。从我国水资源效率评价指标的描述性统计中可以看出，不同省市的人均地区生产总值和水资源投入产出对环境的影响指标数据均有较大差异，其中人均地区生产总值和废水排放总量的差异较为显著，据此可初步判断不同省市的水资源效率存在一定差异。

为了更加合理地衡量我国的水资源效率，并进一步分析各省市水资源效率是否存在差异及差异程度，本研究运用 EMS3.0 软件，根据 2004 年至 2014 年 30 个省（市、自治区）的废水排放总量、废水中的化学需氧量排放量、废水中的氨氮排放量以及人均地区生产总值，进一步计算了各个省市的水资源效率，结果如表 11-3 所示。

表 11-3   30 个省（市、自治区）的水资源效率（2004—2014 年）

省份	2004	2005	2006	2007	2008	2009	2010	2011	2012	2013	2014	均值	排名
北京	1.42	1.80	1.57	1.62	1.45	1.44	1.66	1.19	1.16	1.19	1.23	1.428	1
天津	1.13	1.22	1.21	1.31	1.32	1.57	1.40	1.18	1.13	1.11	1.11	1.246	2
青海	0.98	0.88	1.07	0.86	0.96	0.84	1.00	1.09	1.34	1.41	1.46	1.082	3
上海	0.62	0.54	0.49	0.44	0.45	0.49	0.51	0.78	0.75	0.73	0.73	0.596	4
宁夏	0.62	0.48	0.63	0.55	0.59	0.52	0.62	0.60	0.62	0.61	0.65	0.591	5
海南	0.66	0.62	0.57	0.53	0.51	0.49	0.76	0.58	0.58	0.59	0.57	0.588	6
内蒙古	0.39	0.49	0.49	0.52	0.52	0.52	0.48	0.42	0.41	0.38	0.37	0.452	7
新疆	0.30	0.35	0.35	0.29	0.28	0.25	0.28	0.26	0.24	0.22	0.23	0.277	8
甘肃	0.23	0.29	0.28	0.28	0.27	0.26	0.29	0.24	0.23	0.22	0.23	0.258	9
吉林	0.21	0.23	0.24	0.24	0.23	0.23	0.28	0.24	0.24	0.24	0.24	0.237	10
重庆	0.15	0.15	0.14	0.18	0.19	0.19	0.26	0.23	0.25	0.26	0.26	0.205	11
陕西	0.18	0.20	0.20	0.19	0.20	0.19	0.23	0.20	0.21	0.20	0.22	0.203	12
山西	0.18	0.22	0.21	0.20	0.21	0.19	0.21	0.20	0.20	0.19	0.18	0.200	13
福建	0.17	0.17	0.16	0.19	0.20	0.21	0.26	0.18	0.19	0.20	0.21	0.195	14
浙江	0.18	0.18	0.18	0.17	0.18	0.21	0.23	0.19	0.19	0.19	0.19	0.188	15
黑龙江	0.17	0.21	0.20	0.20	0.20	0.19	0.21	0.16	0.15	0.15	0.15	0.182	16
贵州	0.12	0.15	0.15	0.17	0.18	0.18	0.21	0.16	0.17	0.18	0.18	0.169	17
辽宁	0.14	0.15	0.15	0.14	0.16	0.15	0.20	0.16	0.16	0.16	0.16	0.156	18
云南	0.18	0.19	0.17	0.16	0.16	0.19	0.10	0.11	0.12	0.12		0.149	19
江苏	0.12	0.10	0.10	0.11	0.12	0.16	0.13	0.13	0.14	0.14		0.125	20
江西	0.12	0.14	0.12	0.11	0.12	0.11	0.15	0.10	0.11	0.11	0.12	0.119	21
山东	0.10	0.12	0.11	0.11	0.11	0.11	0.13	0.08	0.09	0.09	0.09	0.104	22
河北	0.10	0.12	0.11	0.10	0.10	0.10	0.13	0.09	0.09	0.09	0.09	0.103	23
湖北	0.07	0.08	0.08	0.08	0.08	0.08	0.11	0.09	0.10	0.10	0.11	0.090	24
安徽	0.08	0.09	0.09	0.08	0.09	0.09	0.12	0.08	0.09	0.09	0.09	0.090	25
广东	0.10	0.08	0.09	0.07	0.08	0.07	0.09	0.07	0.07	0.07	0.07	0.080	26
广西	0.05	0.05	0.06	0.05	0.06	0.06	0.09	0.09	0.09	0.10	0.11	0.075	27
湖南	0.06	0.07	0.07	0.07	0.08	0.07	0.09	0.08	0.08	0.08	0.08	0.075	28

省份	2004	2005	2006	2007	2008	2009	2010	2011	2012	2013	2014	均值	排名
四川	0.06	0.06	0.06	0.06	0.06	0.06	0.09	0.07	0.07	0.07	0.07	0.068	29
河南	0.06	0.07	0.07	0.07	0.07	0.07	0.08	0.06	0.06	0.06	0.06	0.066	30

数据来源：2005—2015 年《中国统计年鉴》和相关省（市、自治区）统计年鉴及公报。

根据表 11-3 显示的我国 2004 年至 2014 年间水资源效率的均值，结果表明：（1）总体上 30 个省（市、自治区）的水资源效率普遍较低，78% 的省（市、自治区）水资源效率低于 0.40；（2）不同区域的水资源效率不同。北京、天津、青海处于较高水平，水资源效率为 1 以上；上海、宁夏、海南、内蒙古水资源效率位于 0.4—0.6；重庆、甘肃、陕西、吉林等 6 省市水资源效率位于 0.2—0.3；浙江、福建、山东等 10 省水资源效率位于 0.1—0.2；四川、湖北、湖南等 7 省的水资源效率低于 0.1。

将水资源效率绘于中国地图上，将其划分为 0—0.1、0.1—0.2、0.2—0.5、0.5—1、>1 等五个区间，从表 11-3 可以明显看出，大部分省（市、自治区）水资源效率的显示区间为 0—0.2，且极差为 1.362，意味着中国水资源效率处于较低水平且省际差异显著。因此，为了进一步分析水资源效率的区域差异，需进一步分析其区域差异的程度及其影响因素。

二　我国水资源效率的区域差异：东、中、西比较

按照中华人民共和国国家统计局的划分标准，我国分为东部、中部、西部三大地带，东部地带包括北京市、浙江省、海南省等 11 个省市，中部地带包括山西省、安徽省、湖南省等 8 个省市，西部地带包括广西壮族自治区、四川省、青海省等 12 个省（市、自治区），我国三大地带的水资源效率参见表 11-4。

表 11-4　　我国三大地带的水资源效率（2004—2014 年）

东部地带	效率值	中部地带	效率值	西部地带	效率值
广东省	0.080	河南省	0.066	四川省	0.068
河北省	0.103	湖南省	0.075	广西壮族自治区	0.075
山东省	0.104	安徽省	0.09	云南省	0.149
江苏省	0.125	湖北省	0.09	贵州省	0.169

续表

东部地带	效率值	中部地带	效率值	西部地带	效率值
辽宁省	0.156	江西省	0.119	陕西省	0.203
浙江省	0.188	黑龙江省	0.182	重庆市	0.205
福建省	0.195	山西省	0.20	甘肃省	0.258
海南省	0.588	吉林省	0.237	新疆维吾尔自治区	0.277
上海市	0.596			内蒙古自治区	0.452
天津市	1.246			宁夏回族自治区	0.591
北京市	1.428			青海省	1.082
均值	0.437	均值	0.132	均值	0.321

表 11-4 数据表明东、中、西三大地带的水资源效率存在着以下差异：
（1）东、中、西三大地带中，东部地带水资源效率最高，水资源效率平均额高达 0.44；西部地带水资源效率次之，数据为 0.32；中部地带水资源效率最低，仅为 0.13。这一数据表明三大地带的水资源效率存在差异。
（2）对三大地带省（市、自治区）进行详细分析可知，东部地带中北京市和天津市的水资源效率高于 1，36% 的省市水资源效率高于 0.5，54.5% 的省市水资源效率位于 0.1—0.5，只有广东省的水资源效率低于 0.1。中部地带中水资源效率最高值为吉林省的 0.237，与东部地带的 1.428 相差甚远；最低值为 0.066，亦低于东部地带水资源效率中的最低值 0.080，此外，50% 的省水资源效率低于 0.1。西部地带中水资源效率最高值为 1.082，最低值为 0.068，高于中部地带最低值，只有 18% 的省（市、自治区）水资源效率低于 0.1。

不论根据三大地带的水资源效率平均值，抑或根据三大地带内具体省（市、自治区）数据，都表明三大地带的水资源效率存在差异，因此初步判断水资源效率与经济发展水平、技术水平存在关联。为了进一步判断水资源效率的差异程度与影响因素，对我国省（市、自治区）在东、中、西基础上进行进一步的区域划分。

三 我国水资源效率的区域差异：六大地区比较

按照中华人民共和国国家统计局的划分标准，我国地区常规分类为华北、西北、华东、东北、中南、西南六大地区。华北地区包括北京市、河北省等 5 省（市、自治区）；东北地区包括辽宁省、吉林省、黑龙江省；

华东地区包括上海市、江苏省、浙江省等 7 省市；中南地区包括河南省、湖北省等 6 省（自治区）；西南地区包括重庆市、四川省等 5 省市；西北地区包括陕西省、甘肃省等 5 省（自治区）；本研究据此将中国大陆区域进一步划分为华北、西北、华东、东北、中南、西南六大地区，并计算和比较以上六大区域的水资源效率。六大地区的水资源效率见表 11-5。

表 11-5　　　　　我国六大地区的水资源效率（2004—2014 年）

华北	效率值	华东	效率值	中南	效率值	西南	效率值	西北	效率值	东北	效率值
河北省	0.103	安徽省	0.090	河南省	0.066	四川省	0.068	陕西省	0.203	辽宁省	0.156
山西省	0.200	山东省	0.104	湖南省	0.075	云南省	0.149	甘肃省	0.258	黑龙江省	0.182
内蒙古自治区	0.452	江西省	0.119	广西壮族自治区	0.075	贵州省	0.169	新疆维吾尔自治区	0.277	吉林省	0.237
天津市	1.246	江苏省	0.125	广东省	0.080	重庆市	0.205	宁夏回族自治区	0.591		
北京市	1.428	浙江省	0.188	湖北省	0.090			青海省	1.082		
		福建省	0.195	海南省	0.588						
		上海市	0.596								
均值	0.686	均值	0.202	均值	0.162	均值	0.148	均值	0.482	均值	0.191

表 11-5 数据表明：（1）华北、西北区域水资源效率较高，平均效率分别为 0.69 与 0.48；华东、东北次之，水资源平均效率分别为 0.20、0.19；中南、西南区域水资源效率相对较低，水资源平均效率分别为 0.16、0.15。（2）从最大值进行比较分析可知，华北地区与西北地区的水资源效率均高于 1，华东和中南地区的水资源效率则高于 0.5，西南和东北地区均低于 0.3；从最低值进行比较分析可知，华北、西北和东北地区的水资源效率高于 0.1，其他三区则低于 0.1。（3）西北地区的青海省拉高了整个地区的水资源效率，中南地区的海南省拉高了整个地区的水资源效率，华北地区、华东地区、西南地区和东北地区具体省（市、自治区）的水资源效率则较为平均，差距相比较西北地区与中南地区并无那么显著。

在六大区域水资源效率的区域差异基础上进一步分析差异原因，初步分析认为：东北地区一度占有中国 98% 的重工业基地，对水资源的污染较为严重，水资源效率较低；华北地区、华东地区经济较为发达，技术水平相对先进，水资源效率较高；西北地区则因水资源缺乏，普遍节约水资源，水资源对环境的污染较低，因此水资源效率相对较高。因此，可以提出区域水资源效率与经济发展水平、科技水平、用水结构、国家政策扶持、水资源总量等影响相关。下文拟对水资源效率区域差异的影响因素进行具体分析。

第四节　水资源效率区域差异的影响因素分析

一　水资源效率影响因素的确定：Tobit 模型

对于水资源效率的影响因素，本研究选取了经济发展水平（Panayotou，1996；高媛媛、许新宜，2013；宋国君、何伟，2014）、产业用水结构（Byrnes，2010；董战峰、喻恩源等，2012）、科技水平（杨丽英、许新宜，2009；魏楚、沈满洪，2014）等作为水资源效率的影响因素。

（1）经济发展水平。1996 年，Panayotou 提出了环境库兹涅茨曲线（Environmental Kuznets Curve，以下简称 EKC），提出环境质量随经济发展呈现先降后升的 U 形曲线关系。国内学者高媛媛等（2013）、宋国君等（2014）亦指出水资源利用效率与经济发展存在相关关系。我国工业化发展迅速的同时伴随着日益严重的水资源污染，我国的水资源污染状况与经济发展水平依然存在着负相关关系。本研究认为省际经济发展水平是水资源效率存在区域差异的原因之一；在此基础上进一步选取治理废水项目完成投资额和供水总量作为省际经济发展水平的表征值，考察不同省（市、自治区）的经济发展水平对水资源效率的影响。

（2）产业用水结构。EKC 表明环境质量还与产业结构存在关联，我国也强调产业结构转型的重要性，学术界对产业用水结构和水资源效率之间的关系也进行了探讨。董战峰等（2012）认为农业用水过多投入会影响水资源利用效率，买亚宗等（2014）和陈关聚等（2013）则探讨了工业用水对水资源效率的影响。本研究认为产业用水结构在一定程度上会影响水资源效率，并在此基础上选择农业用水总量、工业用水总量、生活用水总量和生态用水总量作为产业用水结构的表征值，考察省际产业用水结构的差异对水资源效率的影响。

（3）科技水平。科技水平是环境绩效的重要影响因素之一（周国富等，2012），Dehehibi 等（2007）指出生产技术对农业水资源利用效率有积极作用，马海良等（2012）也提出技术进步有利于提高水资源利用效率。本研究确定科技水平是水资源效率的影响因素之一，并在此基础上确定供水综合生产能力和地方财政科学技术支出作为科技水平的表征值，以分析省际科技水平的差异与水资源效率差异之间的相关性。

在分析了水资源效率的基础上，需要进一步分析水资源效率的具体影响因素以及影响程度，因此本研究在确定水资源效率影响因素的基础上，拟采用 Tobit 模型回归分析水资源效率的影响方向与影响程度。

同时，考虑到样本的可获得性、可观察性以及代表性，对于水资源效率影响因素的具体指标，分别选取治理废水项目完成投资额（X_1，单位：万元）和供水总量（X_2，单位：亿立方米）表示经济发展水平；选取供水综合生产能力（X_3，单位：万立方米/日）和地方财政科学技术支出（X_4，单位：亿元）表示科技水平；选取农业用水总量（X_5，单位：亿立方米）、工业用水总量（X_6，单位：亿立方米）、生活用水总量（X_7，单位：亿立方米）、生态用水总量（X_8，单位：亿立方米）表示产业用水结构，并在此基础上构建水资源效率影响因素的 Tobit 回归模型：

$$Y = \beta_0 + \beta_1 \ln X_1 + \beta_2 \ln X_2 + \beta_3 \ln X_3 + \beta_4 \ln X_4 + \beta_5 \ln X_5 +$$
$$\beta_6 \ln X_6 + \beta_7 \ln X_7 + \beta_8 \ln X_8 + \varepsilon_i \qquad \text{公式 11-2}$$

公式 11-2 中，β_0 是回归式的常数项，β_1 至 β_8 是每一个自变量的回归系数，i 是决策单元的个数，ε_i 是回归式的误差项，Y 是因变量，代表水资源效率。又因各自变量数额较大，为了减少多重共线性，对个数据进行对数处理。

二　水资源效率影响因素的 Tobit 回归分析

水资源效率的影响因素具体指标的数据来自 2005—2015 年《中国统计年鉴》和相关省（市、自治区）的统计年鉴及统计公报，对这些数据进行相应的 Tobit 模型回归分析。

首先，对数据进行 LLC 单位根检验，见表 11-6。假设面板数据中存在单位根，从单位根检验结果看，各变量检验结果都显示 P 值小于 0.05，所以拒绝原假设，因此面板数据中不存在单位根，意味着回归分析中不存在"伪回归"问题。

表 11-6   水资源效率及影响因素的单位根检验

	Statistic	Prob. **	Cross-sections	Obs
Y 水资源效率	-10.81580	0.00000	29	289
X_1 治理废水项目完成投资额	-5.39704	0.00000	29	285
X_2 供水总量	-4.01522	0.00000	29	280
X_3 供水综合生产能力	-3.49886	0.00020	29	284
X_4 地方财政科学技术支出	-7.85111	0.00000	29	286
X_5 农业用水总量	-3.15164	0.00080	29	282
X_6 工业用水总量	-7.41956	0.00000	29	280
X_7 生活用水总量	-3.83895	0.00010	29	280
X_8 生态用水总量	-8.10510	0.00000	29	284

其次，在通过单位根检验的基础上，对数据进行 ADF 协整检验，见表 11-7。结果显示 P 值小于 0.05，因此面板数据中存在协整关系，意味着变量之间有长期均衡关系。

表 11-7   水资源效率影响因素的协整检验

	t-Statistic	Prob.
ADF	2.331568	0.0099
Residual variance		0.004105
HAC variance		0.002359

在此基础上进行水资源效率影响因素的 Tobit 回归分析，回归结果如表 11-8 所示。

表 11-8   水资源效率影响因素的 Tobit 回归分析结果

	Coefficient	Std. Error	z-Statistic	Prob.
常数项	0.496346	0.052442	11.464726	0.0000
经济发展水平				
X_1 治理废水项目完成投资额	-1.57E-06	3.23E-07	-4.87728	0.0000
X_2 供水总量	0.016673	0.005733	2.908377	0.0036
科技水平				
X_3 供水综合生产能力	0.000325	3.76E-05	8.644532	0.0000
X_4 地方财政科学技术支出	0.035006	0.017695	1.978373	0.0479
产业用水结构				

续表

	Coefficient	Std. Error	z−Statistic	Prob.
X_5 农业用水总量	−0.017522	0.005799	−3.02132	0.0025
X_6 工业用水总量	−0.01894	0.00575	−3.29414	0.0010
X_7 生活用水总量	−0.02991	0.00568	−5.26625	0.0000
X_8 生态用水总量	−0.055618	0.021204	−2.62296	0.0087

数据来源：2005—2015 年《中国统计年鉴》和相关省（市、自治区）统计年鉴及统计公报。

表 11-8 的计算结果表明：

（1）经济发展水平与水资源效率具有显著的相关关系。回归结果显示，治理废水项目完成投资额与水资源效率呈现显著负相关关系，治理废水项目完成投资额越高，水资源效率越低；供水总量与水资源效率呈现显著正相关关系，供水总量越多，水资源效率越高。这与基本现象相符，治理废水项目投资额越高，意味着废水越多，水资源对环境的影响越显著，水资源产出越高，从而水资源效率越低；供水总量越高，意味着水资源投入越多，水资源效率越高。这一结论与三大地带比较中的东部地带、六大区域比较中华北区域水资源效率最高相符。

（2）科技水平与水资源效率呈现显著正相关关系，其中地方财政科学技术支出对水资源效率的影响低于供水综合生产能力。随着科技水平的提升，净水能力、供水能力提升，效率随之上升，对环境的正影响力提升，因此科技水平越高，水资源效率相对越高。东部地带及华北区域较高的水资源效率，印证了这一分析结果。

（3）产业用水结构与水资源效率呈现负相关关系，其中生活用水、工业用水的影响程度相对较大。也就是说，不管是农业、工业还是生活、生态用水都对环境造成了一定的负面影响，生态用水的影响程度相对较低，这与提升用水效率、提高用水结构这一宗旨相符。可以考虑结合产业用水结构进一步从具体产业的用水量等分析水资源效率区域差异的影响因素。

第五节　结论和建议

一　结论

本研究构建了基于超效率 DEA-Tobit 的两阶段模型，分析了中国大陆

30 个省（市、自治区）的水资源效率，重点分析水资源效率的区域差异及其影响因素。在运用超效率 DEA 模型分析 2004—2014 年间的 30 个省（市、自治区）水资源效率评价基础上，进一步运用 Tobit 模型回归分析水资源效率区域差异的影响因素。本研究关于水资源效率区域差异及其影响因素的研究结果表明：（1）我国水资源效率相对较低，仅有北京、天津、青海三省市的水资源效率高于 1，大部分省（市、自治区）水资源效率位于 0—0.2；（2）我国水资源效率在区域间存在差异化，东部地带水资源效率总体上高于中西部地带，华北、西北区域水资源效率相较于其他区域处于较高水平；（3）通过对水资源效率区域差异的影响因素进行分析，发现省市的经济发展水平、科技水平和产业用水结构是水资源效率的影响因素。

二　建议

上述分析结论对于提升水资源效率的政策意义在于：

（1）坚持绿色发展理念，继续推进经济水平的提升。对于东部地带，在原有经济发展水平基础上，积极推进用水设施的投入与改造（买亚宗、孙福丽，2014），利用先进技术和管理方法降低供水总量，提高水资源效率。对于西部地带，进一步推进经济发展，为西部地区的水资源效率提升经济基础，从而更好地改进水资源效率。

（2）政府做好扶持和引导工作，加大科技投入，培养技术人才，提升科技水平，为水资源效率提供技术支撑。对于东部地带，政府挖掘节水潜力，尽可能提升污水处理能力、重复用水能力，加大环保宣传；中西部地区在提升科技水平的基础上，加强环境监测、政府监管，建立水资源效率的评价体系与惩罚机制，更好地推进水资源效率的提升。

（3）在经济发展、科技水平提升的基础上，推进产业用水结构的完善。针对农业用水提升灌溉系数，提高灌溉效率；针对工业用水提升污水处理能力、水循环使用能力，提高工业水资源效率；针对生活用水，加强环保宣传，扩大宣传范围，提升群众的节水意识；针对生态用水，合理有度促进生态用水的使用。

第十二章

指标体系基础的水资源责任评价

第一节 水资源责任审计评价体系：PSR 框架

一 PSR 框架与水资源责任审计

（一）PSR 框架

加拿大统计学家 David Rapport 和 Tony Friend 最先提出 PSR 模型，后来 OECD 和 UNEP 对该模型进行发展完善，并将其运用在对资源环境的研究中。PSR 模型的理论基础是研究人类与自然之间的相互关系。其中，状态（S）指标代表特定时间节点或时间阶段的自然资源和生态环境现状，反映其状况，回答"发生了什么"的问题；压力（P）指标代表人类的经济和社会活动对自然资源和生态环境所造成的影响，例如：工业生产排放的"三废"对自然环境的破坏等，回答"为什么发生"的问题；响应（S）指标代表人类社会将采取减轻和修复对自然资源和生态环境产生负面影响的措施，并进行预防的各种努力，回答"我们将如何做"的问题。[①]

（二）PSR 框架与水资源责任审计

PSR 框架体系反映出指标之间的因果关系，体现领导干部的行为是否贯彻可持续发展理念。压力指标是形成水资源资产及状态的原因，也是落实政策的响应结果；状态指标是领导干部压力下水资源变化的结果；响应指标是采取措施对水资源现状的弥补，反映了对状态变化的反应程度。根据现代审计理论，监督权是自然资源所有权的派生权。审计机关开展水资源资产离任审计时，考察领导干部任职期初和期末水资源开发保护响应指

---

① 黄溶冰：《基于 PSR 模型的自然资源资产离任审计研究》，《会计研究》2016 年第 7 期。

标（R）的落实情况、压力指标（P）的削减情况以及状态指标（S）的改善情况，客观反映领导干部在任期内是否对水资源进行合理有效以及有偿的占有和使用，进而评价其公共受托责任的履行情况。

（三）PSR 框架与水资源责任审计指标体系

本研究依据相关法律法规，以表 12-1 为基础构建水资源资产离任审计评价指标体系。

表 12-1   水资源离任审计评价指标体系

	一级指标	二级指标	三级指标	实际值	权重分配	指标得分
水资源离任审计指标体系	压力指标	环境承载压力	工业用水量等			
		经济效益压力	单位 GDP 用水等			
	状态指标	水资源环境状态	水资源增长率等			
		水生物状态	水污染营养评价等			
	响应指标	环境保护响应	废水处理率等			
		投资投入响应	专项资金使用率			

二　指标选取的目标和原则

（一）选取目标

水资源资产离任审计涉及领域较广，选取的指标既不能单一也不能重复，为设计一套兼顾完整性和可行性的指标体系，本研究依据 PSR 模型的一级指标，在压力、状态和响应指标的基础上细分，并结合下列原则进行舍取。

压力指标：环境承载压力和经济效益压力。人口增长与发展经济所耗水资源量与水资源环境之间的因果联系由此体现，此方面涉及生活用水量、工业用水量等；节约水资源的要求也反作用于经济的增长，此方面涉及各领域产业增加值与其用水量的比例。

状态指标：水资源环境状态和水生物状态。水资源资产的量是一切分析审计的基础，此方面涉及水资源总量、增长率以及蓄水量等；水资源资产的质是另一大基础，此方面涉及水质分类比重、水污染营养状态评价、栖息地指数、鱼类指数等。

响应指标：环境保护响应和投资投入响应。水环境的改善最能直接体现政府部门的工作成效，此方面涉及水资源利用率、工业废水处理率、排放污水达标率等；建设相关水利工程投资也是反映领导干部工作绩效的一大途径，此方面涉及资金使用专款专用率、投资完成率、环保设施投资收益、水资源信息公开率等。

（二）选取原则

（1）选取指标的可获得性和客观性。应选择客观的量化指标，排除人为判断的可能。参考《中国环境年鉴》和《中国统计年鉴》，选择易获取且具代表性的指标。

（2）考虑指标的管理敏感性和政策相关性。尽可能选择近年来水资源与环境保护、可持续发展政策相关联的指标，或已有政策文件提及的水资源管理评价指标。

（3）全面性和针对性。从宏观角度对领导干部责任进行全面审查，充分探究影响审计评价的各项因素，防止个别指标以偏概全出现审计结论的不公正；同时基于成本与效率，选取的指标应能涵盖评估的各方面，避免冗杂或意义相近的指标。

（4）注重指标的层次性和开放性。从压力、响应和状态三个层次构建指标，每类指标根据其特征并进一步分级分层。由于不同时期不同地区水资源及管理的重点都有所不同，所以可以对框架中的指标调整修订，保持指标体系的开放性。

另外，考虑到本研究的评价指标数量不足以支持全面评价一个地区水资源资产利用和保护的状况，所以延长了指标数据的时序。通过对比近十年间地区各指标的增减浮动，借助纵向变化来分析领导干部近一年水资源资产管理的工作是否有成效。

第二节　基于 PSR 框架水资源责任审计评价指标选取

一　水资源责任审计的压力指标

C_1 人均生活日用水量 =（居民家庭用水量+公共服务用水量）/（用水人口×天数）

生活用水量大且浪费严重是我国水资源短缺的一大原因，由于我国人口众多，节水意识薄弱。地方政府的领导干部应加强节水宣传，并推广落实污水的处理与再利用。单位：立方米/人。

C_2 总用水量

该指标反映地方年总用水量，适用于纵向对比年用水量的增减变化以及与当年供水量，分析城市水资源供需比。单位：亿立方米。

C₃工业用水量

该指标反映地区工业和建筑业消耗水资源量之和，可与农业灌溉用水量以及家庭生活用水量参照对比，或结合分析地区同期工业产值，分析水资源利用率和污水处理率。单位：亿立方米。

C_4 单位 GDP 水资源消耗 = 当期水资源使用消耗量/当期 GDP

该指标反映水资源资产利用的经济性与可持续性。长期以来各地政府唯经济效益为工作目标，忽视了水资源的保护，造成浪费现象。该指标值越大，表示地方政府对水资源资产的利用率越低。单位：立方米/元。

C_5 万元工业增加值用水量 = 工业用水量/工业增加值

该指标反映地方工业企业对水资源的管理效率，也成为考核政府领导干部的依据。地方政府往往考虑财政税收及其他原因对工业企业污染环境行为监管不严，因此核算此指标有利于加强对水资源浪费较严重的工业企业的监督，提高其对水资源资产的利用效率。单位：立方米/元。

二 水资源责任审计的状态指标

C_6 水资源增长率 = （资源当期总量−资源上期总量）/资源上期总量

该指标反映地区总体水资源的增减变化，受当年异常气象影响因此每年都有波动起伏。单位：百分比。

C_7 水资源总量（Ⅰ类水，Ⅱ类水，Ⅲ类水）

该指标为地区年地表水与地下水总量之和，减去两者之间重复部分。是分析所有用水指标的基础，其中水质的分类涉及地方治水工程的工作效率。单位：亿立方米。

C_8 人均水资源量 = 自产水资源量/总人口

该指标反映城市经济发展与人口增长对水资源资产的压力。指标值越大，表示地区居民生活用水浪费，节水环保意识有待加强以及相关产业用水效率低下。单位：立方米/人。

C_9 产水系数 = 水资源总量/年降雨总量

该指标反映了地区将降水量转化为水资源的能力。

C_{10} 水库蓄水量

该指标反映地区所有大中小型水库的蓄水量，指标值越大，说明城市自我调节水流的能力越强。单位：亿立方米。

三　水资源责任审计的响应指标

C_{11} 水资源利用率

该指标是分析城市水资源状况的基本概念之一。经济的发展给水资源资产带来巨大压力，尤其缺水地区水资源环境承载力的不足需要地方加大水资源的循环利用，保证水资源的供给满足需求。单位：百分比。

C_{12} 农田灌溉公顷用水量＝农田灌溉用水量/农田灌溉公顷数

该指标反映地区农业用水状况。我国现代农业的灌溉技术依然不够先进，农民的节水意识淡薄，农业领域的水资源浪费严重。地方政府应带领引进推广先进节水的灌溉技术，缓解水资源短缺问题。单位：立方米/公顷。

C_{13} 水利工程投资

该指标反映地方政府用于水利设施建设、治污防涝工程等的投资额，实现环境保护的目标，水污染治理以及水利建设的投资应在财政支出中保持一定的比例。单位：亿。

C_{14} 水功能区水质达标率

该指标指水功能区依据《地表水环境质量》的标准，达到区域内标准水质的比率，反映了领导干部对水资源资产政策方面的落实情况。该指标值越大，说明该地水资源资产治理效果越好。单位：百分比。

四　水资源责任审计评价的指标体系

本研究在遵循以上原则的基础上，结合水资源资产的特性，引入 PSR 理论框架，建立评价指标体系。该指标体系由三个层次构成，形成递阶层次结构，具体如表 12-2 所示。

表 12-2　　　　　　　　基于 PSR 模型的评价指标

类别		指标	正负效
压力指标	环境承载压力	人均生活日用水量	－
		总用水量	－
		工业用水量	－
	经济效益压力	单位 GDP 水资源消耗	－
		万元工业增加值用水量	－

续表

类别		指标	正负效
状态指标	水资源资产状态	水资源增长率	+
		水资源总量	+
		人均水资源量	+
		产水系数	+
		水库蓄水量	+
响应指标	环境保护响应	水资源利用率	+
		农田灌溉公顷用水量	−
		水功能区水质达标率	+
	投资响应	水利工程投资	+

第三节   水资源责任审计评价指标体系的权重分配

一   基于熵权法的权重分配

(一) 熵权法

在多目标决策中，需要考虑不同指标的相对重要程度。熵在信息论中是系统无序程度的度量，并且还可以度量信息数据中的有效信息量。因此，用熵来揭示所获取的数据中提供的有用决策信息的多少与质量，给不同指标赋予权重系数。

当评价对象在某项指标上的值相差较大时，则熵值较小。说明该指标提供的有效信息量较大，该指标的权重也应较大。反之，若某项指标的值相差较小，则熵值较大。说明该指标提供的信息量较小，该指标的权重也应较小。当各评价对象在某项指标上的值完全相同时，则熵值达到最大，这意味着该指标未提供任何有用的信息，可以考虑从评价指标体系中去除。所以，熵权理论是一种客观赋权方法。在水资源的评价中，通过对熵的计算确定权重，就是根据各项指标值的差异程度，确定各指标的权重。[①]

（二）水资源责任审计评价指标体系权重分配：基于熵权法

本研究采用 MATLAB 实现对熵权法的运用。首先选取 2006 年至 2015 年浙江省杭州市、宁波市和温州市的水资源相关数据加以计算，指标值如表 12-3 所示。将三个城市按年份分类对比，并将各个指标值的数据进行标准化处理。

假设给定指标为 X_1，X_2，$\cdots$，X_k，其中 $X_i = \{x_1, x_2, \cdots, x_n\}$。假设对各指标值标准化后的值为 Y_1，Y_2，$\cdots$，Y_k，那么 Y_{ij}

$$= \frac{X_{ij} - min\ (X_{ij})}{max\ (X_i)\ - min\ (X_i)}。$$

根据信息论中信息熵的定义，一组数据的信息熵 $E_j = -ln(n)^{-1} \sum_{i=1}^{n} p_{ij} ln p_{ij}$。其中 $p_{ij} = Y_{ij} \sum_{i=1}^{n} Y_{ij}$，如果 $p_{ij} = 0$，则定义 $\lim\limits_{p_{ij} \to 0} p_{ij} ln p_{ij} = 0$。

根据信息熵的计算公式，计算出各个指标的信息熵为 E_1，E_2，$\cdots$，E_k。通过信息熵计算各指标的权重：$W_i = \dfrac{1 - E_i}{k - \sum E_i} (i = 1, 2, \cdots, k)$。

最后，根据标准值和权重计算出该项指标的得分，具体过程如表 12-4 所示。

二　权重分配后的水资源责任审计评价体系

本研究采用的熵权法是基于当年所采集数据进行权重分配，因此基于每年水资源环境的变化，审计计算过程中的权重也会随之略有浮动，并非是一个不变的常数。由于本研究着重分析 2015 年的水资源资产离任审计评价指标状况，所以采纳 2015 年的权重。

---

① 邹志红、孙靖南、任广平：《模糊评价因子的熵权法赋权及其在水质评价中的应用》，《环境科学学报》2005 年第 4 期。

表12-3

2006—2015年三市水资源指标数据表

	人均生活日用水量	总用水量	工业用水量	单位GDP水资源消耗	万元工业增加值用水量	水资源增长率	水资源总量	人均水资源量	产水系数	水库蓄水量	水资源利用率	农田灌溉公顷用水量	水利工程投资	水功能区水质达标率
指示值	0	0	0	0	0	1	1	1	1	1	1	0	1	1
评价对象：温州														
2015	0.57	19.13	5.14	0.004	29.2	-2.1	155.74	1708	0.64	15.29	12.2	5551.2	136	83.1
2014	0.6	19.71	5.44	0.005	31.13	15.2	159.01	1754	0.67	11.98	12.4	5782.05	128	75
2013	0.68	20.62	6	0.006	38.19	-24.5	138.08	1501	0.63	13.99	14.9	5712.8	126	74.8
2012	0.68	20.5	5.87	0.006	36.35	107.2	183.94	2009	0.69	13.94	11.1	5188.2	86	72.9
2011	0.66	20.41	6.46	0.007	40.76	-54.8	88.76	1112	0.52	12.78	23	5206.05	53	69.5
2010	0.71	21.17	5.9	0.007	41.1	39.5	196.47	2441	0.71	13.71	10.8	4803	46	66.7
2009	0.66	19.3	5.15	0.006	41	26.1	140.86	1764	0.63	11.61	13.7	5475	41.45	56.8
2008	0.67	19	5.1	0.008	39.6	-29.4	111.7	1409	0.57	10.81	17	5553	25	62.8
2007	0.66	18.8	5	0.008	44	-9	158.3	2053	0.62	10.34	11.9	4986	19	66.4
2006	0.65	17.28	4.63	0.007	43.6	-11.6	173.97	2226	0.69	11.11	9.9	5330	12.13	75.6
评价对象：杭州														
2015	1.06	34.79	13.47	0.003	32.85	46.6	239.06	2650.9	0.68	151.81	14.6	6331.5	59.64	74.5
2014	1.14	37.11	10.4	0.004	36	15.5	163.01	1833.2	0.59	145.62	22.8	6594	56	70.2
2013	1.79	57.77	23.97	0.007	46.5	-36.5	141.15	1596	0.56	123.61	27.7	6604.5	42.06	63
2012	1.26	56.45	15.24	0.007	39.07	61.9	221.26	2513.8	0.66	154.03	18.3	6394.5	46.8	62.35

续表

	人均生活日用水量	总用水量	工业用水量	单位 GDP 水资源消耗	万元工业增加值用水量	水资源增长率	水资源总量	人均水资源量	产水系数	水库蓄水量	水资源利用率	农田灌溉公顷用水量	水利工程投资	水功能区水质达标率
2011	1.58	57.71	14.51	0.008	38.18	-28.2	136.7	1964.8	0.55	139.53	29.3	6582	33.36	61.9
2010	1.54	54.14	13.86	0.009	39.6	34.8	190.4	2762.9	0.63	156.9	20.3	6768	28.3	60.53
2009	1.59	54.28	13.57	0.011	42.1	-8.34	141.5	2070.6	0.55	142.9	28.1	7072.5	28.37	66.23
2008	2.3	56.7	14.94	0.12	49.8	23.8	154.38	2278.2	0.57	145.7	26.4	6988.5	20.6	52.6
2007	2.05	48.91	16.59	0.14	141	-20.89	85.28	1308	0.53	131	25.6	7725	17.9	58.36
2006	2.03	49.06	17.56	0.14	158	21.52	107.8	1632	0.62	135.2	28.7	7335	17.3	73.5
评价对象：宁波														
2015	1.07	22.97	5.93	0.003	16.6	47.6	118.67	1518	0.65	9.97	19.4	3720	92.7	81.5
2014	1.08	22.93	5.79	0.003	16	5	80.41	1028	0.56	6.88	28.5	3810	86.9	74.1
2013	1.06	22.14	5.67	0.003	16.2	-37.3	76.59	979	0.54	8.74	28.9	3915	73.6	74.1
2012	1.01	21.32	5.57	0.003	17	112.4	122.2	1563	0.66	8.04	17.4	3390	73.5	77.8
2011	1.04	21.88	5.3	0.004	16.7	-36.6	57.5	735	0.47	7.45	38.1	3375	56.9	70.4
2010	1.01	21.26	5.02	0.004	18.6	10.2	90.68	1160	0.59	7.16	23.4	3555	50	77.8
2009	0.99	20.75	4.75	0.005	22.7	21.1	82.26	1052	0.57	7.79	25.2	3615	43.5	70.4
2008	1.02	21.12	5.22	0.005	25.3	-14	67.94	869	0.52	6.83	31.1	3720	41	66.7
2007	1.01	20.82	5.64	0.006	31.4	50.8	79.03	1011	0.57	7.63	26.3	3675	34.2	67
2006	1.02	20.79	5.56	0.008	36.2	-40.3	52.4	670	0.46	5.42	39.7	3990	28.6	67.9

表 12-4　2006—2015 年三市水资源指标权重计算表

	人均生活日用水量	总用水量	工业用水量	单位GDP水资源消耗	万元工业增加值用水量	水资源增长率	水资源总量	人均水资源量	产水系数	水库蓄水量	水资源利用率	农田灌溉公顷用水量	水利工程投资	水功能区水质达标率
指示值*	0	0	0	0	0	1	1	1	1	1	1	0	1	1
评价对象: 2015														
温州	0.57	19.13	5.14	0.004	29.2	-2.1	155.74	1708	0.64	15.29	12.2	5551.2	136	83.1
杭州	1.06	34.79	13.47	0.003	32.85	46.6	239.06	2650.9	0.68	151.81	14.6	6331.5	59.64	74.5
宁波	1.07	22.97	5.93	0.003	16.6	47.6	118.67	1517.52	0.65	9.97	19.4	3720	92.7	81.5
标准值														
	1	1	1	0	0.224615	0	0.30792	0.16806	0	0.037507	0.0	0.29879	1	1
	0.02	0	0	1	0	0.97988	1	1	1	1	0.3	0	0	0
	0	0.754789	0.905162	1	1	1	0	0	0.25	0	1.0	1	0	0.813953
熵值	0.087846	0.622014	0.629802	0.63093	0.433761	0.63088	0.49676	0.37497	0.455486	0.141554	0.5	0.49093	0.5615341	0.626134
权重	0.124786	0.05171	0.050644	0.05049	0.077463	0.05050	0.06885	0.08551	0.074491	0.117439	0.1	0.06964	0.0599837	0.051146
得分														
温州	0.124786	0.05171	0.050644	0	0.017399	0	0.02120	0.01437	0	0.00441	0	0.02081	0.0599837	0.051146
杭州	0.002496	0	0	0.05049	0	0.04948	0.06885	0.08551	0.074491	0.11744	0.021955	0	0	0
宁波	0	0.03903	0.045841	0.05049	0.077463	0.05050	0	0	0.018623	0	0.067356	0.06964	0.026608	0.041631

续表

	人均生活日用水量	总用水量	工业用水量	单位GDP水资源消耗	万元工业增加值用水量	水资源增长率	水资源总量	人均水资源量	产水系数	水库蓄水量	水资源利用率	农田灌溉公顷用水量	水利工程投资	水功能区水质达标率
评价对象：2014														
温州	0.6	19.71	5.44	0.005	31.13	15.2	159.01	1754	0.67	11.98	12.4	5782.05	128	75
杭州	1.14	37.11	10.4	0.004	36	15.5	163.01	1833.2	0.59	145.62	22.8	6594	56	70.2
宁波	1.08	22.93	5.79	0.003	16	5	80.41	1028.26	0.56	6.88	28.5	3810	86.9	74.1
标准值	1	1	1	0	0.2435	0.97143	0.95157	0.90161	1	0.03676	0.0	0.29165	1	1
	0	0	0	0.5	0	1	1	1	0.272727	1	0.6	0	0	0
	0.111111	0.814943	0.929435	1	1	0	0	0	1	0	1.0	1	0.4689922	0.8125
熵值	0.295903	0.62619	0.630321	0.57938	0.450159	0.63083	0.63065	0.62971	0.472942	0.13947	0.6	0.48620	0.5700931	0.626051
权重	0.106319	0.056446	0.055822	0.063514	0.083026	0.05574	0.05577	0.05591	0.079586	0.12994	0.1	0.07758	0.0649163	0.056467
得分														
温州	0.106319	0.056446	0.055822	0	0.020217	0.05415	0.05307	0.05041	0.079586	0.00478	0	0.02263	0.0649163	0.056467
杭州	0	0	0	0.031757	0	0.05574	0.05577	0.05591	0.021705	0.12994	0.03804	0	0	0
宁波	0.011813	0.046	0.051883	0.063514	0.083026	0	0	0.05591	0	0	0.058949	0.07758	0.0304452	0.045879
评价对象：2013														

续表

	人均生活日用水量	总用水量	工业用水量	单位GDP水资源消耗	万元工业增加值用水量	水资源增长率	水资源总量	人均水资源量	产水系数	水库蓄水量	水资源利用率	农田灌溉公顷用水量	水利工程投资	水功能区水质达标率
温州	0.68	20.62	6	0.006	38.19	-24.5	138.08	1501	0.63	13.99	14.9	5712.8	126	74.8
杭州	1.79	57.77	23.97	0.007	46.5	-36.5	141.15	1596	0.56	123.61	27.7	6604.5	42.06	63
宁波	1.06	22.14	5.67	0.003	16.2	-37.3	76.59	979.412	0.54	8.74	28.9	3915	73.6	74.1
标准值	1	1	0.981967	0.25	0.274257	1	0.95245	0.84593	1	0.04570	0.0	0.33155	1	1
	0	0	0	0	0	0.0625	1	1	0.222222	1	0.9	0	0	0
	0.657658	0.959085	1	1	1	0	0	0	0	0	1.0	1	0.3757446	0.940678
熵值	0.611378	0.630731	0.630892	0.455486	0.474055	0.20364	0.63066	0.62776	0.43158	0.16343	0.6	0.51085	0.5337081	0.630504
权重	0.056855	0.054024	0.054	0.079662	0.076945	0.11651	0.05403	0.05446	0.083159	0.12239	0.1	0.07156	0.068218	0.054057
得分 温州	0.056855	0.054024	0.053026	0.019915	0.021103	0.11651	0.05147	0.04607	0.083159	0.00559	0	0.02373	0.068218	0.054057
杭州	0	0	0	0	0	0.00728	0.05403	0.05446	0.01848	0.1223	0.049465	0	0	0
宁波	0.037391	0.051813	0.054	0.079662	0.076945	0	0	0	0	0	0.05413	0.07156	0.0256325	0.05085
评价对象：2012 温州	0.68	20.5	5.87	0.006	36.35	107.2	183.94	2009	0.69	13.94	11.1	5188.2	86	72.9

续表

	人均生活日用水量	总用水量	工业用水量	单位GDP水资源消耗	万元工业增加值用水量	水资源增长率	水资源总量	人均水资源量	产水系数	水库蓄水量	水资源利用率	农田灌溉公顷用水量	水利工程投资	水功能区水质达标率
杭州	1.26	56.45	15.24	0.007	39.07	61.9	221.26	2513.8	0.66	154.03	18.3	6394.5	46.8	62.35
宁波	1.01	21.32	5.57	0.003	17	112.4	122.2	1562.66	0.66	8.04	17.4	3390	73.5	77.8
标准值														
	1	1	0.968976	0.25	0.123244	0.89526	0.62326	0.46927	1	0.04041	0.0	0.40150	1	0.682848
	0	0	0	0	0	0	1	1	0	1	1.0	0	0	0
	0.431034	0.977191	1	1	1	1	0	0	0	0	0.9	1	0.6811224	1
熵值	0.55695	0.630869	0.630817	0.455486	0.314882	0.62954	0.60619	0.57018	0	0.14951	0.6	0.54520	0.6144554	0.614668
权重	0.062824	0.052343	0.052351	0.077213	0.097151	0.05253	0.05584	0.06095	0.141801	0.12060	0.1	0.06449	0.0546708	0.054641
得分														
温州	0.062824	0.052343	0.050727	0.019303	0.011973	0.04703	0.03481	0.02860	0.141801	0.00487	0	0.02589	0.0546708	0.037311
杭州	0	0	0	0	0	0	0.05584	0.06095	0	0.12060	0.052591	0	0	0
宁波	0.027079	0.051149	0.052351	0.077213	0.097151	0.05253	0	0	0	0	0.046359	0.06449	0.0372375	0.054641
评价对象：2011														
温州	0.66	20.41	6.46	0.007	40.76	-54.8	88.76	1112	0.52	12.78	23	5206.05	53	69.5
杭州	1.58	57.71	14.51	0.008	38.18	-28.2	136.7	1964.8	0.55	139.53	29.3	6582	33.36	61.9

续表

	人均生活日用水量	总用水量	工业用水量	单位GDP水资源消耗	万元工业增加值用水量	水资源增长率	水资源总量	人均水资源量	产水系数	水库蓄水量	水资源利用率	农田灌溉公顷用水量	水利工程投资	水功能区水质达标率
宁波	1.04	21.88	5.3	0.004	16.7	-36.6	57.5	735.294	0.47	7.45	38.1	3375	56.9	70.4
标准值														
	1	1	0.87405	0.25	0	0	0.39470	0.3063	0.625	0.04035	0.0	0.42905	0.8343246	0.894118
	0	0	0	0	0.107232	1	1	1	1	1	0.4	0	0	0
	0.586957	0.96059	1	1	1	0.68421	0	0	0	0	1.0	1	1	1
熵值	0.599741	0.630746	0.628873	0.455486	0.289546	0.61483	0.54229	0.49580	0.606473	0.14935	0.6	0.55621	0.627212	0.629507
权重	0.060446	0.055764	0.056047	0.082231	0.107291	0.05817	0.06912	0.07614	0.059429	0.12846	0.1	0.06702	0.0562973	0.055951
得分														
温州	0.060446	0.055764	0.048987	0.020558	0	0	0.02728	0.02333	0.037143	0.00518	0	0.02875	0.0469702	0.050027
杭州	0	0	0	0	0.011505	0.05817	0.06912	0.07614	0.059429	0.12846	0.028307	0	0	0
宁波	0.035479	0.053566	0.056047	0.082231	0.107291	0.03980	0	0	0	0	0.067631	0.06702	0.0562973	0.055951
评价对象：2010														
温州	0.71	21.17	5.9	0.007	41.1	39.5	196.47	2441	0.71	13.71	10.8	4803	46	66.7
杭州	1.54	54.14	13.86	0.009	39.6	34.8	190.4	2762.9	0.63	156.9	20.3	6768	28.3	60.53
宁波	1.01	21.26	5.02	0.004	18.6	10.2	90.68	1160	0.59	7.16	23.4	3555	50	77.8

续表

	人均生活日用水量	总用水量	工业用水量	单位GDP水资源消耗	万元工业增加值用水量	水资源增长率	水资源总量	人均水资源量	产水系数	水库蓄水量	水资源利用率	农田灌溉公顷用水量	水利工程投资	水功能区水质达标率
标准值	1	1	0.900452	0.4	0	1	1	0.79923	1	0.04374	0	0.61158	0.8156682	0.357267
	0	0	0	0	0.066667	0.83959	0.94262	1	0.333333	1	0.75128	0	0	0
	0.638554	0.99727	1	1	1	0	0	0		0		1	1	1
熵值	0.608601	0.630929	0.62968	0.544568	0.212806	0.62747	0.63053	0.62525	0.51186	0.15835	0.621719	0.60423	0.6262308	0.524665
权重	0.060747	0.057281	0.057475	0.070685	0.122176	0.05782	0.05734	0.05816	0.075762	0.13063	0.058711	0.06143	0.0580107	0.073774
得分 温州	0.060747	0.057281	0.051754	0.028274	0	0.05782	0.05734	0.04649	0.075762	0.00571	0	0.03757	0.0473174	0.026357
杭州	0	0	0	0	0.008145	0.04854	0.05405	0.05816	0.025254	0.13063	0.044108	0	0	0
宁波	0.038790	0.057125	0.057475	0.070685	0.122176	0	0	0	0	0	0.058711	0.06143	0.0580107	0.073774
标准值														
评价对象: 2009 温州	0.66	19.3	5.15	0.006	41	26.1	140.86	1764	0.63	11.61	13.7	5475	41.45	56.8
杭州	1.59	54.28	13.57	0.011	42.1	-8.34	141.5	2070.6	0.55	142.9	28.1	7072.5	28.37	66.23
宁波	0.99	20.75	4.75	0.005	22.7	21.1	82.26	1051.92	0.57	7.79	25.2249	3615	43.5	70.4
标准值														

续表

	人均生活日用水量	总用水量	工业用水量	单位GDP水资源消耗	万元工业增加值用水量	水资源增长率	水资源总量	人均水资源量	产水系数	水库蓄水量	水资源利用率	农田灌溉公顷用水量	水利工程投资	水功能区水质达标率
温州	1	1	0.954649	0.833333	0.056701	1	0.98920	0.69902	1	0.02827	0	0.46204	0.864076	0
杭州	0	0	0	0	0	0	1	1	0	1	1	0	0	0.693382
宁波	0.645161	0.958548	1	1	1	0.85482	0	0	0.25	0	0.80034	1	1	1
熵值	0.609590	0.630726	0.630685	0.627163	0.190376	0.62814	0.63092	0.61657	0.455486	0.11462	0.625321	0.56784	0.6285242	0.615926
权重	0.060735	0.057447	0.057453	0.058001	0.12595	0.05785	0.05742	0.05965	0.084708	0.13774	0.058288	0.06723	0.0577892	0.059749
得分　温州	0.060735	0.057447	0.054848	0.048334	0.007142	0.05785	0.05680	0.04170	0.084708	0.00389	0	0.03106	0.0499592	0
得分　杭州	0	0	0	0	0	0	0.05742	0.05965	0	0.13774	0.058288	0	0	0.041429
得分　宁波	0.039184	0.055065	0.057453	0.058001	0.12595	0.04945	0	0	0.021177	0	0.04665	0.06723	0.0577892	0.059749
评价对象：2008　温州	0.67	19	5.1	0.008	39.6	−29.4	111.7	1409	0.57	10.81	17	5553	25	62.8
评价对象：2008　杭州	2.3	56.7	14.94	0.12	49.8	23.8	154.38	2278.2	0.57	145.7	26.4	6988.5	20.6	52.6
评价对象：2008　宁波	1.02	21.12	5.22	0.005	25.3	−14	67.94	868.798	0.52	6.83	31.08625	3720	41	66.7
标准值　温州	1	1	1	0.973913	0.416327	0	0.50625	0.38328	1	0.02866	0	0.43919	0.2156863	0.723404
标准值　杭州	0	0	0	0	0	1	1	1	1	1	0.667317	0	0	0
标准值　宁波	0.785276	0.943767	0.987805	1	1	0.28947	0	0	0	0	1	1	1	1

续表

	人均生活日用水量	总用水量	工业用水量	单位GDP水资源消耗	万元工业增加值用水量	水资源增长率	水资源总量	人均水资源量	产水系数	水库蓄水量	水资源利用率	农田灌溉公顷用水量	水利工程投资	水功能区水质达标率
熵值	0.62433	0.630549	0.630913	0.63085	0.551285	0.48473	0.58111	0.53720	0.63093	0.11581	0.612688	0.55996	0.4254983	0.619156
权重	0.059021	0.058044	0.057987	0.057997	0.070497	0.08095	0.06581	0.07271	0.057984	0.13892	0.06085	0.06914	0.0902596	0.059834
得分														
温州	0.059021	0.058044	0.057987	0.056484	0.02935	0	0.03332	0.02787	0.057984	0.00398	0	0.03036	0.0194678	0.043284
杭州	0	0	0	0	0	0.08095	0.06581	0.07271	0.057984	0.13892	0.040607	0	0	0
宁波	0.046348	0.05478	0.05728	0.057997	0.070497	0.02343	0	0	0	0	0.06085	0.06914	0.0902596	0.059834
评价对象: 2007														
温州	0.66	18.8	5	0.008	44	-9	158.3	2053	0.62	10.34	11.9	4986	19	66.4
杭州	2.05	48.91	16.59	0.14	141	-20.89	85.28	1308	0.53	131	25.6	7725	17.9	58.36
宁波	1.01	20.82	5.64	0.006	31.4	50.8	79.03	1010.61	0.57	7.63	26.34443	3675	34.2	67
标准值														
	1	1	1	0.985075	0.885036	0.16585	1	1	1	0.02197	0	0.67630	0.0674847	0.930556
	0	0	0	0	0	0	0.07884	0.28529	0	1	0.948463	0	0	0
	0.748201	0.932913	0.94478	1	1	1	0	0	0.444444	0	1	1	1	1
熵值	0.621455	0.630381	0.630563	0.630904	0.629236	0.37233	0.23806	0.48187	0.561838	0.09448	0.630611	0.61385	0.2145732	0.630341
权重	0.053928	0.052656	0.05263	0.052581	0.052819	0.08942	0.10855	0.07381	0.062421	0.129	0.052623	0.05501	0.1118921	0.052662
得分														

续表

	人均生活日用水量	总用水量	工业用水量	单位GDP水资源消耗	万元工业增加值用水量	水资源增长率	水资源总量	人均水资源量	产水系数	水库蓄水量	水资源利用率	农田灌溉公顷用水量	水利工程投资	水功能区水质达标率
温州	0.053928	0.052656	0.05263	0.051797	0.046747	0.01483	0.10855	0.07381	0.062421	0.00283	0	0.03720	0.007551	0.049005
杭州	0	0	0	0	0	0	0.00856	0.02106	0	0.129	0.049911	0	0	0
宁波	0.040349	0.049123	0.049724	0.052581	0.052819	0.08942	0	0	0.027743	0	0.052623	0.05501	0.1118921	0.052662
评价对象：2006														
温州	0.65	17.28	4.63	0.007	43.6	-11.6	173.97	2226	0.69	11.11	9.9	5330	12.13	75.6
杭州	2.03	49.06	17.56	0.14	158	21.52	107.8	1632	0.62	135.2	28.7	7335	17.3	73.5
宁波	1.02	20.79	5.56	0.008	36.2	-40.3	52.4	670.077	0.46	5.42	39.67557	3990	28.6	67.9
标准值	1	1	1	1	0.939245	0.46425	1	1	1	0.04384	0	0.59940	0	1
	0	0	0	0	0	1	0.45571	0.61823	0.695652	1	0.63139	0	0.3139041	0.727273
	0.731884	0.889553	0.928074	0.992481	1	0	0	0	0	0	1	1	1	0
熵值	0.619978	0.629374	0.630296	0.630923	0.630483	0.56856	0.56573	0.60536	0.616188	0.15861	0.607493	0.60207	0.5004674	0.619536
权重	0.063180	0.061618	0.061464	0.06136	0.061433	0.07220	0.07220	0.06561	0.06381	0.13988	0.065256	0.06616	0.0830489	0.063253
得分 温州	0.063180	0.061618	0.061464	0.06136	0.057701	0.0333	0.07220	0.06561	0.06381	0.00613	0	0.03966	0	0.063253
杭州	0	0	0	0	0	0.07173	0.03290	0.04056	0.04439	0.13988	0.041202	0	0.0260694	0.046002
宁波	0.046240	0.054812	0.057044	0.060899	0.061433	0	0	0	0	0	0.065256	0.06616	0.0830489	0

表 12-5 　　　　改进后的水资源资产离任审计评价指标体系

一级指标	二级指标	三级指标	权重分配%	指标得分
水资源责任审计指标体系	压力指标	环境承载压力	人均生活日用水量	12.4	
			总用水量	5.2	
			工业用水量	5.1	
		经济效益压力	单位 GDP 水资源消耗	5	
			万元工业增加值用水量	7.7	
	状态指标	水资源环境状态	水资源增长率	4.5	
			水资源总量	6.4	
			人均水资源量	8.1	
			产水系数	6.9	
			水库蓄水量	11.3	
	响应指标	环境保护响应	水资源利用率	9.5	
			农田灌溉公顷用水量	7	
			水功能区水质达标率	4.8	
		投资投入响应	水利工程投资	6	

　　最后，将各年各指标的得分相加，计算得出当年该城市的最终得分。每年三个城市得分总和在 1.4—1.6，即城市之间进行排名对比，或一个城市得分的年份变化，都是合理的。具体如表 12-6 所示。

表 12-6 　　　　　　　　三市各年得分统计表

	宁波得分	杭州得分	温州得分
2006 年	0.49489	0.44274	0.64928
2007 年	0.63395	0.20853	0.61396
2008 年	0.59042	0.45698	0.47715
2009 年	0.6377	0.35452	0.55447
2010 年	0.59817	0.3689	0.55242
2011 年	0.62131	0.43114	0.40445
2012 年	0.5602	0.28998	0.57216
2013 年	0.50199	0.30611	0.65372
2014 年	0.46909	0.38887	0.62481
2015 年	0.48718	0.4707	0.41645

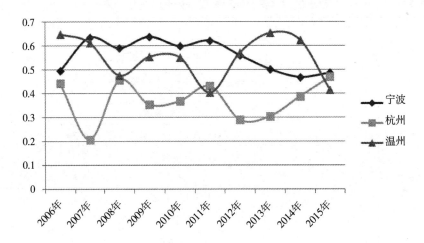

图12-1 2006—2015年温州、杭州、宁波水资源资产审计评价状况比较

三个城市评价结果对比如图12-1所示,杭州市每年的起伏最大,且总体得分水平偏低。通过观察,主要原因为杭州市用水量为三市之首,另外水利工程投资以及农业节水方面投入资金和技术较少,简而言之,压力指标和响应指标得分较低。同时,杭州市的状态指标均稳定位居前茅,其年水资源总量、人均水资源量丰富,水资源资产供需方面相较其他两个城市更有余。温州市各项指标值较平均,标准值极端情况较少。主要优秀指标集中于用水节水量以及水质达标率,温州市政府每年着力水利工程投资建设,为浙江省第一。宁波市年审计得分变化最平稳,但水资源总量及其增长率起伏大,状态指标类是拉低该市总评分的关键。具体针对各城市的分析将在下文详细展开。

第四节 水资源责任审计评价指标体系的案例应用

在已经构建的水资源责任审计评价指标体系的基础上,对各市水利局水资源资产管理和利用进行审计评价。本研究以2015年为离任年,对比近十年变化趋势,总结分析市水利局的水资源资产保护政绩。

本研究使用的数据主要来源于宁波市、杭州市、温州市的统计年鉴、水利公报、政府工作报告、环境状况公报与国民经济和社会发展统计公报。

一　宁波市水资源现状分析

（一）宁波市社会经济及发展状况

截至 2015 年底，宁波市常住人口为 782.5 万人，城镇化率为 71.1%。全市实现地区生产总值 8011.5 亿元，比上年增长 8.0%，人均 GDP 为 102475 元。全年地方财政收入 2072.7 亿元，比上年增长 11.4%，一般公共预算支出 1252.6 亿元。以宁波市 2006—2015 年为例将水资源资产状况与经济发展结合分析，宁波市 GDP 趋势如图 12-2 所示。

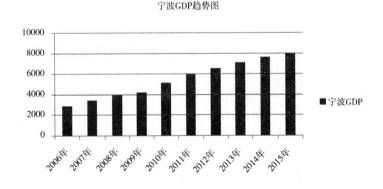

宁波GDP趋势图

图 12-2　2006—2015 年宁波市 GDP 趋势图

（二）宁波市水资源现状

2015 年宁波市平均降水量 2078 毫米，为有水文资料记载以来的第二大值，属丰水年份。地表水资源量 115.98 亿立方米，比多年平均多 58.1%，全市 32 座大中型水库年末蓄水量总量 9.968 亿立方米，比年初增加 3.092 亿立方米。全市总供水量 22.97 亿立方米，与上年基本持平，污水处理回用量及雨水利用量 0.35 亿立方米。主要饮用水水源地水质良好，与上年相比总体情况进一步提升，其中水质为Ⅱ类及以上的占参评总数的 81.5%，主要江河及平原河网水质有所改善。[①]

（三）离任审计评价指标体系在宁波的应用

本研究针对宁波 2015 年水资源资产状况在评价指标体系中的应用结果进行详细分析和评价，结合宁波市当年经济社会发展状况与上表作为评价依据。

---

① 数据来源：宁波市 2015 年水资源公报。

结合参考评价指标体系计算的宁波市十年得分结果，汇总编制得分变化走势图，具体如图 12-3 所示。宁波市评价得分整体波动起伏不大，稳定在 0.5 至 0.7 分区间。从 2011 年起呈现连续下降走势，但 2015 年有回升现象。

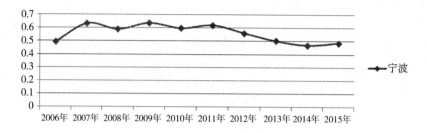

图 12-3　2006—2015 年宁波市水资源审计评价得分汇总图

（四）宁波水资源离任审计评价结果及建议

评价结果表明 2015 年水资源资产状况有所改善，但需要改善的形势仍然严峻。各指标对水资源资产离任审计的影响程度主要是水资源利用率、人均耗用量和水库蓄水量较高，分别为 10%、12.48%、11.74%，对领导干部评价起关键作用。由图 12-3 可知，宁波市在追求经济增长的同时也考虑了水资源的消耗问题，然而宁波市水资源资产总量偏少，人均水资源量较少和人均用水量较多的矛盾没有得到解决。政府对水利工程建设的投资虽逐年增长，投入金额有待提高。

宁波市的水资源资产离任审计结果在肯定工作成果的同时，也为接下来保护和利用水资源方面提供借鉴和依据。宁波市政府应加大对水利建设资金的投入力度，将关注点集中在水资源利用率的提高和水库蓄水能力的提升。同时继续加强对工业企业的监管，防止对水资源环境的污染。

二　杭州市水资源现状分析

（一）杭州市社会经济及发展状况

截至 2015 年底，杭州市常住人口为 901.8 万人，城镇化率为 75.3%。全市实现地区生产总值 10053.58 亿元，比上年增长 10.2%，人均 GDP 为 111483.5 元。全年地方财政收入 2238.75 亿元，比上年增长 11.0%，一般公共预算支出 1205.48 亿元。以杭州市 2006—2015 年为例将水资源资产状况与经济发展结合分析，杭州市 GDP 趋势如图 12-4 所示。

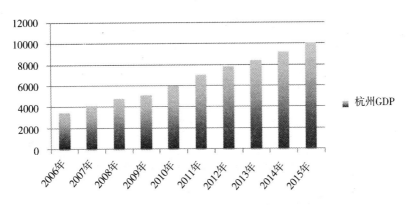

图 12-4　2006—2015 年杭州市 GDP 趋势图

（二）杭州市水资源现状

2015 年杭州市平均降水量 2126 毫米，与 2014 年相比，增长 27.8%。地表水资源量 236.64 亿立方米，比多年平均多 65.0%，全市 17 座大中型水库年末蓄水量总量 151.81 亿立方米，比年初增加 6.19 亿立方米。全市总供水量 34.79 亿立方米，与上年基本持平。主要饮用水水源地水质较好，与上年相比水质明显好转，其中水功能区达到目标水质要求的占参评总数的 73.4%，主要江河及平原河网水质基本保持稳定。

（三）离任审计评价指标体系在杭州的应用

结合参考评价指标体系计算的杭州市十年得分结果，汇总编制得分变化走势图，具体如图 12-5 所示。杭州市评价得分整体波动起伏较大，最高分与最低分差值近 0.3 分。尤其"十一五"期间每年评价得分均较上年有大幅度变化，自 2012 年起呈现稳定持续向好趋势。

（四）浙江杭州水资源离任审计评价结果及建议

评价结果表明 2015 年水资源资产状况稳定向好发展，但需要解决的问题颇多。各指标对水资源资产离任审计的影响程度主要以总用水量、工业用水量、农田灌溉公顷用水量和水利工程投资较高，在杭州持续几年的评价得分中均为 0 分，对领导干部评价起关键作用。由图可知，杭州市在经济增长为浙江省之首的同时并没有很好降低水资源的消耗率，工业用水、农业用水等方面均有较大的浪费现象。政府对水利工程建设的投资虽逐年加大力度，但仍不及宁波市和温州市，与前者差距较大。

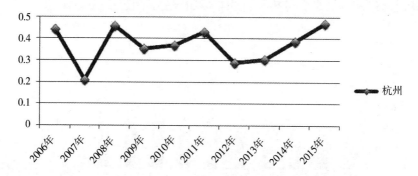

图 12-5 2006—2015 年杭州市水资源审计评价得分汇总图

杭州市的水资源资产离任审计结果既肯定日常工作成果，也为接下来保护和利用水资源方面提供借鉴和参考依据。杭州市政府应加大对水利建设资金的投入力度，将关注点集中在水资源利用率的提高和水功能区水质的改善上。同时继续加强对工业企业的技术扶持与普及，降低工业产值的用水能耗。

三 温州市水资源现状分析

（一）温州市社会经济及发展状况

截至 2015 年底，温州市常住人口为 911.7 万人，城镇化率为 68%。全市实现地区生产总值 4619.8 亿元，比上年增长 7.1%，人均 GDP 为 50672 元。全年地方财政收入 677.9 亿元，比上年增长 6.5%，一般公共预算支出 403.1 亿元。以温州市 2006—2015 年为例将水资源资产状况与经济发展结合分析，温州市 GDP 趋势如图 12-6 所示。

（二）温州市水资源现状

2015 年温州市平均降水量 2068 毫米，属于偏丰水年，但人均拥有水资源量逼近国际公认的水资源紧缺警戒红线。地表水资源量 155.7 亿立方米，全市 23 座大中型水库年末蓄水量总量 25.7 亿立方米。全市总供水量 19.13 亿立方米，连续六年递减，全市人均用水量比上年下降 3.5%。各大河网水库水质总体良好，与上年相比水污染进一步得到改善治理，水源地水质合格率为 93.2%。

（三）离任审计评价指标体系在温州的应用

结合参考评价指标体系计算的温州市十年得分结果，汇总编制得分变化走势图，具体如图 12-7 所示。温州市评价得分整体波动幅度居中，比

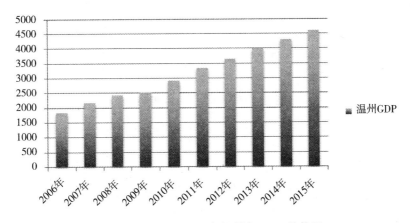

图 12-6　2006—2015 年温州市 GDP 趋势图

之杭州较稳，总体在 0.5 至 0.7 分区间内起伏。从 2013 年起呈现连续下降走势，且 2015 年得分跌落快，接近历史最低点。

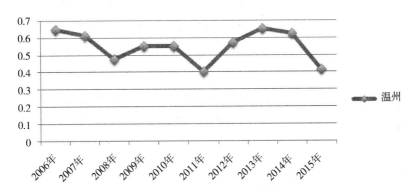

图 12-7　2006—2015 年温州市水资源审计评价得分汇总图

（四）浙江温州水资源离任审计评价结果及建议

评价结果表明 2015 年水资源资产受自然环境影响方面数据不尽如人意。各指标对水资源资产离任审计结果的影响程度主要为水资源增长率、产水系数和水资源利用率，由于全年水资源总量不足引起的一系列相关指标评分较低，进而导致总得分相较历史骤减。由图可知，温州市人均用水量最少，居民节水意识较强，但水资源利用率的提升还需学习宁波市。

温州市的水资源资产离任审计结果肯定了领导干部及相关工作人员的工作成果，也为接下来继续保护和利用水资源方面提供借鉴和参考依据。温州市政府对水利建设资金的投入力度位居浙江省之首，并在"五水共治"工程上严格推进，取得不俗成绩。另外温州市着力于水资源利用率的提高，2015年节水工作效果显著，但个别地区区域性、工程性缺水现象仍然存在。因此实行最严格水资源管理制度，构建节水型社会，依旧是治水的重点。

第五节　结论与建议

一　结论

水资源尤其影响经济社会的发展，节约用水也是一直以来人们最关心的热点话题之一，当前形势下要求积极开展水资源资产审计。而审计评价指标体系作为其中的重要内容，决定审计的评价结果。基于此，本研究对政府水环境绩效审计指标体系进行了研究。

本研究的结论包含四方面：

（1）研究水资源资产负债表。基于水资源分布表为基础，探索编制水资源资产负债表。关于水资源资产负债表中各项目的填写做进一步研究，该表的完善和推广使用有利于日后水资源资产离任审计数据的收集和对比分析。

（2）依据可持续发展观设计评价指标体系。将指标分为三级，压力、状态和响应为一级指标，还要根据浙江省水资源资产管理的具体情况，细分至三级指标。

（3）为指标分配权重。采用熵权法按年份确定指标的权重，分别得出各指标的得分，汇总形成审计结论。

（4）将指标体系运用于宁波市。对宁波市政府水资源资产的管理进行评分，对比分析其近十年各指标得分的变化并提出水资源方面工作的建议。

二　建议

在生态文明建设中，水资源资产离任审计的重要性与日俱增，迫切需要一套系统完整又符合我国国情的指标评价体系来指导审计工作的开展。通过水资源资产审计评价体系的研究能同时完善水资源管理相关工作数据的规整，也可以对同时开展的土地资源、森林资源和矿产资源等审计在审计流程方面起到借鉴作用。

水资源审计指标体系的构建需要各方积极深入研究，在实践中总结经验。并且相关职能部门要协助推动审计工作的顺利开展，加快相关细则和标准的制定，早日实现"美丽中国"。

水资源绩效审计是一个持续改进的过程，随着社会追求更高环境目标的进程，届时将细分出更多符合实际需要的指标，运用更先进的评分方法。尤其是评价体系的使用者——审计部门和水资源部门，在实践中与时俱进，不断完善评价体系。

第五篇
水资源责任审计评价的
激励与问责

第十三章

水资源责任审计评价的激励机制

第一节　波特—劳勒模型与水资源责任审计中的激励

一　基于激励理论的水资源责任审计的激励

（一）水资源责任审计评价中激励机制的必要性

水资源责任审计的开展，使领导干部在任期间对水资源管理方面的职责得到明确，其审计结果与领导干部升迁相挂钩，促使领导干部重视对水资源的管理。水资源一旦得到有效的管理，因经济发展而导致的生态破坏程度将大大减轻，离建设生态文明的目标就会更近一步。

近年来，在中央持续加大的反腐高压下，领导干部群中"不作为"的不良风气有所抬头。部分领导干部为了自保，纷纷表现出一种保守的工作态度，这导致政府部门工作效率低下，将阻碍社会的建设与发展。

开展水资源责任审计的目的是敦促领导干部在其任期内尽到有效管理水资源的职责，因此，以构建水资源责任审计的激励机制来使领导干部积极作为就变得尤为关键了。领导干部在水资源管理上的不作为不仅对个人升迁造成负面影响，对国家、社会和公众都是百害而无一利的。因此，我们有必要构建具有针对性的激励机制，以及时消除此不良现象。

（二）激励理论与水资源责任审计激励

透过激励理论，可以了解到满足领导干部的各种需要以调动其工作积极性的原则和方法。水资源责任审计的激励机制通过设计不同的内、外部奖酬形式和环境的变化，借助信息的沟通作用，来激发、引导、保持和规范领导干部的执政行为，以达到促使领导干部产生对水资源管理的积极行为。激励机制的激励水平越高，领导干部在任期内对水资源管理所做出的努力程度越高，对自身工作的满意度也越强，从而工作效能会得到进一步提高。

激励理论在多年的发展中分化出不同的理论学派，包括行为主义、认知派和综合型三类。行为主义激励理论强调的是外在激励，认知派激励理论强调的是内在激励，而综合型激励理论是前两者的综合、概括与发展，它能更有效地为解决调动人的积极性的问题提供指导。

本研究将以综合型激励模型中的波特—劳勒激励模型为基础，结合水资源责任审计的特点来构建激励机制。

二　波特—劳勒模型与水资源责任审计中的激励

（一）波特—劳勒激励模型的基本原理

综合型激励理论是由激励内容理论、激励过程理论和强化激励理论综合发展而来，避免了单一理论的局限性和片面性。波特—劳勒激励模型就是综合型激励理论的一种，它建立在弗隆模型基础之上，并增加了反馈机制和四种影响因素，相比较而言变得更加合理。

波特—劳勒激励模型中的工作绩效作为一个多维变量，受到个人努力程度、个人能力与素质、工作条件和角色感知这几方面因素的影响。主张应通过设置激励目标和采取激励手段来努力形成"激励→工作绩效→内、外在奖酬→满意→回馈"这样的良性循环。此模型的原理运行方式如图13-1所示。

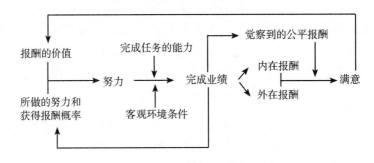

图 13-1　波特—劳勒激励模型的原理

（二）波特—劳勒激励模型与水资源责任激励

领导干部是为社会公众提供服务，它所带有的独特的工作性质决定了它更适用目标管理方式，和其他内容激励理论相比，过程激励更适用于对领导干部的工作激励。波特—劳勒激励模型是过程激励方式中比较完善的模型，也同样适用于对领导干部在水资源管理上的激励。

本研究所构建的激励机制是以传统的波特—劳勒激励模型为基础，采用层次分析法对模型的应用做出进一步的完善，结合水资源的特点制定综合评估标准，是一个将理论上升到实践途径的过程。

第二节　波特—劳勒激励模型中的心理因素构成

一　心理因素的总体构成

从上述波特—劳勒激励模型的原理图中可以看出，其实则是一个良性循环过程，一切动作最终都是围绕"完成业绩"而展开的。因此，激励效果的实现主要就是对"完成业绩"之前的条件进行干预，最直接相关的就是努力、完成任务的能力和客观环境条件。

三者中，最重要的就是完成任务的能力。首先，一切能力都是建立在最基础的身体条件之上的，如果没有健康的身体得以支撑，拥有再多的工作能力都是无法施展的，这就关系到较低级别的"能不能"；其次，在身体条件允许的情况下，就要考虑"想不想"的问题了，如果心里不想做，就自然完不成任务；最后，光有强健的体魄和内心的冲动也是不够的，如果不具备一定的工作能力，那么完成任务也将无从下手，这就是较高级别的"能不能"，以上三点归纳为"个人能力与素质"。

努力相当于现状和期望目标之间的距离，当所需要的时间确定的时候，未来状况与期望目标之间的差距取决于努力的程度。一个人的努力程度受到自身和外界压力的双重影响，包括该做什么、怎么做好、实现了什么样的结果、自己对结果满不满意以及其他人对结果满不满意等，这就是一个人对自己所扮演的角色的感知。

对"完成业绩"产生影响的第三个方面就是客观环境条件，它是一个辅助性的外在因素，它会影响人的心理和行为，但往往不是人们最在意的。与本研究直接相关的客观环境条件就是工作条件。

二　心理因素1：个人能力与素质

（一）个体从事水资源管理必要的智能与技能

要对水资源进行有效管理，这要求领导干部具备一定的自然科学、管理学等专业知识，但现行的领导干部选拔和任用的机制受到诸多因素的制约，例如政治环境和关系网络等，因此难以做到完全按照领导干部的个人能力安排合适的岗位，导致出现能力和岗位要求之间不匹配的情况。

从事水资源管理所需的智能和技能与领导干部水资源管理的成绩直接相关，如果缺乏专业知识，领导干部在工作过程中会感到力不从心，从而渐渐丧失对工作的积极性，致使工作效能下降，不利于水资源管理。

（二）生理条件

生理条件是指机体的生命活动和各个器官的机能，这项因素即指领导干部的人体各项生理功能均正常，各组织器官无病变情况。拥有健康的身体是承担工作的前提，如果身体存在某些疾病，如组织器官病变、具有严重传染性等，一般认为是无法胜任工作的，一是自身的身体无法负荷正常的工作强度，二是对工作环境中的他人有影响。因此，如果领导干部的生理条件不佳，则难以完成当下的工作甚至是具有延续性的长期工作，轻则工作效率低下，重则暂停工作。

水资源的管理不是一蹴而就的，它属于一项长期性的工作，每个领导干部都具有自己独特的管理思路，如果因为领导干部的生理条件欠缺而导致管理效果大打折扣，达不到预期的效果，这对领导干部的工作态度会产生影响。

（三）心理状况

具有良好的生理条件是承担工作的前提，要达到最佳的工作效果，领导干部的心理状况也是一项十分重要的因素。心理状况因素是指领导干部能够保持一种积极的心理状态，对内外界的变化都能做出良好的适应，并且充分发挥其身心潜能。

领导干部拥有良好的心理状况就会有较强的适应力，能充分了解自己的特点和能力，对不足之处能及时地加以改进，会根据实际情况定下自己的工作目标，善于总结经验，并与周围人保持良好的关系，这些特质都会对领导干部的工作产生正面的影响。

三　心理因素 2：工作条件

（一）物理环境

物理环境属于工作环境中的硬环境，它包括了工作环境的整洁程度、办公设施的完善程度、办公环境的采光和通风条件、取暖和制冷装置的配备等。

物理环境的好坏没有绝对的标准，每个领导干部都有不尽相同的爱好，也会因为工作性质的不同而对环境有不一样的要求，比如，大多数人都会选择较为安静的工作环境，有利于自己厘清思路，但也有一部分人喜欢喧哗的工作环境，相对热闹的环境能够激发他们的灵感。因此，只有适合领导干部自身的工作环境才是最好的环境。较为完善的工作设施会给领导干部的工作带来极大的便利，反之，一旦他们觉得缺乏自身工作所需的设施，会认为达不到预想的效果，从而降低工作的积极性。

取暖和制冷装置在物理环境因素中也是十分关键的一项，适宜的环境温度是影响领导干部工作效率的因素之一，在过冷或者过热的环境中工作都会使人无法集中注意力，从而导致工作效率的低下，即领导干部的工作积极性不够。

（二）人际环境

人与人之间构成的相互依赖与合作的关系就是人际关系，社会中的人是由各种各样的关系联系起来的，也就是说，人和人是存在于各种关系之上的，而这之间的关系网络经过无数的相互交叉，最后形成一种稳定、和谐的社会秩序。人际环境是对人际关系的一种概括，人际关系分为情感性关系、工具性关系和混合型人际关系。

情感性人际关系主要是由家庭成员和亲密的朋友等给领导干部带来的关心、安全感和归属感等情感方面的需要，这些大多是处于一种发自内心的真诚行为，这是领导干部在人际关系中所能感受到的最基础，也是最重要的一种人际关系。

工具性关系是一种建立在某种物质利益上的社会关系，它具有一定的原则，这种关系是短暂且不稳定的，与情感性人际关系不同，并不是一种真诚行为。

混合型人际关系较前两者更为复杂，它的关系网络可由亲戚、同事、老乡、邻居等角色组成，它不仅具有情感性关系的特点，也可能有工具性关系的特点。领导干部和这些人群的关系比和普通人要更进一步，但是不可能上升到与家庭成员等同，也可能存在着某种利益关系。在这样的关系中，领导干部往往会遵循"以和为贵，礼尚往来"的原则。

（三）保障措施

领导干部在工作中比较重视的是工作的稳定性、安全性以及发展前景等，因此，对领导干部的这些需求进行满足对提高他们的工作积极性有极大的帮助。工作稳定性不仅体现在收入的公平和稳定，也包括领导干部在一段时期内工作的地点稳定和职责稳定，这可以促使领导干部安心工作，不必为自己工作过多的调动和内容的变化而有所顾虑。工作的发展前景会使领导干部对未来的发展充满动力，从而愿意投入更多的精力在眼下的工作上，以期达到未来发展预期。

四　心理因素 3：角色感知

角色感知即是领导干部在管理水资源中担任的角色所应尽到的责任，这里主要是指工作上的责任。这表示领导干部对个人职责的理解和其做出的工作行为不仅限于基于自身工作岗位的要求，而是应依据各方利益相关者，如社会公众、管理单位、责任单位等对结果期望的感知。角色感知要求领导干部对自己责任的认识并非来源于正向，而是从结果的反馈中逆向推出。一旦领导干部对各种结果期望实现正确感知，就能充分调动起自己的积极性为之努力。

第三节　波特—劳勒激励模型中心理因素的权重确定

一　递阶层次建立

层次分析法的分析过程和人对一个复杂问题的决策过程中的思维与判断路径基本相同。第一步，将待解决的问题进行分层，即分解为各种不同的构成因素，按照各因素之间的关系分为多层，形成一个递阶、有序的层次结构模型。第二步，对前述模型中每一个层次中的因素按照人们对客观现实的判断对其相对重要性进行定量表示，利用数学方法对每一个层次所有因素的相对重要性的次序进行加权。第三步，通过综合计算各个层次中因素的相对重要性的权值得到组合权值，以此作为参照的依据。

我们将影响领导干部水资源离任审计的激励效果的各个因素定义为对领导干部心理影响因素指标，在因素分析中找出对激励效果贡献最大的因素。为此，该层次结构模型可根据要求分为目标层 A、准则层 B 和指标层 C，如表 13-1 所示。

表 13-1   递阶层次结构表

目标层 A	准则层 B	指标层 C
领导干部水资源离任审计的激励效果（A）	个人能力与素质（B_1）	个体从事水资源管理必要的智能与技能（C_1）
		生理条件（C_2）
		心理状况（C_3）
	工作条件（B_2）	物理环境（C_4）
		人际环境（C_5）
		保障措施（C_6）
	角色感知（B_3）	—

二　两两判断矩阵构造

建立完递阶层次之后要做的是对两两判断矩阵的构造，即建立本层所有的因素对上一层的隶属因素的相对重要性的比较。通常采用的方法是1—9标度法，如表 13-2 所示。

表 13-2   各个标度的含义指示表

标度 a_{ij}	含义
1	C_i 与 C_j 的影响相同
3	C_i 比 C_j 的影响稍强
5	C_i 比 C_j 的影响强
7	C_i 比 C_j 的影响更强
9	C_i 的影响完全强于 C_j
2, 4, 6, 8	位于上述两级的中间值
1, 1/2, 1/3, …, 1/9	与上述相反

接下来根据层次结构模型构建以下两两判断矩阵，并采用1—9标度法对矩阵进行填充。

（一）准则层 B 相对于目标层 A 的判断矩阵

准则层 B 相对于目标层 A 的判断矩阵如表 13-3 所示。

表 13-3   准则层 B 相对于目标层 A 的判断矩阵

领导干部水资源离任审计的激励效果（A）	个人能力与素质（B_1）	工作条件（B_2）	角色感知（B_3）
个人能力与素质（B_1）	1.000	8.000	3.000

续表

领导干部水资源离任审计的 激励效果（A）	个人能力与素质 （B₁）	工作条件（B₂）	角色感知（B₃）
工作条件（B₂）	0.125	1.000	0.143
角色感知（B₃）	0.333	7.000	1.000

（二）指标层 C 相对于准则层 B_1 的判断矩阵

指标层 C 相对于准则层 B_1 的判断矩阵如表 13-4 所示。

表 13-4　　　　　　　　指标层 C 相对于准则层 B_1 的判断矩阵

个人能力与素质（B₁）	个体从事水资源管理 必要的智能与技能（C₁）	生理条件（C₂）	心理状况（C₃）
个体从事水资源管理必要 的智能与技能（C₁）	1.000	0.200	0.200
生理条件（C₂）	5.000	1.000	1.000
心理状况（C₃）	5.000	1.000	1.000

（三）指标层 C 相对于准则层 B_2 的判断矩阵

指标层 C 相对于准则层 B_2 的判断矩阵如表 13-5 所示。

表 13-5　　　　　　　　指标层 C 相对于准则层 B_2 的判断矩阵

工作条件（B₂）	物理环境（C₄）	人际环境（C₅）	保障措施（C₆）
物理环境（C₄）	1.000	0.143	0.200
人际环境（C₅）	7.000	1.000	3.000
保障措施（C₆）	5.000	0.333	1.000

三　被比较评价因子的相对权值计算

在计算相对权值之前要根据公式 CR=CI/RI 对上述两两判断矩阵进行一致性检验，CI=（λ_{Max}-n）/（n-1），其中 λ_{Max} 为判断矩阵的最大特征值，RI 可通过查找平均随机一致性指标表得到。若 CR≤0.1，则表示比较矩阵具有相对一致性。

经检验，上述三个矩阵的 CR 值均小于 0.1，则满足一致性要求，接下来可分别进行权值的计算。

$$A = \begin{pmatrix} 1 & 8 & 3 \\ 0.125 & 1 & 0.143 \\ 0.333 & 7 & 1 \end{pmatrix} = (0.5555, 0.0587, 0.3858)^{\mathrm{T}}$$

$$B_1 = = (0.0909, 0.4545, 0.4545)^{\mathrm{T}}$$

$$B_2 = \begin{pmatrix} 1 & 0.143 & 0.2 \\ 7 & 1 & 3 \\ 5 & 0.333 & 1 \end{pmatrix} = (0.0719, 0.5890, 0.3391)^{\mathrm{T}}$$

$$B_3 = 0.3858$$

由此可以得到表 13-6。

表 13-6 各因素相对权值表

目标层 A	准则层 B	相对权值	指标层 C	相对权值
领导干部水资源离任审计的激励效果（A）	个人能力与素质（B_1）	0.5555	个体从事水资源管理必要的智能与技能（C_1）	0.0910
			生理条件（C_2）	0.4545
			心理状况（C_3）	0.4545
	工作条件（B_2）	0.0587	物理环境（C_4）	0.0719
			人际环境（C_5）	0.5890
			保障措施（C_6）	0.3391
	角色感知（B_3）	0.3858	—	—

四 各层次因子的组合权重计算

根据前面构建的层次结构模型，自指标层 C 开始向上一层准则层 B 计算，将 B 层和 C 层各因素相对应的相对权值相乘即可计算出指标层的因素对于目标层 A 的综合权重值，结果如表 13-7 所示。在实际运用中，将各因素的指标值和相应的综合权重值相乘，累计各得分值最终可以得出一个综合评分值，也就是评价激励效果的最终得分。

表 13-7 激励效果综合评价表

指标层 C / 准则层 B	个人能力与素质（B_1）	工作条件（B_2）	角色感知（B_3）	综合权重值
	0.5555	0.0587	0.3858	1
个体从事水资源管理必要的智能与技能（C_1）	0.0910			0.0506

续表

指标层 C 准则层 B	个人能力与 素质（B_1）	工作条件 （B_2）	角色感知 （B_3）	综合权重值
	0.5555	0.0587	0.3858	1
生理条件（C_2）	0.4545			0.2525
心理状况（C_3）	0.4545			0.2525
物理环境（C_4）		0.0719		0.0042
人际环境（C_5）		0.5890		0.0346
保障措施（C_6）		0.3391		0.0199
—			1	0.3858

第四节　水资源责任审计激励的评价标准和具体方法

一　水资源领导干部心理因素的评估标准

邀请激励对象在领导干部激励效果影响因素自评表上进行自评打分，如表 13-8 所示。

表 13-8　　　　　　　　**领导干部激励效果影响因素自评表**

模块	因素	综合权重值①	分数②	综合分（①×②）
个人能力 与素质	从事水资源管理必 要的智能与技能	0.0506		
	生理条件	0.2525		
	心理状况	0.2525		
工作条件	物理环境	0.0042		
	人际环境	0.0346		
	保障措施	0.0199		
角色感知	—	0.3858		
总计	1	—		

领导干部根据自己的自身状况和实际感受对上述因素项进行打分，每项最高分为 5 分，最低分为 0 分，最后得出的总综合分小于等于 5 分。在 0—5 分区间内，程度依次减弱，也就是说，当各项的程度都较高时，分数都相应的低，最后得出的总综合分就低，表示无论针对哪方面进行激

励，激励效果都不会有显著提升，因为本身就已经处在比较高的水平；反之，给出的各项分数较高的，说明各项的程度较低，分数最高项的得分结合其综合权重值考虑，实施与其相对应的激励手段能对激励的效果有明显的提升。分数越低，激励效果的提升空间越小；反之，激励效果的提升空间越大。

（一）各因素综合分

在激励对象本着诚信的原则以认真严谨的态度进行自评的前提下，将综合权重值大于0.05的几个因素的综合分按照从小到大的次序排列，位于前三位的因素作为重点激励方向。由于综合权重值小于0.05的因素对于综合激励的效果影响不那么大，所以可作为选择性的激励方向，由激励对象按照自己需要改善的因素的迫切程度自行选择1—2项。每个激励方向所对应的具体激励方式会在本节第二部分的内容中讲到。

（二）总综合分

总综合分由各因素综合分累加得来，它用于激励程度的定级。理论上，总综合分的所属区间为 [0，5]，但是在实际中，0分和5分是几乎不可能出现的，因此将0分和5分从讨论范围中剔除。同时，[4.5，5] 的区间处在一个很高的水平，在实际中很少出现，因此也不纳入讨论范围。

将剩下的（0，4）区间划分为 [0，2.5]，[2.5，3.5]，[3.5，4.5] 这三段，分别定为Ⅰ级、Ⅱ级和Ⅲ级，三者的激励程度依次增大，每个激励方向对应的具体激励方式会按照这三级进行划分，具体的内容见本节第二部分。

二　水资源责任审计的激励方法

本研究预想了能够激励领导干部的一些可能有效的对策，以网络问卷调查（调查问卷参见附件）的形式对本地区30名领导干部就"水资源领导干部心理影响因素解决对策"问题进行了匿名调查。调查结果显示这些对策具有一定的有效性，故设计了以下几大类激励方法。

（一）智能与技能相关的激励方法

在接触水资源管理工作的初期，领导干部对于相关的专业知识通常了解得不多或者说是欠全面，而在开展工作的过程中，如果没有相关知识作为支撑，就会在工作中遇到不少大困难，也会导致和他人工作配合度的低下。要做好一份工作，光掌握好知识也是不够的，更关键的是如何把知识很好地运用到实践中，能够因地制宜地进行管理。在实践的过程中，为了提高工作效率，可以将已经做出成果的地区作为学习的对象，能够更快地探寻到有效的途径，在此过程中，更要结合本地区的特点，切勿照搬照抄。如果有条件的话，甚至可以邀请专家为本地区的水资源管理提出优化意见。因此，本研究将与从事水资源管理必要的智能与技能相关的激励方法分为以下三个等级：

Ⅰ级：水资源管理专项培训

Ⅱ级：提供到水资源管理具有示范性效果的地区进行考察学习的机会

Ⅲ级：邀请专家到本地提供具有针对性的水资源管理优化指导

（二）与生理条件相关的激励方法

领导干部可能由于无法灵活安排手头上的部分工作，无法参加单位统一组织的年度体检，提供全方位体检套餐可帮助领导干部解决这个问题，可以根据自己的空闲时间预约体检，且体检项目比单位年度体检更加全面。领导干部能更加全面了解自身身体状况，发现异常可及时治疗，治疗的各项费用也有一定的报销额度，可减轻领导干部的经济负担。因此，本研究将与生理条件相关的激励方法分为以下三个等级：

Ⅰ级：未来三年（1）提供三甲医院每年全方位体检套餐；（2）6000元本人医疗费用无条件报销额度（不可变现）

Ⅱ级：未来三年（1）提供三甲医院每年全方位体检套餐；（2）3000元本人医疗费用无条件报销额度（不可变现）

Ⅲ级：未来三年（1）提供三甲医院每年全方位体检套餐；（2）1000元本人医疗费用无条件报销额度（不可变现）

（三）与心理状况相关的激励方法

领导干部在取得成绩后，单位要及时地给予表彰，这是对他们过往成绩的肯定，一方面使他们获得成就感和满足感，使他们在今后能够更加努力地工作，做出更好的成绩；另一方面对其他的领导干部也起到表率的作用，带动全单位形成优良工作氛围。取得成功的人往往有许多经验之谈，并且也乐于分享，其自身和他人都能从中受益。对于一个颇有成绩的领导干部来说，升职无疑是最直接的肯定，肯定了他过去的成绩，更肯定他拥有的能力，并且给他接受新挑战的机会。对领导干部来说，升职不仅是职位的提升，也是能力的提升。因此，本研究将与心理状况相关的激励方法分为以下三个等级：

Ⅰ级：单位召开公开表彰大会。

Ⅱ级：单位所在行政区域召开工作经验分享会，由激励对象主讲。

Ⅲ级：根据激励对象的能力表现给予合适的升职奖励。

（四）与角色感知相关的激励方法

领导干部在工作过程中只有全面了解自己在水资源管理方面的职责，才可能尽到责任，述职演说能够促使领导干部整理并陈述出自己的职责，这是建立在权责明确的基础上的。另外在述职演说中也会提到领导干部在尽到责任的过程中所采用的一些方法手段，这可以看作领导干部对过往工作的反思。学会反思，就能总结出经验，对于今后的工作是十分有利的。述职演说主要是从个人认知角度出发的，但是一项工作做得好与坏还需要外部进行客观的评价，这时，与水资源管理相关的其他单位就起到了尤为重要的作用。领导干部能从评价结果中知道自己做得好与不够的方面，利于今后策略调整改进。政府的管理也好，服务也好，最终都是为群众服务的，所以工作做到让群众满意才是终极目标。群众主要是通过直观的主观感受来判断政府工作的好坏，比如居民区附近河流的清澈度以及是否散发难闻的气味等。本研究将与角色感知相关的激励方法分为以下三个等级：

Ⅰ级：激励对象个人进行公开的述职演说。

Ⅱ级：邀请其他相关单位（如环保局等）对水资源管理成果进行评估，并出具评估报告。

Ⅲ级：开展群众对水资源情况的满意度调查，并进行结果反馈。

（五）与物理环境相关的激励方法

有科学研究显示，人体处在一个温度适宜的环境中能够更加高效地做事。冷暖是人体能够最直接感受到的，人为改变环境温度就可以使该因素对于人体的影响降到最低。条件允许的话，可以将办公环境按照领导干部的喜好进行调整，因为当人处于他认为舒适的环境中时，环境对其产生的干扰就可以几乎忽略不计。因此，本研究将与物理环境相关的激励方法分为以下三个等级：

Ⅰ级：取暖、制冷装置完善。

Ⅱ级：总体办公设施完善。

Ⅲ级：将Ⅰ级和Ⅱ级并用，有条件的话可直接更换办公场所。

（六）与人际环境相关的激励方法

很多领导干部由于工作繁忙或者不能将一些工作的时间进行调整，导致他们和家人的相处时间很少，相对缺少来自家庭的关怀，不利于减轻工作压力。可以说每个人都有着自己的兴趣爱好，如果遇到和自己志趣相投的人，在充满激情的交流中可以很容易暂时忘却烦恼，也是一种很好的解压方式。因此，本研究将与人际环境相关的激励方法分为以下三个等级：

Ⅰ级：将Ⅱ级和Ⅲ级并用。

Ⅱ级：充分了解激励对象的兴趣爱好，并为其创造客观条件，将有相同爱好的员工聚集起来，在交流兴趣爱好的同时增进感情从而促进工作开展。

Ⅲ级：允许激励对象一定程度上自主安排工作，增加其与家人的相处时间。

（七）与保障措施相关的激励方法

人到一个新的环境中以后都有一段时间的适应期，频繁的职责调整和工作调动，会增加领导干部处在适应期的时间，这对工作效率的提高是不利的，因此，要尽量在短时间内保持工作的稳定性。大多数情况下，对于一个工作能力强、政绩优秀的领导干部来说，顺利晋升无疑是对他最好的奖励。

Ⅰ级：三年内原则上不作出工作职责范围内的变动。

Ⅱ级：在Ⅰ级的基础上，三年内不作出平级的工作调动。

Ⅲ级：在Ⅱ级的基础上，在各项条件均允许的情况下，均可顺利晋升。

第五节　水资源责任审计激励的案例分析：宁波市镇海区

一　调查对象情况简介

此次调查研究选取的对象是镇海区的领导干部，他们所管理的水资源主要有土壤、植被、江海滩涂、水资源、潮汐和动物资源等。在历史上，镇海区的森林资源屡遭摧残，原始植被几乎绝迹，后来在次生植被覆盖的基础上，通过人工引种植被的方式扩大森林面积。受地理位置和亚热带季风气候的双重影响，镇海区的水资源丰富，近年来"五水共治"工作卓有成效。在动物资源方面，自抗战开始一直到解放初期，大松林以及樟树、柏树等古树遭到严重砍伐，使兽类和鸟类失去筑巢场所而数量急剧减少。近年来，得益于镇海区领导干部对环境的管理，环境不断得到改善，镇海区多地可见候鸟迁徙。

为响应中央"建设生态文明社会"的精神，镇海区领导干部在水资源管理上做出了不少努力，成果显著。但与此同时，由于水资源管理情况已达到中上水平，因此要在此基础上更上一个台阶，就需要领导干部付出更多的精力，那么对他们的激励就显得尤为重要。

二 问卷调查的设计与实施

为了解镇海区领导干部的激励现状以及未来可能实现的激励措施，本研究通过发放《"水资源责任领导干部心理影响因素构成"调查问卷》（参见附件）掌握第一手资料。问卷主要分为三个部分：第一部分是调查领导干部的基本情况，主要了解他们的性别、年龄和岗位等方面的信息；第二部分通过本章第四节第一部分设计的领导干部激励效果影响因素自评表，主要了解在现条件下领导干部对各激励心理影响因素的满意度；第三部分是对以各激励心理影响因素为基础的激励方法需求情况调查。该调查试图了解两个问题：一是研究各个心理影响因素及其影响程度如何；二是了解设计的激励机制的作用效果如何。

在本次调查的实施过程中，共回收有效网络问卷 30 份。调查样本基本情况统计见表 13-9。

表 13-9　　　　　　　　　　调查对象基本情况汇总表

样本特征	所属类型	人数	百分比
性别	男性	21	70%
	女性	9	30%
年龄	35 周岁以下	3	10%
	35—45 周岁	9	30%
	46—55 周岁	13	43.3%
	56—65 周岁	5	16.7%
岗位	综合管理类	16	53.3%
	专业技术类	5	16.7%
	行政执法类	9	30%

三 各心理影响因素的满意度情况分析

问卷的第二部分由领导干部依照自身实际情况对各个影响因素进行打分（0—5分），分别按性别、年龄和岗位这三个划分标准来展现调查结果，每项分数取值为该划分标准下各项的平均值。

（一）按照性别分

按照性别划分的领导干部激励效果影响因素自评结果汇总表，如表13-10所示。

表 13-10 按照性别划分的领导干部激励效果影响因素自评结果汇总表

模块	因素	综合权重值	男性平均分数	女性平均分数
个人能力与素质	从事水资源管理必要的智能与技能	0.0506	2.9	2.9
	生理条件	0.2525	2.9	2.8
	心理状况	0.2525	3.2	2.8
工作条件	物理环境	0.0042	4.0	3.8
	人际环境	0.0346	3.7	3.4
	保障措施	0.0199	3.4	3.2
角色感知		0.3858	4.0	4.2
综合分合计		—	3.4	3.4

从综合分来看，男性和女性领导干部对各因素的满意度总体处于中上水平，总体激励等级为Ⅱ级，大部分领导干部的激励等级为Ⅱ级，小部分可达到Ⅲ级。从单项因素来看，"从事水资源管理必要的智能与技能"两者均处于中等水平，说明领导干部相关的专业知识和管理技能还有待提高；"生理条件"二者均处于中等水平，说明大部分领导干部的身体状况欠佳，可能有着一些小疾病；从"心理状况"因素来看，男性领导干部的心理状况要优于女性，可能女性领导干部在心理调适方面欠佳；在"工作条件"方面，两者均为中等偏上水平，说明不论男性还是女性领导干部，对"物理环境""人际环境""保障措施"是基本满意的。

（二）按照年龄分

按照年龄划分的领导干部激励效果影响因素自评结果汇总表，如表13-11所示。

表 13-11　按照年龄划分的领导干部激励效果影响因素自评结果汇总表

模块	因素	综合权重值	35 周岁以下年龄段平均分数	35—45 周岁年龄段平均分数	46—55 周岁年龄段平均分数	56—65 周岁年龄段平均分数
个人能力与素质	从事水资源管理必要的智能与技能	0.0506	2.7	2.9	2.9	3.1
	生理条件	0.2525	4.1	3.0	2.6	2.5
	心理状况	0.2525	3.3	2.8	2.9	4.0
工作条件	物理环境	0.0042	3.1	3.8	4.0	4.4
	人际环境	0.0346	3.8	3.4	3.5	4.1
	保障措施	0.0199	2.8	3.0	3.5	4.1
角色感知		0.3858	3.6	4.1	4.3	3.5
综合分合计			3.6	3.4	3.4	3.4

　　从综合分来看，35 周岁以下年龄段的领导干部总体适用Ⅲ级的激励方法，其他年龄段的领导干部总体适用Ⅱ级的激励方法。35 周岁以下年龄段的综合分较高，主要是因为占比较大的"生理条件"因素的评分比较高，该因素的分数随着年龄段的增大而变小，符合年轻人身体状况普遍比年纪大的好这样的自然规律。在"从事水资源管理必要的智能与技能"方面，35 周岁以下年龄段的得分偏低，这说明青年领导干部的专业知识储备和工作经验较少，需要增加系统的培训。在"心理状况"方面，35—55 周岁普遍得分较低，可见工作压力偏大，需要更多的心理状况调适。在"工作条件"方面，35 周岁以下年龄段的评分均偏低，说明年轻人对工作条件有更多的想法、更多的需求，应尽量满足他们合理的多样化需求。

　　（三）按照岗位分

　　按照岗位划分的领导干部激励效果影响因素自评结果汇总表，如表 13-12 所示。

表 13-12　按照岗位划分的领导干部激励效果影响因素自评结果汇总表

模块	因素	综合权重值	综合管理类岗位平均分数	专业技术类岗位平均分数	行政执法类岗位平均分数
个人能力与素质	从事水资源管理必要的智能与技能	0.0506	2.9	3.3	2.7
	生理条件	0.2525	2.9	2.9	2.8
	心理状况	0.2525	3.0	2.9	3.3

续表

模块	因素	综合权重值	综合管理类岗位平均分数	专业技术类岗位平均分数	行政执法类岗位平均分数
工作条件	物理环境	0.0042	3.9	3.7	4.3
	人际环境	0.0346	3.6	3.7	3.6
	保障措施	0.0199	3.2	3.5	3.5
角色感知	—	0.3858	4	4	4.2
综合分合计	—	—	3.4	3.4	3.5

从综合分来看，三类岗位均总体适用Ⅱ级的激励方法。"从事水资源管理必要的智能与技能"因素的评分各类岗位之间有着明显的不同，这是由岗位性质决定的，但是不论身处何种岗位，更多的专业知识和更丰富的经验，对于工作来说肯定是或多或少都有提高的，因此开展全方位的培训对于各岗位的领导干部来说都是必要的。

四　激励机制需求情况分析

问卷的第三部分由领导干部根据实际感受对激励机制中设计的激励方法的认同度进行评分（1，2，3，4，5分），汇总结果如表13-13所示。

表13-13　　　　　　　　激励方法认同度评分汇总表

陈述人数分数	1	2	3	4	5	平均分
A				3	27	4.9
B	3	4	10	11	2	3.2
C			2	9	19	4.6
D		1	8	20	1	3.7
E		2	1	3	24	4.6
F	1	2	6	15	6	3.8
G		1	10	15	4	3.7
H	6	2	7	10	5	3.2
I	2	3	8	14	3	3.4
J		1	1	8	20	4.6

续表

陈述 人数 分数	1	2	3	4	5	平均分
K		3	10	16	1	3.5
L	3	4	8	13	2	3.2

　　从表 13-13 中可以看出，各项陈述的平均分均大于 3，说明接受调查的领导干部对于激励机制中的激励方法持基本认同的态度。其中，有关身体健康的 A 陈述得分最高，可见领导干部视自己的身体状况为最重要的因素。据了解，镇海区大多数单位的体检为三年一次，对于年龄较大的领导干部来说，这样的体检频率显然太低，无法及时发现问题，导致延误治疗，因此，提供每年一次的全面体检是非常有必要的。

第六节　结论与展望

一　结论

　　一是领导干部激励效果影响因素自评表是由领导干部自评填写的，结果不够客观，甚至可能由于领导干部的主观原因使得自评结果严重偏离真实结果。这将会影响到后续对激励的程度把握、激励手段的合理性等结果。二是激励机制中的各种手段无法保证绝对的科学与完善，即使能够适应大部分人的需求，但也无法照顾每一个个体，因此无法保证激励的绝对有效。

　　水资源责任审计激励机制需要考虑到更多的心理学因素，通过更多的因素对领导干部的心理进行分析，能够得到更加全面、透彻的结果，并围绕此进行激励手段的设计。有关部门要组织各方面的专家对水资源责任审计的激励机制做进一步的深入研究，在问责之外对激励更要引起重视，这样我国水资源管理才能发展得更好。

二　展望

　　第一，关注领导干部的身体健康，将全面身体检查的频率提高至每年一次，尤其是 50 周岁以上的领导干部。在疾病治疗方面，依据"生理条件"因素评分，给领导干部提供相应额度的医疗费用报销，减轻他们的经济压力，鼓励他们重视健康，有病及时治疗，减少后顾之忧。

第二，广泛开展水资源管理相关培训。社会在发展，时代在进步，无论何年龄段、何岗位的领导干部都应不断地通过培训来增加知识的储备量和提升个人的工作技能。培训应围绕水资源管理的主题展开，针对不同的岗位、不同的知识层次，结合领导干部的需求，组织具有针对性的多样化培训。

第三，多方位了解和满足领导干部的心理需求。领导干部肩负合理利用和保护水资源的社会责任，工作上的压力来自于很多方面。了解心理需求可从多方面入手，比如经常和领导干部进行谈话，不仅要了解工作上的事情，更要了解其个人情感方面。家人、朋友、同事等的支持和鼓励，必会使他走得更远。生活也不仅仅只有工作，其他方面的满足也会给工作带来积极的作用。

第四，为领导干部创造更多的机遇和挑战。机遇主要是指晋升机会，一方面，肯定了领导干部现有的能力，另一方面，新的职位势必带来新的挑战，有利于领导干部的快速成长。同时，也可以在合理的范围内，为领导干部制定更高的工作目标，激励他们更加奋发地工作。

第十四章

水资源责任审计评价的问责制度

第一节　水资源责任审计问责的意义

一　现实意义

(一) 有助于全面推进水资源责任审计

党的十八届三中全会审议通过的《中共中央关于全面深化改革若干重大问题的决定》提出："探索编制自然资源资产负债表，对领导干部实行水资源责任审计，建立生态环境损害责任终身追究制。" 2015 年 11 月 10 日，中办、国办印发了《开展水资源责任审计试点方案》，标志着这项试点正式拉开帷幕。目前，福建省、青海省、湖北省、江苏省、浙江省等地积极开展试点工作。本课题的研究正是在此政策框架和现实背景下开展的，旨在推进水资源责任审计的开展，并在试点开展中总结经验，为后续的全面推进提供经验借鉴和启示。

(二) 有助于正确评价领导干部自然资源资产责任

水资源责任审计的最终目的是审计评价结果得到充分有效的运用，但水资源责任审计是对领导干部的"自然资源责任的履行情况"的定责，若只对其进行定责，却未对审计结果产生足够重视，容易让水资源责任审计流于形式，导致其失去效用。因此，本课题的研究将激励机制、问责制度与"定责"相结合，根据审计结果进行领导干部的激励与问责，真正实现水资源责任审计，有利于促进领导干部真正履行自然资源责任。

(三) 有利于领导干部树立科学的发展观和政绩观，推动责任政府的建立

把经济增长作为领导干部的晋升标准，导致领导干部片面追求经济增

长，而无序开发和低效使用自然资源资产，造成资源环境被严重破坏。对领导干部实施水资源责任审计，有助于领导干部关注资源环境问题，但若不重视审计结果，则会失去水资源责任审计的效用。本课题的研究内容为基于审计评价设立激励机制和问责制度，将水资源责任审计的结果纳入领导的政绩评价体系中，作为其晋升标准之一，同时对破坏资源环境的领导干部进行问责，有助于保证领导干部重视资源环境问题，对资源环境的开发利用更加注重经济效益、社会效益和生态效益相统一，树立科学的发展观和政绩观。

（四）有助于推进绿色发展理念、加快生态文明建设

十八大报告指出，要大力推进生态文明建设，坚持节约资源和保护环境的基本国策，着力推进绿色发展、循环发展、低碳发展。十八届三中全会提出加快生态文明制度建设，要求建立系统完整的生态文明制度体系，实行最严格的源头保护制度、损害赔偿制度、责任追究制度，完善环境治理和生态修复制度，用制度保护生态环境。十八届五中全会提出创新发展、协调发展、绿色发展、开放发展和共享发展的"五大发展"，作为五个发展之一，绿色发展被提到了一个新高度。对领导干部实施水资源责任审计，能够揭露和查处自然资源资产的损失浪费、环境破坏、国有资源收益流失和危害安全等问题，科学评价领导干部在自然资源管理方面的履职情况。本课题将审计结果与激励机制和问责制度相联系，针对审计结果进行问责和激励，能够切实加强领导干部对水资源责任审计的重视，更好地贯彻落实节约资源和保护环境的基本国策，推进绿色发展的理念，促进生态文明建设。

二　理论价值

第一，基于契约理论，结合激励机制设计，以分析水资源责任审计评价中的委托—代理关系为理论基础，设计了激励机制，把水资源责任审计的结果纳入政绩考核体系。

第二，基于契约理论，结合委托代理关系，以分析水资源责任审计评价中的委托—代理关系为理论基础，设计了问责制度，包括5个方面的内容：问责主体、问责范围、问责程度、问责程序及问责依据。

第三，从激励机制和问责制度两个方面，全面科学评价领导干部自然资源资产责任，促进了领导干部自然资源资产责任的科学评价体系的完

善，同时扩大了自然资源资产责任审计评价的应用领域。

第二节　水资源责任审计的问责制度的研究意义

一　契约理论

契约理论回答了"为什么"要开展水资源责任审计，契约是开展水资源责任审计的内在动因。契约理论的重要分支——委托代理理论指出，由于信息存在着不对称性和不确定性，委托人不能直接观测到代理人行动本身和自然状态，会导致代理人从自身利益出发偏离甚至损害委托人的利益，即产生逆向选择和道德风险。解决由信息不对称引起的逆向选择和道德风险的主要方法是对代理人进行有效的监督，监督的方式主要有两种：激励机制和问责制度。

二　激励理论

激励理论指出，恰当的方式可以激发人的正确行为动机，调动人的积极性和创造性，以做出最大成绩。马斯洛需求理论是激励理论的重要组成部分，该理论把人的需要分成五个层次，分别是生理需要、安全需要、社交需要、尊重需要及自我实现需要。通过分析马斯洛需求理论指出激励可以提高领导干部的工作积极性。因此，可以在水资源责任审计评价中引入激励机制，根据审计结果进行激励，促进领导干部对自然资源和生态环境的重视和保护。

三　委托—代理理论

水资源责任审计是审计机关对领导干部的受托环境责任的履行结果进行独立评价、监督。领导干部的自然资源责任是一个多重的委托—代理的关系链，如图 14-1 所示。人民选举人民代表大会，两者之间存在直接委托代理关系；人民代表大会选举政府及其代理人——领导干部，两者之间又存在直接委托代理关系。人民与政府及其政府代理人之间，通过委托代理关系链的传递，也存在着间接的委托代理关系。在政府及其领导干部与公民的委托代理关系中，代理人—政府及领导干部凭借强势地位，掌握着诸多信息，而委托人——公民缺乏获得更多信息的渠道，处于信息劣势方，两者之间存在信息不对称。通过分析水资源责任审计评价中的委托—代理关系，了解引入激励机制和问责制度框架来约束领导干部的理论基础，最大限度地促进其履行自然资源责任。

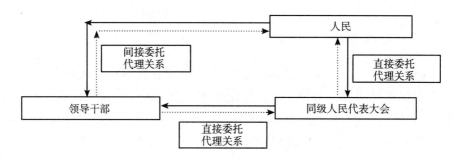

图 14-1   水资源责任审计评价中的委托—代理关系

第三节   水资源责任审计问责的一般分析

一   问责制的概念

问责制，就是关于特定组织或个人通过一定的程序追究没有履行好分内之事的公共权力使用者，使其承担政治责任、道德责任或法律责任，接受谴责、处罚等消极后果的所有办法、条例等制度的总称。一般而言，问责制是指行政问责制或官员问责制，具体来说，政府对现任政府负责人、所属各工作部门和下级政府主要负责人，在所管辖的部门和工作范围内由于故意或者过失，不履行或者不正确履行法定职责，造成影响行政秩序和行政效率，贻误行政工作、损害行政管理相对人的合法权益等后果，来进行内部监督和责任追究的制度。

问责内容即问责主体对问责客体讯问、追究责任的内容，也就是"问什么"。既要追究发生重大责任事故的原因，又要问为什么会做出错误决策，当时的情况是怎样的；问责内容要包括政府官员滥用职权的行为，而且对故意推诿、决策缓慢、执行不力等也要进行问责，这就包括了公务员在政治生涯中所承担的各种责任，包括其内含的政治责任、法律责任、道德责任，等等。在我国，一般情况下，问责机制启动，首先会确定一系列责任相关人，通过质询和搜集信息，确定主要责任人，并将责任合理归结到主要责任人，之后对主要责任人进行相应的惩处，主要分为处分和处罚。

对领导干部进行任期审计，同时进行问责，有利于加强干部与群众关系，维护人民的利益，增强民众对政府的信任，并且可以形成干部淘汰机制，优化干部群，从整体上提高干部素质。

二　问责制与水资源责任审计

水资源责任审计是将水资源的各项存量、消耗量等指标进行审计，审计的结果是各个领导干部关于水资源的评分，评分的目的就是评价领导干部在年内或任期内在水资源开发、利用和保护情况等方面所做出的成绩（果），这也是为了更好地时时追责，而不是单纯的事后追责。水资源责任审计是问责机制的前提条件，问责机制是水资源责任审计的目的。所以，单纯地做好其中的一项，都不能达到领导干部责任审计的最终目的，只有水资源责任审计和问责机制完美结合，才能达到领导干部保护、合理利用水资源的目的。

三　水资源责任审计的问责方式

建立水资源损害责任终身追究制，一定要有具体、可操作的行动，否则水资源责任审计将无任何效果。审计部门应该将审计结果通过官方网站、内部渠道进行公示，并进行适当的审计结果确认，最终将结果交给司法部门、党委等相关部门，对追求经济利益而损害生态环境的行为，该领导干部要终身负责，对其进行终身追责，这样才能真正起到警示作用。只有领导干部重视审计结果，水资源责任审计才会有意义；水资源责任审计有效果，领导干部才会重视。审计有效果就必须及时问责、时时问责。

第四节　水资源责任审计问责的群众认知

一　问卷设计和样本选取

（一）问卷设计

由于水资源责任审计与政府问责制这两个概念都偏向学术，一般民众不一定会了解，因此为了了解宁波市水资源责任审计推进政府问责制的机制与作用，本研究设计了问卷，在问卷中对概念进行了大致介绍，并且进行了实际调研。本次调查利用互联网进行问卷发放，也进行了实地问卷调查、采访，面向学生、教师、政府工作人员、民众进行了随机调查。鉴于问卷的专业性，调查对象具有一定针对性。本次问卷调查共回收有效问卷 212 份。

（二）样本基本信息

本次参与调查的人员年龄分布主要集中于 20—55 岁，其中在校大学生占了 70%，研究生及以上占了 16%，非在校人员及老师占了 14%。此次调查排除了幼儿、老人，是因为此次调查偏向专业，选取青壮年及知识水平较高者，能够使调查结果更加科学。

二　问卷调查的结果分析

（一）调查结果的可信度分析

在问卷调查的基础上，本研究利用 SPSS 软件对关键问题的调查结果进行了信度分析。一般而言，信度系数如果在 0.9 以上，则说明信度非常好；如果在 0.8 以上，则说明可以接受；在 0.7 以上，则说明该量表需要进行重大修订但不失价值。本次调查结果经 SPSS 进行信度分析，其 Alpha 系数是 0.982，说明信度非常好，表明本次问卷调查的取样是可行的，能够在此基础上进行调查结果统计与分析。

（二）调查结果的初步分析

经过调查统计，在本次调查中，有 68% 的人对水资源责任审计有一定了解，有 13% 的人表示比较了解，11% 的人表示对此很了解，8% 的人称自己对责任审计完全不了解。

在对宁波政府问责制实施情况的评价上，持"很好"评价的为 45 人，"一般"的为 117 人，两者各占总人数的 75% 和 20%，两者构成了被试的绝大多数。也有数量不多的 6 人称不了解，无法评价，另有 8 人认为宁波政府问责制实施情况不佳。由此可以看出，民众对宁波政府问责制还是有较高程度的关注的，并且持支持及中立态度的人较多。少数批评者的存在以及"很好"的比例不够高表明宁波政府问责制要实现深得民心、满足民意还有待努力和提高。

（三）结果分析

在评价当前宁波市水资源责任审计推进政府问责制的效果时，64% 的人选择了"有一定作用"，以压倒性的优势多于 14% 的"作用很小"以及

14%的"不清楚"。总而言之，多数人认为水资源责任审计有利于推进政府问责制。虽然水资源责任审计对推进政府问责制有很大效果，但是也存在问题。25%的人认为"水资源责任审计制度建设滞后，规范化程度还不高"以及"水资源责任审计结果运用机制不完善，公认度不高"；14%的人认为是"法制化、规范化程度较低"，少数人认为是"人员少、任务重，制约、影响水资源责任审计工作的进程和质量"。为了有效解决这些问题，大多数人认为应该"加强配套制度建设"，11%的人认为应该"健全问责法律规范体系"以及"健全水资源责任审计问责的工作机制"，少部分人认为应该"提高审计干部队伍素质"。

三　小结

（一）结论

本研究通过问卷调查与数据分析的研究方法对水资源责任审计推进政府问责制的作用及途径进行了调研。根据上述基于相关理论进行调研统计分析后，可得出以下结论：第一，宁波市水资源责任审计推进政府问责制取得了一定成效，水资源责任审计有利于政府问责制的进行；第二，宁波市水资源责任审计在推进政府问责制过程中存在着许多问题，比如水资源责任审计问责主体不明确，审计部门与水资源责任审计相关部门协调机制不顺利，问责随意性大，问责标准不统一。

（二）建议

第一，进一步强化对水资源责任审计工作的组织领导。各地应充分发挥对水资源责任审计工作的政策指导、敦促发展作用，以便改善工作机制，完善工作规范体系。

第二，进一步提升水资源责任审计力度，避免"审而不责"的局面，加强问责制度，规范水资源责任审计、政府问责体系。审计领导干部提高经济决策和管理水平，依法全面履行职责。

第三，进一步提升审计人员的审计水平，提高审计干部队伍素质，加强领导干部经济决策和管理水平，使得水资源责任审计与政府问责制更上一层楼。

第四，深入开展水资源责任审计理论研究和宣传，创造审计文化。要不断研究深化水资源责任审计，并不断创新寻求新的工作机制，将水资源责任审计与政府问责更好地结合起来，加强内部审计力度，不断深化审计宣传，促使各方面不断重视这个问题，从而自觉地进入这个角色。

第五节　水资源责任审计问责的内容

一　水资源责任问责的角度

（一）水资源责任群众满意度分析

目前，我国的环境问题较为严峻。2015 年，全国 338 个地级以上城市中，265 个城市环境空气质量超标，占 78.4%。开展降水监测的 480 个城市区、县中，酸雨城市比例为 22.5%。5118 个地下水水质监测点中，水质为较差级的监测点比例为 42.5%，极差级的监测点比例为 18.8%。冬季、春季、夏季和秋季，劣四类海水海域面积分别占中国管辖海域面积的 2.2%、1.7%、1.3% 和 2.1%。全年全国共收到并办理环境举报线索超过 1.3 万件。

2016 年 3 月 9 日，浙江省湖州市委、湖州市人民政府印发了《关于开展自然资源资产负债表编制和水资源责任审计试点的实施意见》，试点实行水资源责任审计，审计干部任职前后包括自然资源及生态环境质量变化状况。

基于以上背景，我们分地区对浙江省湖州市的居民进行了水资源责任审计满意度的问卷调查，旨在分析居民对湖州市离任审计开展现状的了解程度及对资源环境状况的满意度，了解水资源责任的履行情况。并以水资源责任的履行情况为现实基础，设计水资源责任审计评价的激励机制和问责制度框架，促使领导干部履行自然资源责任。

（二）领导干部积极性影响因素分析

在设计激励机制和问责制度之前，对宁波市机关干部进行问卷调查，分析影响机关干部工作积极性的因素，并了解机关干部对目前的激励机制和问责制度的满意度，分析现行激励机制和问责制度的优缺点。并对宁波市的审计部门等进行实地访谈，获取"水资源责任审计评价"的发展现状、运作机制、主要模式和实现成效等相关资料。我们在综合考虑影响机关干部积极性因素的基础上，基于水资源责任审计评价现状，以现行激励机制和问责制度的优点为内容基础，尝试设计出一个切实可行的水资源责任审计评价的激励机制和问责制度框架。

二 水资源责任审计问责的制度设计

水资源责任审计的问责制度框架主要参考水资源责任审计的问责制度。框架内容主要包括五方面：

第一，明确问责主体。应建立由多部门及民主党派和新闻媒体参加的联席会议作为问责主体，部门主要包括被问责对象的上级纪检部门、上级司法部门和上级主管部门。该联席会议应向权力机关人民代表大会负责。要充分发挥人大代表的问责职能，要充分发挥民主党派的监督作用，要保证媒体能够充分披露各种与公众利益相关的信息，使公众获得知情权和表达权。

第二，明确问责范围。我们认为，应将过错责任和非过错责任都纳入问责范围。过错责任指领导干部做出无效率、不经济及失误的决策，导致环境及自然资源遭受破坏；非过错责任指领导干部为了避免受到处罚而对自然资源及环境的利用和保护无作为、慢作为等。

第三，明确问责程度。建立分层问责机制，对严重违纪违法问题，由司法、纪检部门依法查处，对够不上刑事、纪律处分的，要按其严重程度或违规金额，分别采取组织谈话、诫勉谈话、通报等方式予以问责，并作为领导干部任用的重要依据，坚持把审计报告纳入干部档案和廉政档案管理。

第四，明确问责程序。第一步，对领导干部开展水资源责任审计，出具审计报告，明确审计中发现的问题，并上报联席会议；第二步，联席会议出具责任鉴定书，明确相关责任人、责任内容、责任大小，并提出问责建议，相关媒体及时进行新闻公告；第三步，根据问责建议的执行对象将责任鉴定书分别移交上级纪检部门、上级司法部门、上级主管部门处理，由相关部门进行问责并反馈问责报告；第四步，问责主体要将处理结果在专门网站上或在特定新闻媒体上进行公示，并在联席会议内部进行反馈。

第五，明确问责依据。完善的问责依据是顺利对领导干部的受托环境责任进行问责的基础，政府相关部门应完善问责依据。我们认为应该制定全国性的《领导干部环境责任问责实施办法》和《领导干部环境责任认定办法》，从法律上保障和构建我国的水资源责任审计问责机制。问责依据应具体规定问责的主体、问责的范围、问责的内容及问责的程序，区分不同问责部门的责任范围，避免问责不清和无效问责。

第六节　总结与展望

一　小结

本研究基于契约理论，尝试设计了水资源责任审计问责制度。为了保证框架的合理性和可行性，我们从现实基础、理论基础及内容基础三个方面开展工作。对湖州市的居民进行问卷调查，分析水资源责任群众满意度，掌握水资源责任的履行情况；查阅文献，分析水资源责任审计评价中的委托—代理关系；对宁波市的机关干部进行问卷调查，并实地访谈了宁波市的审计部门，分析影响机关干部积极性的因素和现行激励机制及问责制度的优缺点。

二　建议

第一，通过问卷调查，分析水资源责任群众满意度，了解设计水资源责任审计问责制度框架的现实基础。在开展水资源责任审计的背景下，我们希望通过对浙江湖州市居民的问卷调查，分析居民对湖州市离任审计开展现状的了解程度及对资源环境状况的满意度，掌握水资源责任的履行情况，了解设计水资源责任审计问责制度框架的现实基础。

第二，通过问卷调查和实地访谈，分析影响领导干部履行自然资源责任积极性的因素，为设计水资源责任审计问责制度框架提供内容基础。对宁波市的机关干部进行问卷调查，分析影响机关干部工作积极性的因素及现行激励机制和问责制度的优缺点。并对宁波市的审计部门等进行实地访谈，获取"水资源责任审计评价"的发展现状、运作机制、主要模式和实现成效等相关资料。以影响机关干部积极性的因素和现行激励机制及问责制度的优点为内容基础，并基于水资源责任审计评价的现状，设计出一个切实可行的水资源责任审计问责制度框架。

第三，设计水资源责任审计评价的问责制度。除了激励机制，问责制度对于水资源责任审计的评价也很重要。我们参考水资源责任审计的问责制度，设计了水资源责任审计的问责制度框架，框架主要包括确定问责主体、问责范围、问责程度、问责程序及问责依据等五个方面。

附件

调查问卷

附件1　居民资源环境满意度调查问卷

居民资源环境满意度调查问卷

您好！为了解居民对水资源责任履行情况的满意度，特此进行问卷调查。问卷填答不记名，结果无对错之分，请在符合您意见的选项序号上画"√"。感谢您的参与、合作。

1. 您的年纪？

A. 25 岁以下　　　　　B. 25 岁到 50 岁　　　　　C. 50 岁以上

2. 您在这个城市已经居住了多长时间？

A. 少于三年　　　　　B. 三年以上十年以下　　　　　C. 十年以上

3. 您的职业？

A. 学生　　　　　B. 工作者　　　　　C. 退休人员

D. 其他

4. 您觉得这个城市的空气质量怎样？

A. 差　　　　　B. 一般　　　　　C. 较好

5. 这个城市的灰霾天气状况怎么样？

A. 几乎没有可以接受　　　　　B. 偶尔有勉强可以接受

C. 经常有难以接受

6. 您觉得这个城市绿化情况如何？

A. 较差　　　　　B. 一般　　　　　C. 较好

7. 与前几年相比，您认为当地的绿化情况有何变化？

A. 变好　　　　　B. 没有　　　　　C. 变差

D. 不知道

8. 您对当地的道路及公共场所清扫保洁满意度？

A. 满意　　　　　　　B. 一般　　　　　　　　C. 不满意

9. 您对当地市容环境卫生管理状况？

A. 满意　　　　　　　B. 一般　　　　　　　　C. 不满意

10. 您觉得当地居民饮用水水质状况如何？

A. 差　　　　　　　　B. 一般　　　　　　　　C. 较好

11. 您所处的地方水资源污染情况严重吗？

A. 严重　　　　　　　B. 不严重　　　　　　　C. 不知道

12. 与前几年相比，您觉得现在的水污染怎么样呢？

A. 更严重　　　　　　B. 没那么严重　　　　　C. 变好

D. 不知道

13. 您觉得所在的城市噪音污染严重吗？

A. 差　　　　　　　　B. 一般　　　　　　　　C. 较好

14. 与前几年相比，您认为当地的噪音污染是否有所改善？

A. 有　　　　　　　　B. 没有　　　　　　　　C. 更差了

D. 不知道

15. 您觉得这个城市哪些环境问题比较严重？

A. 噪声污染　　　　　B. 光污染　　　　　　　C. 空气污染

D. 水污染　　　　　　E. 其他污染

16. 请问您认为现在的环境污染程度严重吗？

A. 十分严重　　　　　　　B. 不是很严重，但是也不可忽视

C. 十分轻微，不值一提　　D. 不是很清楚

17. 您所在地区的相关部门为改善这些污染问题是否做了相关措施？

A. 措施多且全面　　　　　B. 措施较多但集中于某些范围

C. 措施较少　　　　　　　D. 没有措施　　　E. 不知道

18. 请问您能举出一个本市实行的有关环保的措施吗？

A. 能（举出一个例子）

B. 不能，不过我听说过本市实行了一些有关环保的措施

C. 不能，我根本不知道本市实行了一些有关环保的措施

19. 请问您对相关部门的措施报什么态度？

A. 十分赞成　　　　　　　B. 部分赞成，部分措施效果不佳

C 不赞成，做无用功　　　　　D. 无所谓

20. 您认为您所在地区的相关部门在环境保护方面所采取的措施是主动还是被动的？ *

　　A. 主动　　　　　　　　B. 被动

21. 您对您所在的城市有关部门为改善这些污染问题所做的相关措施的满意程度？

　　A. 差　　　　　　　　B. 一般　　　　　　　　C. 较好

22. 请问您对您刚刚所举出的一个措施报什么态度？

　　A. 十分赞成

　　B. 赞成，虽然出行不是很方便

　　C. 不赞成，对市民出行造成了太大的影响

　　D. 无所谓

23. 请问您对当地环境状况的有关信息，主要从哪些途径获得？（可多选）

　　A. 电视　　　　　　　B. 报纸　　　　　　　C. 网络

　　D. 有关部门宣传　　　E. 公众议论　　　　　F. 其他，请注明

24. 您认为当前面临的环境污染的主要问题有哪些？ *

　　A. 水污染　　　　　　B. 大气污染　　　　　C. 植被破坏

　　D. 固体废弃物污染　　E. 其他各种污染

25. 您认为相关部门对环境问题重视程度如何？

　　A. 很重视　　　　　　B. 重视程度一般　　　　C. 不重视

26. 您满意您现在所处的环境吗？

　　A. 很满意　　　　　　B. 满意　　　　　　　　C. 一般

　　D. 不太满意　　　　　E. 不满意

27. 您认为应该通过什么样的方式提高领导干部对自然资源责任的履行情况？

　　A. 激励领导干部　　　　　　　　　　　B. 问责领导干部

　　C. 其他

附件 2　领导干部水资源责任积极性的
影响因素调查问卷

领导干部水资源责任积极性的影响因素调查问卷

您好！为进一步了解机关干部工作积极性状况，特此进行问卷调查。
问卷填答不记名，结果无对错之分，请在符合您意见的选项序号上画
"√"。感谢您的参与、合作。

1. 您的性别：
①男　　　　　　　　②女

2. 您的年龄：
①35 岁及以下　　　②36—45 岁　　　③46—55 岁
④56 岁以上

3. 您的婚姻状况：
①已婚　　　　　　②未婚　　　　　　③离异
④丧偶

4. 您参加党派情况：
①群众　　　　　　②民主党派　　　　③共青团员
④中共党员

5. 您的教育水平：
①高中（包括中专和职高）及以下
②大专及大学本科　　　　　　　　　③研究生及以上

6. 您的职务：
①县处级　　　　②正科级　　　　③副科级
④股级　　　　　⑤一般干部

7. 您担任现在这份工作的年限：
①1 年以下　　　②1 年至 3 年内　　③3 年以上

8. 您的工作单位在：
①镇（街）　　　②市直部门

9. 您对目前机关干部履行水资源责任积极性的总体感觉是：
A. 非常满意　　　　B. 比较满意　　　　C. 基本满意

D. 不满意

10. 您认为影响积极性的主要因素是什么？（可多选）

A. 工资收入　　　　　　B. 个人发展　　　　　C. 激励程度

D. 工作氛围　　　　　　E. 问责程度

11. 您所在的部门目前的激励机制主要是什么？

A. 职位晋升　　　　　　B. 业绩奖金　　　　　C. 其他

12. 您认为目前的激励机制是否能够提高机关干部履行水资源责任的积极性？

A. 能够大幅提高积极性　　　　　　　　B. 能够部分提高积极性

C. 对积极性无影响　　　　　　　　　　D. 会降低积极性

13. 您在工作上的最大愿望是：

A. 领导重视提拔　　　　　　　　　　　B. 实现个人价值

C. 丰厚的工作报酬　　　　　　　　　　D. 宽松和谐的工作环境

14. 据您了解，身边是否存在"为官不为"的现象？

A. 是　　　　B. 没有（选此项跳过"题7"）

15. 您觉得出现"为官不为"的原因是：

A. 没有监督考核，做不做一个样

B. 能力有限，很多事情做不了

C. 很多事情不是我一个人或一个部门能解决的

D. 有些人空占职位不做事，白吃饭

E. 其他

16. 您认为解决"为官不为"的有效方法：

A. 加强问责调查　　　B. 加强制度建设　　　C. 完善考核体系

D. 加强思想教育　　　E. 其他（说明）

17. 您认为组织的考核制度是否公平合理？

A. 是　　　　　　　　B. 否

18. 您认为目前的问责制度是否能够有效执行？

A. 是　　　　　　　　B. 否

19. 建立问责制度对您履行水资源责任积极性的影响是：

A. 大幅度提高积极性　　　　　　　　　B. 部分提高积极性

C. 对积极性无影响　　　　　　　　　　D. 降低积极性

20. 您认为对于提高履行水资源责任积极性的途径，激励机制和问责制度哪个效果更好？

A. 激励机制优于问责制度

B. 激励机制劣于问责制度

C. 两者效果相当

附件3　水资源责任评价领导干部心理影响因素构成调查问卷

水资源责任评价领导干部心理影响因素构成调查问卷

尊敬的女士/先生：

您好！非常感谢您在百忙之中抽出时间参与本次问卷调查。本次调查活动旨在了解领导干部在进行水资源责任管理工作时心理影响因素的构成以及各因素的影响程度，从而为实现领导干部对水资源责任更好的管理而构建的激励机制提供实证支撑。为了保护您的隐私，本次问卷采用匿名方式，作答无对错之分，只要能够反映您的真实意愿即可。

1. 您的性别：

○男　　　　　　　　○女

2. 您的年龄段：

○35 周岁以下　　　　○35—45 周岁

○46—55 周岁　　　　○56—65 周岁

3. 您的岗位：

○综合管理类　　　　○专业技术类

○行政执法类

请根据自己的实际情况，对以下各项进行客观评分，分值范围为0—5分。

模块	因素	分数
个人能力与素质	从事水资源责任管理必要的智能与技能	
	生理条件	
	心理状况	

续表

模块	因素	分数
工作条件	物理环境	
	人际环境	
	保障措施	
角色感知	—	
总计		—

请阅读以下每一条陈述，根据自己的实际感受，来决定自己同意还是不同意，以及同意或不同意的程度，并选择相应的数字。其中，1（完全不同意）→5（完全同意）

1. 我希望每年都能有一次全面的体检来掌握身体健康状况

○1 ○2 ○3 ○4 ○5

2. 我曾经为治病花费过较多的医疗费用

○1 ○2 ○3 ○4 ○5

3. 我希望能经常参加培训来弥补自己的不足以更好地工作

○1 ○2 ○3 ○4 ○5

4. 在加强工作方面，我更喜欢比较直观的学习方式

○1 ○2 ○3 ○4 ○5

5. 我希望能有专业人士来协助我的工作

○1 ○2 ○3 ○4 ○5

6. 我很乐意向他人分享我的成果经验，并且为此感到满足

○1 ○2 ○3 ○4 ○5

7. 我很清楚我的岗位职责，并且愿意接受外界的看法

○1 ○2 ○3 ○4 ○5

8. 我很在意我的工作环境

○1 ○2 ○3 ○4 ○5

9. 我和家里人的关系都十分融洽

○1 ○2 ○3 ○4 ○5

10. 我有自己的兴趣爱好，并且喜欢和他人进行交流

○1 ○2 ○3 ○4 ○5

11. 我有很强的晋升意愿

○1 ○2 ○3 ○4 ○5

12. 我比较喜欢安稳的生活和工作

○1 ○2 ○3 ○4 ○5

感谢您的参与!

参考文献

一 英文参考文献

Angela Hecimovic, Nonna Martinov-Bennie, Assurance of Australian natural resource management, APIRA (2010) 111.

Australian Bureau of Statistics. 2012. Environmental Accounting in Practice.http：//www.abs.gov.au/.

Australian Bureau of Statistics. 2013. Australian System of National Accounts, Table 10, National Balance Sheet, Volume/Real and current prices.http： // www.abs.gov.au/.

Australian Bureau of Statistics.2013.Water Account：Queensland, Experimental Estimates.http：//www.abs.gov.au/.

Australian Bureau of Statistics. 2015. 4610.0 - Water Account, Australia, 2013-14 [EB/OL]. http：//www.abs.gov.au/.

Bogumil Ulanicki, Zoran Kapelan and Joby Boxall, Energy Auditing as a Tool for Outlining Major Inefficiencies：Results from a Real Water Supply System, Procedia Engineering Volume 119, 2015, Pages 1098-1108.

Bradley A. W., Ewing K. D. Constitutional and administrative law updating supplement.Pearson, 2013.

Byrnes J., Crase L., Dollery B., et al.The Relative Economic Effi ciency of Urban Water Utilities in Regional New South Wales and Victoria [J]. Resource and Energy Economics, 2010, 32 (3)：439-455.

CarbettA.Grainger, Christopher J. Costllo.Capitalizing property rights insecurity in natural resources assets [J]. Journal of Environmental Economics and Management, 2014 (67)：224-240.

Carmen Rupérez-Moreno, Julio Pérez-Sánchez, Javier Senent-Aparicio, MDel Pilar Flores-Asenjo, The economic value of conjoint local management in water resources: Results from a contingent valuation in the Boquerón aquifer (Albacete, SE Spain), Science of the Total Environment 532 (2015) 255-264.

China's water resources management challenge: the "three red line" [J]. Global water partnership.2015: 1-38.

D. Hatton Macdonald, M. D. Young, J. Connor.Pricing Water - a Tool for Natural Resource Management in the Onkaparinga Catchment [J] Natural Resource Management Economics, 2001.

David Molden, R. Sakthivadivel.Water Accounting to Assess Use and Productivity of Water [J]. International Journal of Water Resources Development, 1999, 151-2.

Dushmanta Dutta, Jin Teng, Jai Vaze.Storage-based Approaches to build food plain inundation modeling capability in river system models for water resources planing and accounting [J]. Journal of Hydrology, 2013 (504): 12-18.

Eiji Satoh.Nontransferable water rights and technical inefficiency in the Japanese water supply industry [J]. Water Resources and Economics, 2015 (11): 13-21.

Elaine Stratford, Julie Havidson.Capital assets and intercultural borderlands: socio-cultural challenges for natural resource management [J]. Journal of Environmental Management, 2002 (66): 429-440.

Eleonora Perotto, Roberto Canzianib. Environmental performance, indicators and measurement uncertainty in EMScontext: a case study [J]. Journal of Cleaner Production, 16 (2008) 517-530.

Environmental Audit Program Design Guidelines For Federal Agencies.EPA 300-B-96-011.

Guidance on Conducting Audit Activities with an Environmental Perspective.ISSAI 5110.

Guidelines for auditing managementsystems. Published in Switzerland. ISO 19011: 2011 (E).

Hans WernerHolub, Gotlfried Tappiner, Ulrike Tapperiner. Some remarks on the "System of Integrated Environmental and Economic Accounting" of the United Nations [J]. Ecological economics, 1999 (29): 329-336.

Haripriya Gundimeda, Paran Sukhdev, Rajiv K. Sinha. Natural Resource accounting for Indian states—Illustrating the case of forest resources [J]. Ecological economics, 2007 (61): 635-649.

Haslenda Hashim, Muhammad Razif Ramlam, Lim Jeng Shium. An Integrated Carbon Accounting and Mitigation Framework for Greening the Industry [J]. Energy Procedia, 2015 (75): 2993-2998.

Hughes, Owen E. Public management and administration Public management andadministration: Palgrave, 2004: 546-546.

Katherine L. Christ. Water management accounting and the wine supplychain: Empirical evidence from Australia [J]. The British Accounting Review, 2014, 464.

Lars Willuweit, John J. O'Sullivan. A decision support tool for sustainable planning of urban water systems: Presenting the Dynamic Urban Water Simulation Model [J]. Water Research, 2013 (47), 7206-7220.

Marika Arena AutonioConte, Marco Melacini. Linking environmental accounting to reward systems: the case of the Environmental Profit and Loss Account [J]. Journal of Cleaner Production, 2015 (108): 625-636.

Michael Habersam Martin Piber Matti Skoog. Knowledge balance sheets in Austrian universities: The implementation, use, and re-shaping of measurement and management practices.Critical Perspectives on Accounting 24 (2013) 319-337.

Natalia Pessacg, Silvia Flaherty, Laura Brandizi, Silvina Solmanb, Miguel Pascual.Science of the Total Environment [J]. Science of the Total Environment, 2015 (537): 225-234.

Peter Bartelmus. SEEA-2003: Accounting for sustainable development? [J]. Ecological Economics 2007.61 (4): 613-616.

United Nations, European Commission, Food and Agriculture Organization, International Monetary Fund, Organization for Economic Cooperation and Development, The World Bank. 2012. System of Environmental-Economic Accounting 2012: Central Framework [EB/OL].

WameL. Hambira. Natural resources accounting：A tool for water resources management in Botswana ［J］. Physics and Chemistry of the Earth，2007，3215.

二　中文参考文献

蔡春、毕铭悦：《关于自然资源资产离任审计的理论思考》，《审计研究》2014 年第 5 期。

蔡春、朱荣、蔡利：《国家审计服务国家治理的理论分析与实现路径探讨——基于受托经济责任观的视角》，《审计研究》2012 年第 1 期。

陈波：《论产权保护导向的自然资源资产离任审计》，《审计与经济研究》2015 年第 5 期。

陈波、杨世忠：《会计理论和制度在自然资源管理中的系统应用——澳大利亚水会计准则研究及其对我国的启示》，《会计研究》2015 年第 2 期。

陈献东：《开展领导干部自然资源资产离任审计的若干思考》，《审计研究》2014 年第 5 期。

陈杏根：《从国外 SEEA 透视中国绿色 GDP 核算》，《统计与决策》2006 年第 2 期。

陈玥、杨艳昭、闫慧敏、封志明：《自然资源核算进展及其对自然资源资产负债表编制的启示》，《资源科学》2015 年第 9 期。

董大胜：《中国政府审计（第二版）》，中国时代经济出版社 2009 年版。

董贤磊、余芳沁：《自然资源资产离任审计相关问题及建议》，《审计研究》2014 年第 18 期。

封志明、杨艳昭、陈玥：《国家资产负债表研究进展及其对自然资源资产负债表编制的启示》，《资源科学》2015 年第 9 期。

封志明、杨艳昭、李鹏：《从自然资源核算到自然资源资产负债表编制》，《中国科学院院刊》2014 年第 4 期。

耿建新：《我国自然资源资产负债表的编制与运用探讨》，《中国内部审计》2014 年第 9 期。

耿建新：《中国自然资源资产负债表框架体系研究》，《中国人口·资源与环境》2015 年第 8 期。

耿建新、胡天雨、刘祝君：《我国国家资产负债表与自然资源资产负债表的编制与运用探索》，《会计研究》2015 年第 1 期。

耿建新、王晓琪：《自然资源资产负债表下土地账户编制探索》，《审计研究》2014 年第 5 期。

耿建新、吴潇影：《领导干部离任审计视角的水资源核算考评探析》，《中国审计评论》2014 年第 2 期。

何静：《环境经济核算的最新国际规范》，《中国统计》2014 年第 6 期。

胡德胜、王涛：《中美澳水资源管理责任考核制度的比较研究》，《中国地质大学学报》2013 年。

胡文龙、史丹：《中国自然资源资产负债表框架体系研究》，《中国人口·资源与环境》2015 年第 8 期。

黄健荣、梁莹：《论问责新政：多维理论之考察》，《南京社会科学》2004 年第 11 期。

黄溶冰：《基于 PSR 模型的自然资源资产离任审计研究》，《会计研究》2016 年第 7 期。

黄溶冰、赵谦：《自然资源资产负债表编制与审计的探讨》，《审计研究》2015 年第 1 期。

姜文来：《水资源价值论》，科学出版社 1998 年版。

焦若静、耿建新、吴潇影：《编制适合我国情况的水资源平衡表方法初探》，《给水排水》2015 年第 S1 期。

李春瑜：《基于 PSR 模型的政府资源环境绩效审计评价指标研究》，《首都经济贸易大学学报》2014 年。

李金华：《联合国三大核算体系的演化与历史逻辑》，《国外社会科学》2012 年第 2 期。

李金华：《论中国自然资源资产负债表编制的方法》，《财经问题研究》2016 年第 7 期。

李金华：《中国国家资产负债表的逻辑思考》，《经济经纬》2014 年第 3 期。

李金华：《中国国民经济核算体系的扩展和延伸——来自联合国三大核算体系比较研究的启示》，《经济研究》2008 年第 3 期。

李璐、张龙平：《我国开展水环境审计的理论与实践探讨》，《中南财经政法大学学报》2012 年第 6 期。

李寿德、柯大钢：《环境外部性起源理论研究述评》，《经济理论与经济管理》2000 年第 5 期。

李伟：《对自然资源资产负债表编制的若干思考》，《农村经济》2015 年第 6 期。

梁小红：《国外环境会计理论研究视域、逻辑及启示》，《福建论坛》（人文社会科学版）2012 年第 9 期。

刘明辉、孙冀萍：《领导干部自然资源资产离任审计要素研究》，《审计与经济研究》2016 年第 4 期。

刘笑霞、李明辉：《苏州嵌入水资源责任审计的区域环境审计实践及其评价》，《审计研究》2014 年第 6 期。

孟焰、孙永军：《服务型政府责任要素及国家审计鉴证指标体系框架研究》，《审计与经济研究》2014 年第 2 期。

穆贤清、黄祖辉：《流域水环境管理的经济学思考——以太湖流域为例》，《经济理论与经济管理》2002 年第 6 期。

钱文婧、贺灿飞：《中国水资源利用效率区域差异及影响因素研究》，《中国人口·资源与环境》2011 年第 2 期。

邱琼：《首个环境经济核算体系的国际统计标准——〈2012 年环境经济核算体系：中心框架〉简介》，《中国统计》2014 年第 7 期。

孙才志、赵良仕：《环境规制下的中国水资源利用环境技术效率测度及空间关联特征分析》，《经济地理》2013 年第 2 期。

孙亦军：《建立国有自然资源性资产管理体制的思考》，《中央财经大学学报》2004 年第 5 期。

谭益民、张宏亮：《水资源价值及其耗减的核算——基于宏观环境会计体系的分析与方法》，《中央财经大学学报》2007 年第 16 期。

王喜峰：《基于二元水循环理论的水资源资产化管理框架构建》，《中国人口·资源与环境》2016 年第 1 期。

王学军：《论我国政府问责制之现实困境以及出路》，《理论与改革》2005 年第 1 期。

魏楚、沈满洪：《水资源效率的测度及影响因素：基于文献的述评》，《长江流域资源与环境》2014 年第 2 期。

吴越、李锁强、任宝莹：《加拿大资源环境统计与核算的主要内容与方法》，《统计研究》2007 年第 6 期。

肖兰、刘三红：《基于"元素流–价值流"分析的环境管理会计研究》，《会计研究》2014年第3期。

邢剑锋：《2012亚洲审计组织环境审计第四次研讨会综述》，《审计研究》2013年第3期。

徐光华、宋玉、袁广达：《从"利润为王"到"环境考量"：新形势下环境资源会计及其理论变革》，《会计研究》2014年第12期。

杨海龙、杨艳昭、封志明：《自然资产产权制度与自然资源资产负债表编制》，《资源科学》2015年第9期。

杨美丽、胡继连、吕广宙：《论水资源的资产属性与资产化管理》，《山东社会科学》2001年。

杨世忠、曹梅梅：《宏观环境会计核算体系框架构想》，《会计研究》2010年第8期。

杨肃昌、芦海燕、周一虹：《区域性环境审计研究：文献综述与建议》，《审计研究》2013年第2期。

姚霖、余振国：《自然资源资产负债表基本理论问题管窥》，《管理现代化》2015年第2期。

俞雅乖、刘玲燕：《基于层次分析法的水环境绩效审计评价指标体系研究》，《科技与管理》2015年第1期。

袁广达、袁玮、孙振：《注册会计师视角下的生态补偿机制与政策设计研究》，《审计研究》2012年第6期。

张宏亮：《地方领导人自然资源资产离任审计探讨——框架构建及案例运用》，《审计研究》2015年第2期。

张宏亮：《自然资源估价理论与方法研究——基于宏观环境会计的视角》，《山西财经大学学报》2007年第3期。

张宏亮、刘恋、曹丽娟：《自然资源资产离任审计专题研讨会综述》，《审计研究》2014年第4期。

张贤明：《当代中国问责制度建设及实践的问题与对策》，《政治学研究》2012年第1期。

郑祖逊：《自然资源资产负债表编制：理论基础、关键概念、框架设计》，《会计研究》2015年第9期。

周曦：《基于经济责任的环境审计路径选择——浅析水资源责任审计中的环境保护责任审计》，《审计研究》2011年第5期。

后　　记

　　本专著是浙江省 2019 年度浙江省哲学社会科学规划后期资助课题"绿色发展下的水资源责任审计：制度框架和评价体系（19HQZZ19）"的最终成果。首先要非常感谢浙江省哲学社会科学办公室、浙江省社会科学联合会对本成果的课题立项和经费支持。

　　本书是我个人的第四本专著了。首先是博士学位论文的出书，接着是两次国家社会科学基金后期资助项目成果的出版，然后就是这次的浙江省哲学社会科学后期资助课题的成果形成。感恩一路得到的各项项目的支持。在完成农村公共服务供给方面的国家社科基金成果及博士后出站报告后，结合"自然资源资产负债表和相关环境报表编制"顶层制度设计，以及学科的专业特点及个人的研究积累，我将研究重心转移到了资源环境审计评价。一路亦陆续得到国家及省部级项目的认可，本书就是这个领域的第二本学术专著。

　　每一本专著的撰写都是经历坚持和喜悦，这一本尤甚。在这里要真诚地感谢每一位给我悉心指导和无私帮助的老师、朋友、同学和家人。感谢身边的良师益友和亲人，感恩一路的理解和接纳、陪伴和支持。

　　感谢宁波大学、宁波大学商学院对我个人以及对本专著的支持。

　　感谢中国社会科学出版社的编辑宫京蕾老师以及校对老师的辛苦付出。

　　在写作本书时笔者参考了大量的文献资料，已尽量在相应的位置给予注明，在这里，对研究与本论文相关的专家学者表示崇高的敬意和衷心的感谢。同时，对专著中没有一一指明的学者及其成果论点一并表示感谢。

　　感谢生我养我的父母，感谢我亲爱的儿子。向所有帮助我的人，表示最深切的感谢和最诚挚的祝福。

　　最后，本专著的撰写在申请省哲社后期资助项之前已经完成，专著中涉及的所有数据和资料都是在撰写完成前已经采集的。项目立项到专著出版历时 3 年有余，因此，专著中的所有数据及相关资料均维持申请时已撰写完成的状态，即保持数据和资料的原分析年限不变。

俞雅乖

2022 年 3 月 8 日